新宿 渋谷 原宿 盛り場の歴史散歩地図

新宿周辺図
北新宿三丁目
百人町二丁目
大久保二丁目
大久保通り
新大久保駅
大久保駅
百人町一丁目
山手線・埼京線
西武新宿線
中央本線
大久保一丁目
大久保小
東新宿駅
新宿七丁目
北新宿一丁目
都営大江戸線
職安通り
東新宿駅
鬼王神社
島崎藤村旧居碑
明治通り
副都心線
西武新宿駅
花道通り
歌舞伎町二丁目
西新宿中
西新宿八丁目
新宿東宝ビル
天神小
新宿中
青梅街道
西新宿駅
西新宿七丁目
新宿プリンス
歌舞伎町一丁目
四季の路
新宿六丁目
丸ノ内線
思い出横丁
大ガード
新宿ゴールデン街
西新宿六丁目
新宿区役所
花園神社
東京医大病院
新宿警察署
新宿西口駅
福家書店
新宿サブナード店
靖国通り
ヒルトン東京
スタジオアルタ
新宿五丁目
ハルク
山下書店
新宿西口店
紀伊國屋書店
新宿本店
新宿通り
伊勢丹本館
都営新宿線
ブックファースト新宿店
STORY STORY
小田急
新宿駅
ルミネエスト
末廣亭
都営大江戸線
新宿三丁目
マルイ
新宿三丁目駅
新宿二丁目
都庁前駅
工学院大
丸善新宿京王店
BOOK EXPRESS
新宿南口店
京王
京王プラザ
西新宿二丁目
西新宿一丁目
ルミネ2
太宗寺
新宿一丁目
都庁
甲州街道
くまざわ書店
都庁店
ルミネ1
ブックファースト
ルミネ新宿店
新宿四丁目
天龍寺
新宿高
book shelf
NEWoMan新宿店
新宿御苑前駅
プラッサム新宿
タカシマヤ
タイムズスクエア
大温室
サンルートプラザ新宿
旧洋館御休所
内藤町
京王線
紀伊國屋書店
新宿パークタワー店
JR東京総合公園
明治通り
新宿御苑
文化学園大
代々木二丁目
旧御涼亭
新宿四丁目
南新宿駅
代々木駅
代々木駅
千駄ヶ谷六丁目
千駄ヶ谷五丁目
代々木三丁目
鳩森小
首都高速4号新宿線
小田急小田原線
代々木一丁目
中央本線
千駄ヶ谷駅
都営大江戸線
国立能楽堂
津田塾大
明治神宮
宝物殿
千駄ヶ谷四丁目
千駄ヶ谷一丁目
代々木四丁目
参宮橋駅
山手線・埼京線
北参道駅
代々木神園町
一丁目
8年6月作図
N
W
E
S
0
300m

渋谷・原宿周辺図
北参道駅
将棋会館
明治神宮
千駄ヶ谷三丁目
千駄ヶ谷二丁目
明治通り
副都心線
千駄ヶ谷小
代々木神園町三丁目
清正井
代々木神園町一丁目
山手線・埼京線
外苑西通り
神宮前二丁目
原宿外苑中
渋谷区立中央図書館
原宿警察署
東郷神社
神宮前一丁目
竹下通り
原宿駅
代々木神園町二丁目
代々木公園
神宮前三丁目
千代田線
代々木公園駅
ラフォーレ原宿
明治神宮前駅
東急プラザ表参道原宿
神宮前四丁目
神宮前小
国立代々木競技場
第一体育館
代々木公園球技場
表参道
表参道ヒルズ
神宮前六丁目
富ヶ谷一丁目
井の頭通り
第二体育館
神南二丁目
桑沢デザイン研究所
山陽堂書店
表参道駅
NHK放送センター
神宮前五丁目
クレヨンハウス
北青山三丁目
渋谷消防署
ファイアー通り
神山町
神南一丁目
琵琶池
青山ブックセンター本店
南青山五丁目
神南小
公園通り
宇田川町
宮下公園
青山円形劇場
東急ハンズ
HMV&BOOKS SHIBUYA
渋谷区役所仮庁舎
青山通り
竹久夢二旧居跡碑
紀伊國屋書店
西武渋谷店
松濤中
青山学院大
MARUZEN&ジュンク堂書店渋谷店
ロフト
西武B館
渋谷一丁目
半蔵門線
銀座線
Bunkamura
東急
松濤
ナディッフモダン
西武A館
青山学院女子短大
QFRONT
宮益坂
SHIBUYA TSUTAYA
渋谷駅
青山学院中
鍋島松濤公園
道玄坂二丁目
109
大盛堂書店
渋谷四丁目
道玄坂
渋谷ヒカリエ
渋谷二丁目
青山学院高等部
円山町
渋谷マークシティイーストモール
六本木通り
渋谷マークシティウエストモール
啓文堂書店渋谷店
渋谷警察署
青山学院初等部
京王井の頭線
道玄坂一丁目
実践女子学園高
神泉駅
東急田園都市線
首都高速3号渋谷線
与謝野晶子歌碑
あおい書店渋谷南口店
渋谷三丁目
國學院大學博物館
神泉町
東一丁目
明治通り
玉川通り
常磐松小
桜丘町
國學院大
青葉台四丁目
東二丁目
広尾小
南平台町
東急東横線
広尾高
鉢山中
鶯谷町
猿楽町
N
W
E
S
0
300m
2018年6月作図

新宿・渋谷・原宿　盛り場の歴史散歩地図　もくじ

映画館「武蔵野館」1930年代半ば

道玄坂 1930年代半ば

右ページ写真２点／『改訂版　日本地理風俗大系 大東京』誠文堂新光社　1937年（昭和12）
左ページ写真／新宿歴史博物館蔵、左写真　白根記念渋谷区郷土博物館・文学館蔵

歌舞伎町のコマ・スタジアム 1957年（昭和32）頃

渋谷駅前広場のヤミ市

はじめに——ページの構成について

新宿・渋谷・原宿—かつては川が流れ、水車のまわる片田舎だった。やがて鉄道が通り、駅が生まれ、いつの間にか繁華街、盛り場の様相を見せるようになる。いつの間にか、と記したが（そんなことはなく）、実際は時代ごとの地図を見れば、街の移り変わりが浮き出てくる。

その流れがわかるよう、様々な時代の地図を用意した。

基本的に1項目見開き2ページとした。下段に「風月堂の登場とその後」を例として、ページの構成について示しておく。魅力にあふれる新宿・渋谷・原宿だが、地図を重ねることで、街への関心がより深まってくる。

地図は、主に「住宅地図」「職業別明細図」など、商店や企業の名称がわかるものを掲載した。それぞれの街の歩みが具体的に見えてくる地図である。紙上散歩しながら、新宿・渋谷・原宿の興味深い足跡をたどっていただければ幸いです。

9 地図

8 本文中のポイントなどを示す。

7 補足ポイント

4 当時の写真（現在の写真の場合もある）

3 当ページが扱う場所—当時の町名・俗称

1 当ページが扱う時代

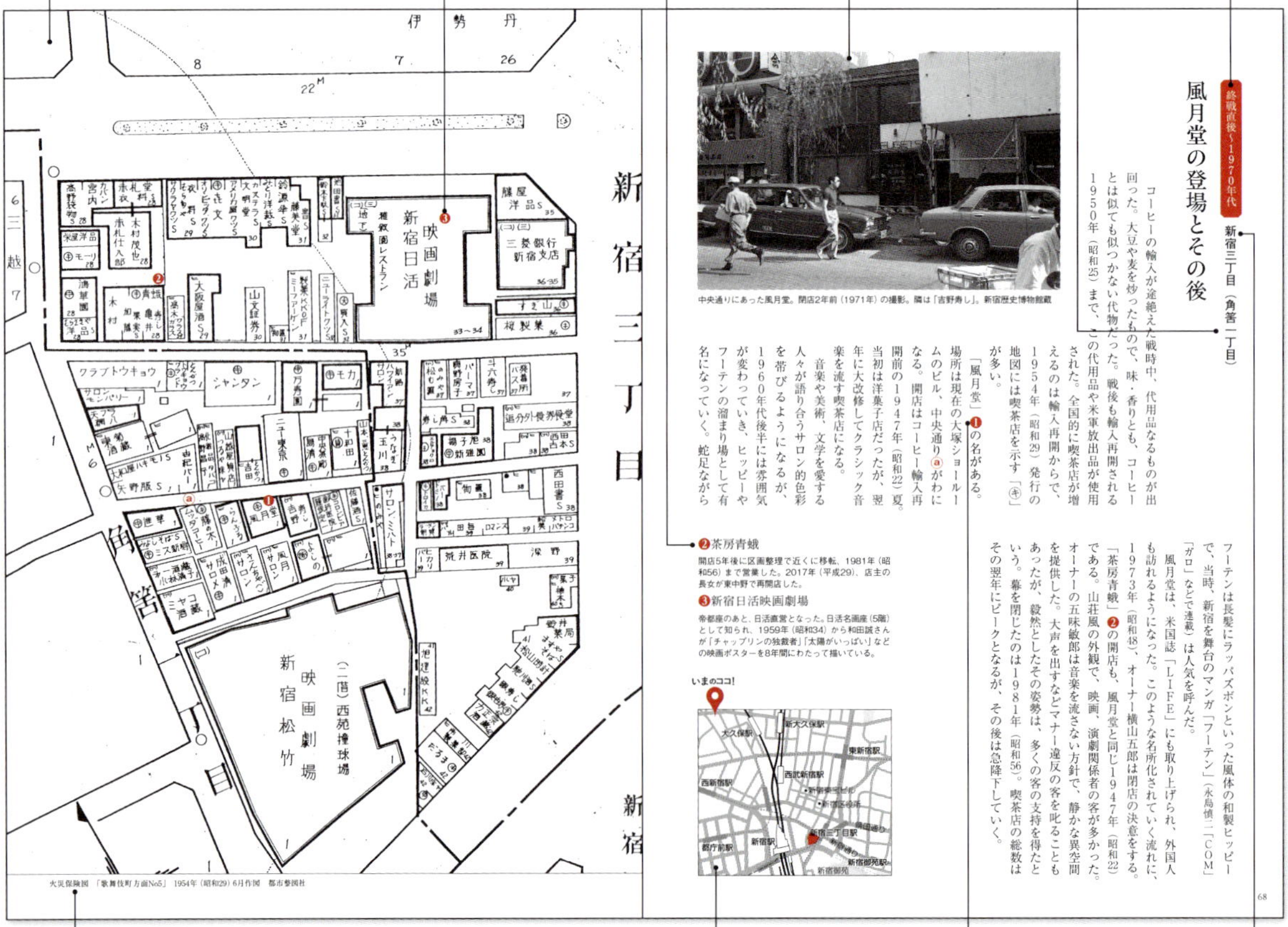
終戦直後〜1970年代

新宿三丁目（角筈一丁目）

風月堂の登場とその後

コーヒーの輸入が途絶えた戦時中、代用品なるものが出回った。大豆や麦を炒ったもので、味・香りとも、コーヒーとは似ても似つかない代物だった。戦後も輸入再開される1950年（昭和25）まで、この代用品や米軍放出品が使用された。全国的に喫茶店が増えるのは輸入再開からで、1954年（昭和29）発行の地図には喫茶店を示す「㋖」が多い。

「風月堂」❶の名がある。場所は現在の大塚ショールームのビル、中央通りⓐがわになる。開店はコーヒー輸入再開前の1947年（昭和22）夏。当初は洋菓子店だったが、翌年に大改修してクラシック音楽を流す喫茶店になる。

音楽や美術、文学を愛する人々が語り合うサロン的色彩を帯びるようになるが、1960年代後半には雰囲気が変わっていき、ヒッピーやフーテンの溜まり場として有名になっていく。蛇足ながらフーテンは長髪にラッパズボンといった風体の和製ヒッピーで、当時、新宿を舞台のマンガ「フーテン」（永島慎二「COM」「ガロ」などで連載）は人気を呼んだ。

風月堂は、米国誌「LIFE」にも取り上げられ、外国人も訪れるようになった。このような名所化されていく流れに、1973年（昭和48）、オーナー横山五郎は閉店の決意をする。

「茶房青蛾」❷の開店も、風月堂と同じ1947年（昭和22）である。山荘風の外観で、映画、演劇関係者の客が多かった。オーナーの五味敏郎は音楽を流さない方針で、静かな異空間を提供した。大声を出すなどマナー違反の客を叱ることもあったが、毅然としたその姿勢は、多くの客の支持を得たという。幕を閉じたのは1981年（昭和56）。喫茶店の総数はその翌年にピークとなるが、その後は急降下していく。

中央通りにあった風月堂。閉店2年前（1971年）の撮影。隣は「吉野寿し」。新宿歴史博物館蔵

❷茶房青蛾

開店5年後に区画整理で近くに移転、1981年（昭和56）まで営業した。2017年（平成29）、店主の長女が東中野で再開店した。

❸新宿日活映画劇場

帝都座のあと、日活直営となった。日活名画座（5階）として知られ、1959年（昭和34）から和田誠さんが「チャップリンの独裁者」「太陽がいっぱい」などの映画ポスターを8年間にわたって描いている。

いまのココ!

火災保険図「歌舞伎町方面No.5」1954年（昭和29）6月作図 都市整図社

68

10 地図名、発行年など

6 位置がわかりにくい場所は、小地図「いまのココ！」で、該当エリアを赤で示した。

5 地図中にも同じ番号を記して、その場所を示す。建物などポイントを示す場合は数字、道や川、町など広域の場合はアルファベットで示した。

2 当ページが扱う場所—現在の町名・俗称

1章

新宿　戦前篇

ぬかるみの町が盛り場に

大正期の新宿大ガード西がわ光景。現・新都心歩道橋辺り。新宿駅のまわりは荷馬車が行き来していた。
1922年（大正11）頃。新宿歴史博物館蔵

江戸～明治前期

新宿駅・新宿御苑（角筈・植物御苑）

鉄道も駅もなかった時代

１８７９年（明治12）の地図である。「植物御苑（現・新宿御苑）」❶を中心にして、エリアをやや広くとった。

現・新宿駅は❷の辺りになる。新宿御苑は江戸時代、高遠藩内藤家の中屋敷だった。江戸と甲府を結ぶ甲州街道ⓐが通り、宿場町内藤新宿ⓑが賑わっていた。新宿に最初にできた町である。甲州街道の脇には玉川上水ⓒが流れている。

明治維新で江戸屋敷地は政府に返上となり、内藤氏の中屋敷は１８７２年（明治5）10月から農事試験場となった。果樹園や水田、牧場、蚕の飼育場などができ、製糸工場まで開場した。ちなみに江戸時代、内藤家屋敷の畑地では「八房とうがらし」を栽培していた。宿場付近でも栽培され、まわりの畑は真っ赤に彩られ、「内藤とうがらし」と呼ばれた。

１８７４年（明治7）には試験場の中に農事修学所が設けられ、全国から生徒を募り、農学研究を始めた。オーストラリアから羊を初めて輸入して飼育するなど近代農学発祥の地となった。しかし遊郭もある内藤新宿が近くにあるのは風紀上好ましくないとして、１８７７年（明治10）に駒場へ移転となり、跡地は宮内省の「植物御苑」となった。

新宿駅が開業したのは１８８５年（明治18）。日本鉄道の品川線（赤羽―品川）の開設時に途中駅として開業した。地図は鉄道開設6年前（１８７９年）のものになる。この辺り畑地が多い。鉄道が敷かれることを多くの沿線住民は歓迎しなかった。汽車の振動で農作物が育たなくなる、鉄道の電線にとまったスズメが畑を荒らす。また品川でもそうだったが、鉄道のせいで宿場町である内藤新宿がさびれてしまうと文句も出た。

そんな不安の声を取り入れたのか、結局、鉄道は宿場を遠巻きにまわりこむように敷かれ、角筈村《つのはず》ⓓのはずれに駅が開業した。敷地は尾張犬山藩成瀬家などの下屋敷跡で、明治維新後は荒れ放題の草っ原になっていた。駅前も閑散として、開業当初、乗客はほとんどいなかったという。

しかしその後、日本鉄道の複線化工事が１９０４年（明治37）に始まり、甲武鉄道（中央線の前身）の電車専用線工事も着手、新宿地図は大きく変わっていく。

ⓐ甲州街道

参勤交代で利用したのは高遠藩、高島（諏訪）藩、飯田藩。いずれも信濃の藩。それ以外の藩は中山道を通った。

ⓒ玉川上水

江戸の人口が増加し水不足となったため、幕府が多摩川から上水を引く工事を計画した。工事を請け負ったのは羽村付近の豪農、庄右衛門と清右衛門の兄弟。1653年（承応2）秋に上水は完成、その功として玉川の姓を許され、「玉川兄弟」と呼ばれる。

ⓓ角筈村

江戸時代から角筈村と呼ばれた。現在の西新宿、歌舞伎町、新宿一丁目～三丁目の一部。1978年（昭和53）7月1日に角筈は廃止となる。

❶植物御苑

野菜・果樹の栽培研究が行われた。1901年（明治34）から庭園に改造することになり、5年がかりで皇室のパレスガーデン「新宿御苑」が完成した。戦後の1949年（昭和24）に一般公開されるようになった。

❸太宗寺《たいそうじ》

内藤氏の菩提寺。夏目漱石は、幼少の頃、太宗寺近くの家に養子に出されて、よく境内の仏像によじ上って遊んだ。「その仏様は胡座（あぐら）をかいて蓮台（れんだい）の上に坐っていた。太い錫杖（しゃくじょう）を担いでいた。それから頭に笠を被（かぶ）っていた。」（『道草』）

❹花園神社

家康の江戸入府以前からあったが、内藤新宿が開かれて以来、町の鎮守として祀られる。三光院稲荷とも呼ばれた。

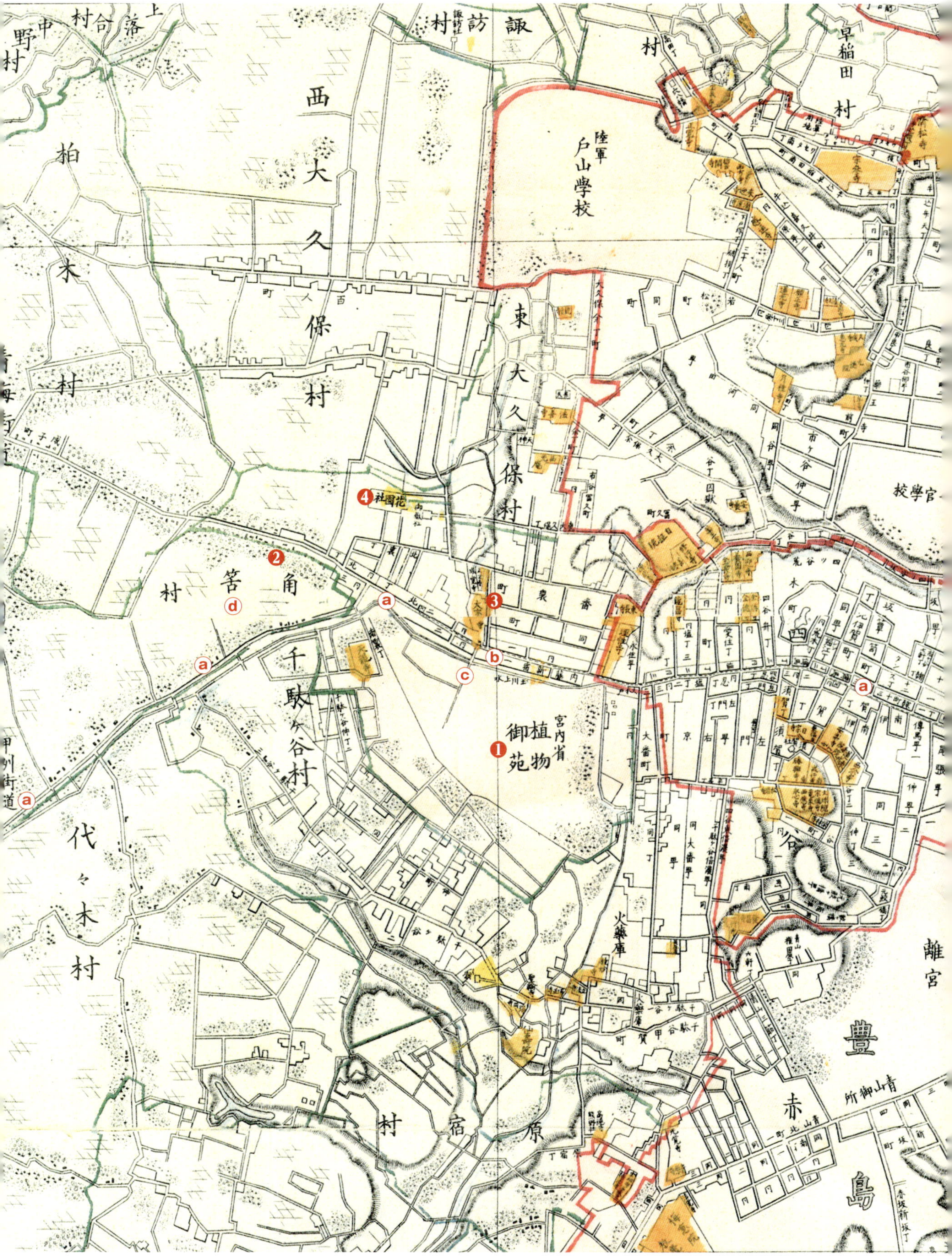

「実測東京全図」内務省地理局　1879年（明治12）『地図で見る新宿区の移り変わり』（新宿区教育委員会）所収

明治後期

池があり、川が流れていた新宿

新宿駅・歌舞伎町周辺（角筈一丁目）

東口から歌舞伎町に入り、新宿東宝ビルの脇を抜ける。ゆるやかな下り坂が続く。新宿東宝ビルの裏（北がわ）、東西に延びる道に出る。花道通り、これを渡ると、今度はゆるやかな上り坂。つまり、花道通り（大正期以前は川ⓐ）はちょうど谷底になっている。左（西武新宿線方向）を見れば、ゆるやかな上り坂。この道筋、かつて川が流れていたことに合点がいく。新宿を流れていた川は、玉川上水ⓑだけではなかった。

左は1909年（明治42）の地図。現在の西武新宿駅辺りに「大村邸」❶があり、鬱蒼《うっそう》とした雑木林の庭に池がある。池はほかにもあり、当地が湧水地帯だったことがわかる。明治20年頃は、大村邸、「新宿御苑」❷、「前田侯爵邸」❸、「濱野邸」❹などの池はカモの猟場だった。

大村邸の池を水源とし、川は東方向へ曲線を描きながら流れていたⓐ。カニ川（金川）といい、途中、支流と合流しつつ大久保通り、戸山公園を経て神田川に注ぐ。現在、「四季の路」と呼ばれる緑歩道もカニ川の支流で、ちょうど緑歩道が切れる辺り（❺の位置）で合流し北に向きを変えて流れていたが、昭和初期に暗渠《あんきょ》となった。

鉄道が新宿を通り、新宿駅が開業した4年後、1889年（明治22）には新宿―立川に甲武鉄道（中央線の前身）ⓒが開通。日清戦争が終わった1895年（明治28）には飯田町駅（飯田橋三丁目）まで延伸する。しかし、新宿駅前はまだ繁華とは言えず、駅近くのあちこちに馬糞が落ちていた。駅周辺には薪炭《しんたん》業者が多く、木材や炭を運ぶ馬車が通るためである。

街の中心は、変わらず内藤新宿の追分❻だった。明治初期、漱石が3～8歳頃、この辺りに養子に出された。坂あり谷ありだった地形の記憶を自伝的小説『道草』に書いている。

この狭い往来を突き当って左へ曲ると長い下り坂があった。健三の記憶の中に出てくるその坂は、不規則な石段で下から上まで畳み上げられていた。古くなって石の位置が動いたためか、段の方々には凸凹《でこぼこ》があった。

1903年（明治36）、新宿通りが拡張、市電ⓓが四谷見附から（繁華街の）追分まで開通した。漱石の記憶にあった地形もこのときから少しずつ変わっていく。さらに1904年（明治37）から05年の日露戦争で、新宿駅の人の流れは急増する。

日本鉄道の複線化工事が始まったのは日露戦争開戦の年。甲武鉄道の電車専用線も計画された。駅の拡張が必要となり、1906年（明治39）、甲州街道筋に新設された。09年の地図では、甲州街道に接して新設の新宿駅❼がある。

1906年、鉄道国有法が発令。10月に甲武鉄道が国鉄中央線、11月に日本鉄道が国有鉄道山手線となった。

新宿駅西がわを見ると、「煙草《たばこ》専売局工場」❽がある。江戸時代は松平摂津守《せっつのかみ》の下屋敷で、維新後は岩倉元公爵の所有となり、華龍園という庭園になった。明治30年代、新宿駅拡張のため廃園。空地となって子供たちの遊び場❾となっていた。その空地を国が買収。日露戦争の軍費調達のため、タバコ生産は官営となっていた。それまで銀座だった煙草工場は、1910年（明治43）、新宿へ移転となる。紀伊國屋書店店主の田辺茂一は著書『わが町 新宿』（紀伊國屋書店）で「退社時には束髪や桃割れに白いエプロン姿に弁当箱をかかえた女工さんたち」が、どっと駅に向かい「新宿駅ラッシュアワーのはしり」だったと述べている。

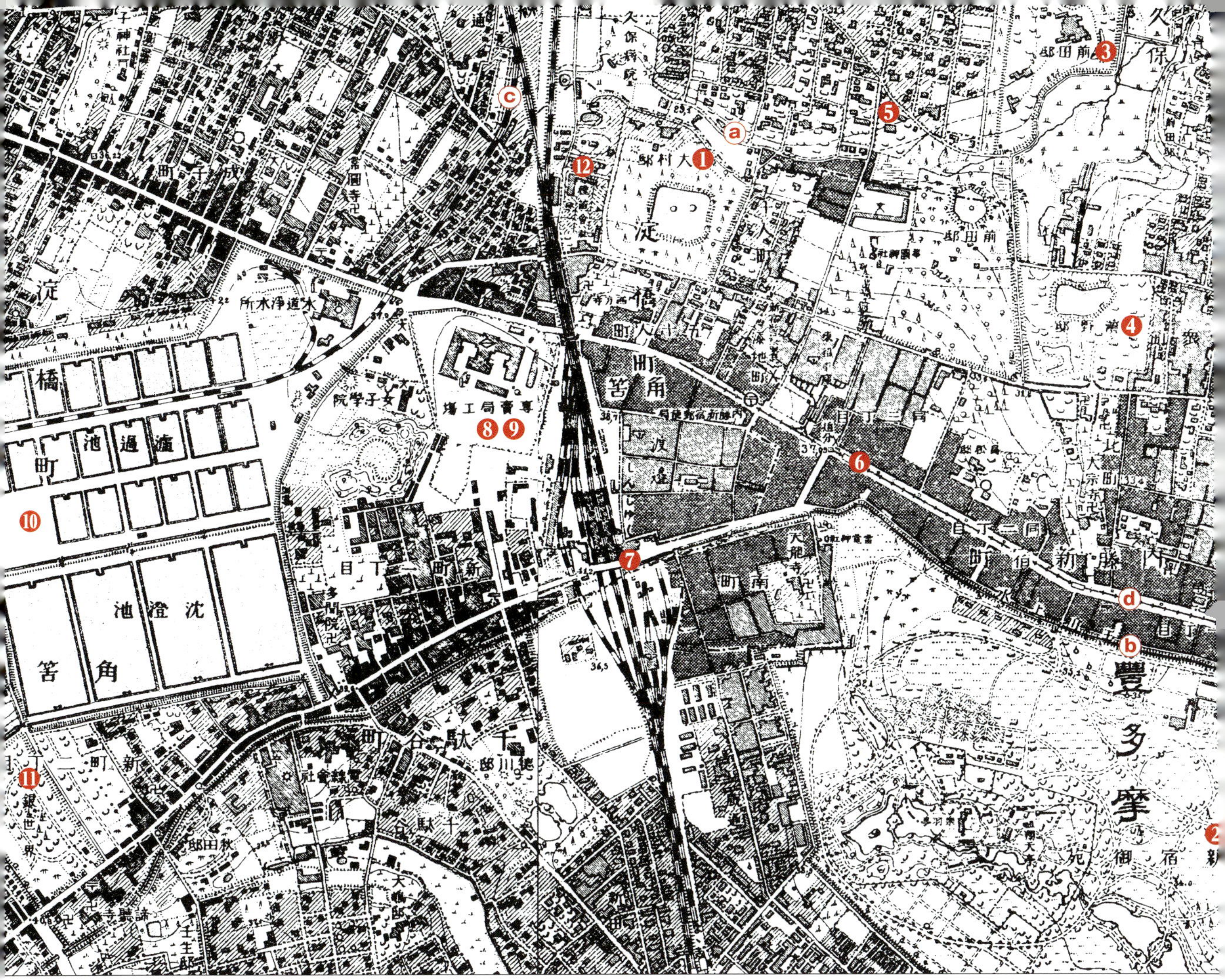

「淀橋・大久保の地形図」 1909年（明治42）測図　国土地理院提供　『地図で見る新宿区の移り変わり』（新宿区教育委員会）所収

❶大村邸

長崎の大村藩主・大村子爵の屋敷。鬱蒼とした山林で「大村の山」と呼ばれた。

❻追分

街道が2つに分かれる場所。内藤新宿追分は甲州街道が青梅街道と分かれるところ。

❼新設の新宿駅

南口の石段を下りた辺りに新設された。

❾子供たちの遊び場

子供たちは庭園の築山を「ツノカミ山」（摂津守の屋敷にある山）と呼んだ。

❿淀橋浄水場

15ページ参照。

⓫銀世界

梅園の名称。江戸時代、郊外の梅の名所だった。明治末期、東京瓦斯（東京ガス）の所有となり、ガスタンクが建つ。

⓬日本種苗株式会社

当時、新宿御苑で野菜・果樹の栽培研究が行われたため、内藤新宿には大小のタネ屋が集まっていた。

新宿停車場　1906年（明治39）3月、新宿駅構内改良工事竣工、甲州口（現・南口）に本屋（駅舎）を建設。甲武鉄道電車専用ホームとして甲州口と青梅口の2ヵ所にホームが設置された。写真は1911年（明治44）。新宿歴史博物館蔵

大正～昭和戦前

茂一少年の通学路

新宿―大久保

新宿で生まれ育った著名人は多いが、指を順に折ればすぐに紀伊國屋書店店主・田辺茂一《もいち》氏の名があがる。1905年（明治38）生まれ。新宿通りが拡張された2年後である。父親は新宿通り沿いで薪炭《しんたん》問屋を営んでいた。

氏の著書には子供時代、新宿の原っぱで遊んだ記憶や道路の向かいがわの中村屋との付き合い（当時、近所では電話は田辺家しかなく、通りをへだてて「中村屋さーん、電話ですよ」と叫んだという）といったことなどが記され、豊富な体験の詰まった新宿史となっている。

その著書『わが町 新宿』に〝学校への道順〟がある。

1911年（明治44）、町立淀橋尋常小学校に入学したが、二年生からは、大久保にあった私立高千穂小学校に転入する。淀橋小学校は山手線の向こうがわ、西新宿だったが、「茂《しげ》（本名は茂一《しげいち》）は言葉が汚くなった」と母が父に相談して転校となったらしい。令息令嬢の多い私立小学校である。下駄が靴になり、帽子も洋服も注文品、ランドセルを背負い、すっかり良家の坊ちゃんになった。

田辺家❶から高千穂小学校❾までは、子供の足で30分以上かかる。地図Aを見ながら、高千穂小への道順を追ってみることにしよう。

通学路は2コースあった。普通であれば、花園神社横の小学校❷の校門前を通り、新田裏の電停❸を越えて行くコースである。ちなみに、この電停「新田裏」、現在はバス停「日清食品前」となっている。このコースを行くと、花園神社そばの小学生たちと出会ってしまう。こちらは2、3人だが、先方のほうが多い。目が合うと、いきなり「高千穂学校良い学校！　あがってみたらボロ学校！」と叫ぶ。坊ちゃん風の格好が気に入らないのだ。

それが嫌で、少し遠回りだが、別コースを行くようになる。大村の山（現・歌舞伎町）の東がわ裏道ⓐを歩き、鬼王神社に出る。そこから高千穂小学校へ行くコースである。

当時の詳細な地図がないため、掲載図は後年のものであり、「大村の山」が「府立第五高女」になっている。のちに歌舞伎町となる区域である。この東がわ裏道の左右は名士邸が多かったようだ。

> 通りの右手に岡田啓介邸があった。簡素な住宅であった。清福な生涯を語っていた。お嬢さんが同級生で、たしか玉子さんと云ったから、私も一、二度、お邪魔した思い出がある。その先に天野という醸酒工場があり、その前を通ると、なんとも云えぬ臭いにおいがした。（『わが町 新宿』田辺茂一 紀伊國屋書店）

岡田邸は地図Aの「十人町」ⓑ辺りにあるはずだが、地図Aは住宅地図ではない。別地図（地図B）でたどると、「岡田啓介」❹とあった。後年、二・二六事件で襲撃される総理大臣だが、この頃は海軍の軍人として知られていた。その先にある「酒屋」❺は、文中の醸酒工場と推測される。

このまままっすぐ行くと「鬼王神社」❻。突き当たりを右へ曲がると学校へ向かう道（現・職安通り）で、新田裏からのコースと合流する。ここは政治家や作家も多く、明治期には島崎藤村も住んでいた❼。現・都営地下鉄東新宿駅辺りである。通り沿いに、茂一少年の友達がいた。掛下君という。

掛下君の家の前は橋健三邸。屋敷というほどの大きさでは

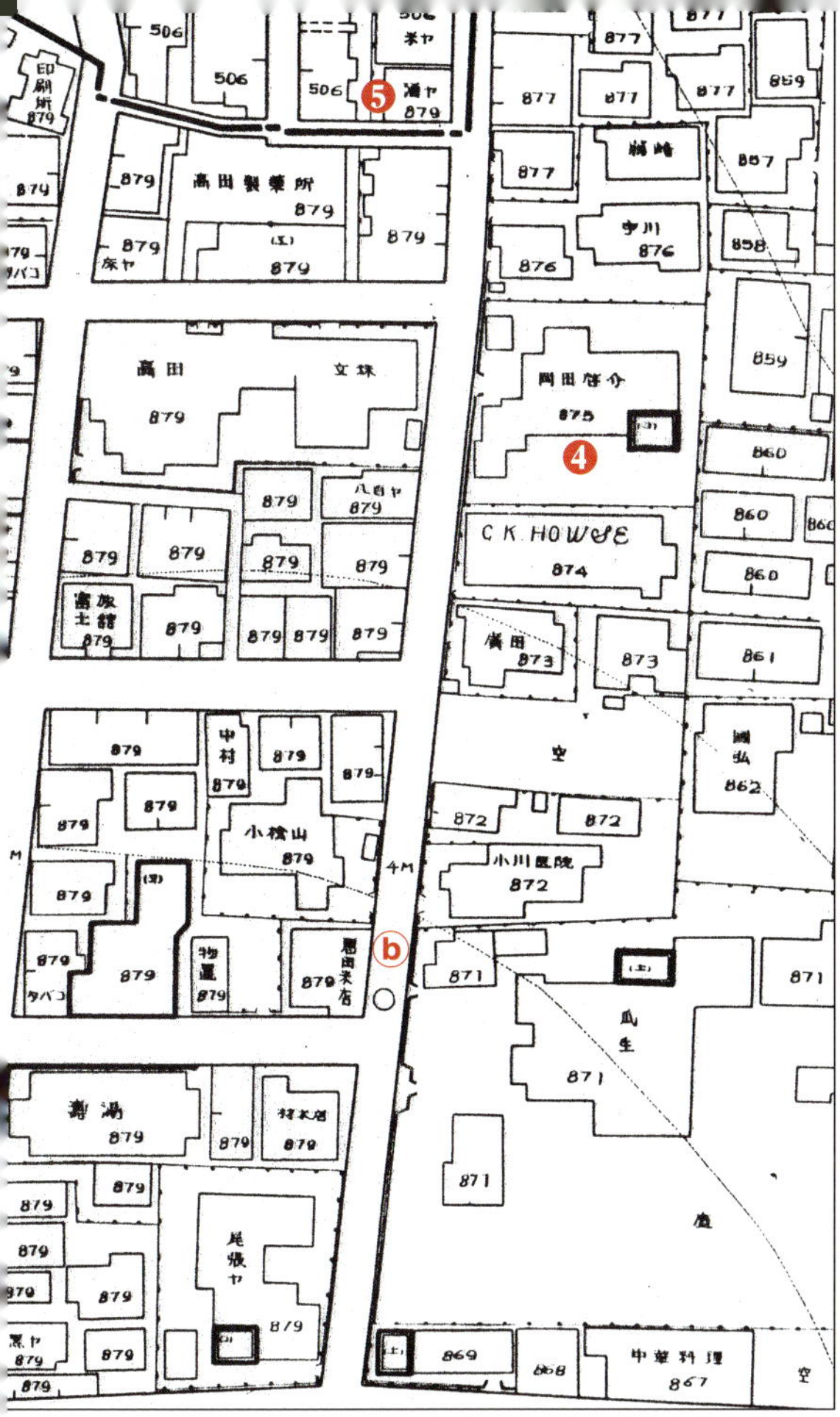

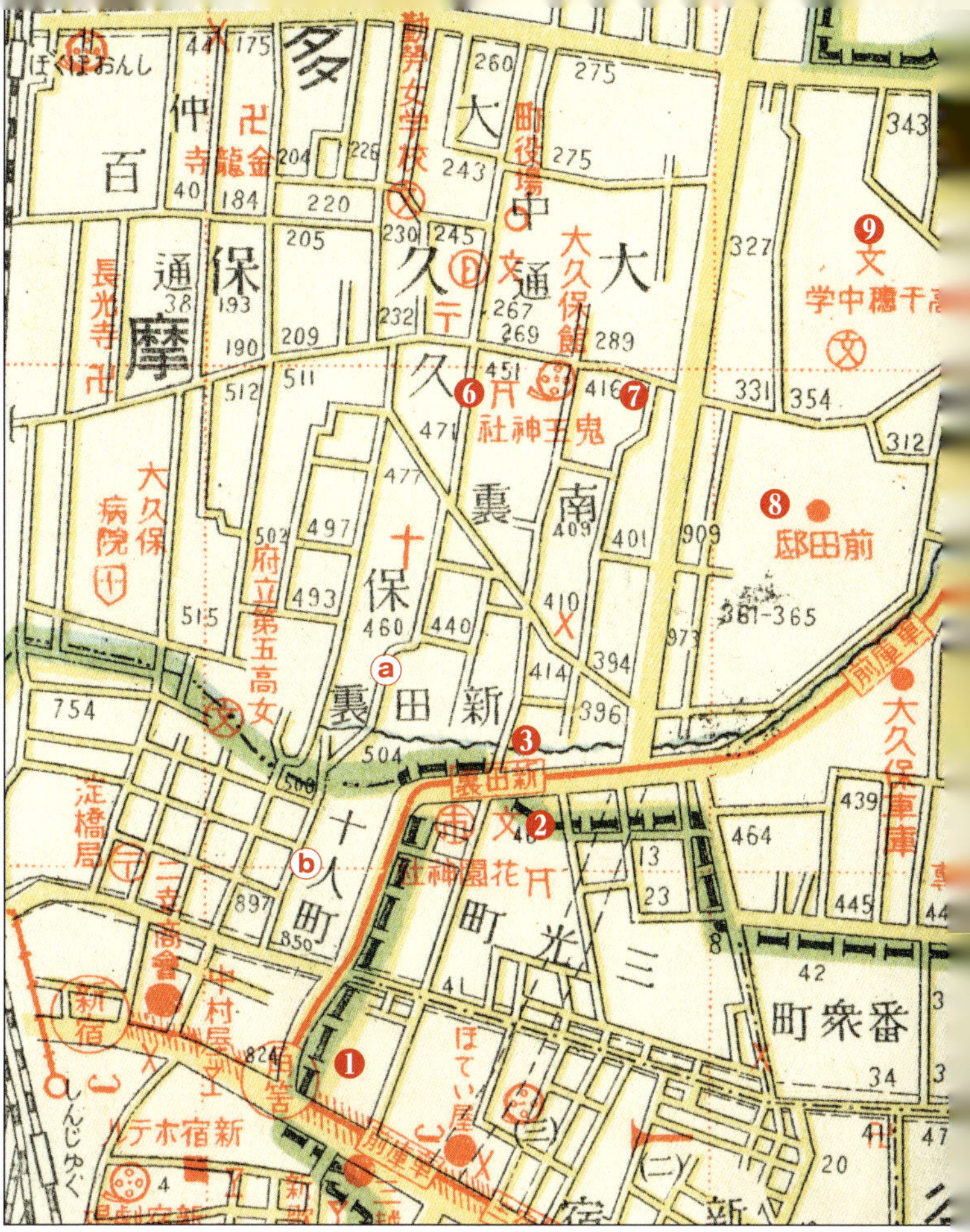

地図B
右の地図A「十人町」周辺　火災保険図「淀橋区No.2」「淀橋区No.3」1938年（昭和13）作図を接合　都市整図社

地図A
『ポケット大東京案内』1931年（昭和6）発行　著作者・綱島定治

❷花園神社横の小学校

『わが町 新宿』では花園小学校とあるが、1934年（昭和9）改築時は四谷第五小学校。鉄筋コンクリート3階建で、東洋一のモダン校舎と呼ばれた。1995年（平成7）に四谷第七小学校と統合し、花園小学校となる。現在、校舎は吉本興業東京本部として使われている。

❸新田裏

市電角筈線の電停。現在はバス停「日清食品前」。

❹岡田啓介（1868-1952）

軍人、政治家。二・二六事件で襲撃を受ける。太平洋戦争時に東條内閣を批判、和平に力を尽くす。戦後も清貧で通した。

❻稲荷鬼王神社

全国で唯一の鬼の福授（さず）けの社。節分には「福は内、鬼は内」と豆をまく。

❼島崎藤村旧邸

島崎藤村（1872-1943）は、大久保に1905年（明治38）4月から翌年10月まで暮らす。職安通りに旧居跡碑。

今のココ！

なかったが、文名高い三島由紀夫さんのご母堂の実家である。

それから、大きい杜《もり》もあった前田侯爵のお屋敷。（『同書』）

前田のお屋敷❽は表門、横手門、裏門のある一万坪ほどもある広さだったという。その向かいがわが中学をはさんで「高千穂小学校」❾（当時の地図記号は「文」が小学校、「㊫」は中学校）だった。茂一少年は、ときおり道順を変えて、横手門から入り、表門に抜ける回り道をした。あまりの広さに、とがめるものは誰もいなかったらしい。

明治～大正

西新宿―東新宿

関東大震災後、人々は新宿へ

関東大震災の2年後、1925年（大正14）の新宿地図。新宿角筈村（現・歌舞伎町）では、前項で登場の大村邸跡地に「府立第五高等女学校」❶が開校している。震災前に完成した新宿大ガード❷も健在だ。カニ川ⓐの流れも変わらない。玉川上水ⓑは昭和に入って暗渠《あんきょ》となるが、この頃は住民の憩いの場だった。春は桜、夏は何千何万もの蛍が飛びかい、名所になったという。

ところが関東大震災では、玉川上水・甲州街道沿いの建物は軒並み焼けてしまった。火事の延焼は追分まで及んだ。

しかし、下町の惨状に比べれば新宿全体の被害は小さかった。震災後、下町の被災者など、多くの人々が新宿にやって来る。新たな住まいには、地盤が強固と思われる新宿を選ぶのはごく自然なことだった。さらに複数の鉄道が新宿を通っており至便性もあった。

明治後期に山手線・中央線が国有化となり、大正初期に京王線ⓒが新宿追分駅まで開通、ターミナルとしての新宿駅が歩み出していた。新宿駅は1925年（大正14）5月に新築された。新駅舎は2階に食堂、地下に喫茶と洋食精養軒がある近代建築で、次第に知られるようになった。開業当時、乗降客はほとんどいなかった新宿駅だが、人の出入りは次第に増加していく。

震災後、新宿のあちこちに変化が起きている。11ページで紹介した種苗会社がなくなり、跡地が「乗合自動車会社」❸となっている。東京でバスが走ったのは1913年（大正2）だが、関東大震災の年にバスを市営で開業することが決議された。震災で、多くの路面電車が被害を受け、応急処置ではあったが、公共交通にバスが導入されていく。新宿では1925年（大正14）4月に新宿―桜田門が開通し、鉄道とバスが直結した。大正はバス事業が興隆する時代である。

駅の西がわの大きな池は11ページの地図にすでに見えるが、ご承知の通り、1898年（明治31）に造られた「淀橋浄水場」❹である。

江戸の水道となった玉川上水は、明治維新後、水質悪化が問題となった。そこで「沈澄池」「濾過《ろか》池」を設ける工事を着工、玉川上水からの通水に成功する。東京の近代水道が誕

ⓒ京王電気軌道

1914年（大正3）、「新宿追分（図域外。現・新宿三丁目付近）」まで延伸開業。1駅手前の「新宿駅前」駅は山手線の真上にあった。地図にある「新町」「天神橋」を含め、すべて廃駅となった。

❶府立第五高等女学校

1919年（大正8）開校。尾張屋銀行の四代目峯島茂兵衛の妻・貴代子が女子教育の学校設立に尽力、資金と土地を提供した。

❷大ガード

旧青梅街道は80メートルほど南（踏切で渡る）だったが混雑が目立ち、北がわの小さなガードを拡張、青梅街道を北回りにした。1921年（大正10）完成。

❸乗合自動車会社

東京市交通局が運営するバス会社。のちの地図では社名とともにバス車庫がある。

❺精華高等女学校

明治前期、加藤敏子が林を切り開き、女子独立学校として開校。戦後は美空ひばり、吉永小百合などが学んでいる。現在の東海大学付属市原望洋高等学校。

❻明治学院

神学部があった（普通部は白金台）。1924年（大正13）、東京女子大学の転出を受け、この地へ入る。

❼工手学校

1887年（明治20）、近代化のための職工を育成する目的に開校。私立では日本初の工業実業学校。現在の工学院大学。

❽十二社《じゅうにそう》池

熊野神社台地下にあった。江戸の景勝地で広重の「名所江戸百景」にも描かれる。淀橋浄水場の工事で大半が埋め立てられ、1968年（昭和43）に姿を消した。現・新宿中央公園の西。

❾瓦斯《ガス》供給所

1912年（明治45）、「銀世界」（p11）の敷地跡に東京瓦斯（現・東京ガス）が立てたガスタンク。現在はホテル「パークハイアット」。

❿武蔵野館

1920年（大正9）開館の映画館。当初はこの場所だった。弁士がついた邦画が主だったが、関東大震災後は洋画専門館となった。震災では下町の映画館のほとんどが焼失し、無事だった武蔵野館へ多くの客が押し寄せた。

「大日本職業別明細図之内　大久保町淀橋町代々幡町千駄ヶ谷町戸塚町」
1925年（大正14）『地図で見る新宿区の移り変わり』（新宿区教育委員会）所収

生し、市民へ生活水を供給することになった。

ただしあくまで東京市の水道であり、淀橋町（市外、豊多摩郡）は浄水場の水は使えなかった。町民の働きかけなどで工事が始まり、町への給水が始まったのは1924年（大正13）である。しかし、この一帯は浄水場が多くを占め、学校や人家はあるものの閑散としていた。町民たちから浄水場移転が要望され始めたのは地元給水の一、二年後だった。

淀橋浄水場　4つの沈澄池と12の濾過池があった。廃止となったのは1965年（昭和40）3月。写真は1961年頃の作業風景。新宿歴史博物館蔵

新宿駅方面から見た新宿大通り。右奥に三越、左奥は伊勢丹。手前右手に「東京パン」が見える。『改訂版　日本地理風俗体系　大東京』（1937年　誠文堂新光社）

大正〜昭和前期

新宿通り

木造二階建ての街並にビルが立ち始める

❻中村屋

主人の相馬愛蔵・黒光夫妻はキリスト教的ヒューマニズムの信念を持ち、ロシアの盲目詩人エロシェンコの来日中、世話もしている。

❽家庭寮（食堂）

名前の通り、家族連れで賑わった。

❾食堂早川亭

ワラジのように大きいカツレツ、シウマイが評判で、新宿名物となった。

1938年（昭和13）の地図を手に、戦前の新宿通りを歩いてみよう。

現・アルタシアターの場所は「二幸」❶となっている。明治期、ここへ中西運送店が開店した。関東大震災後、新駅舎ができると、5階建ビル（プラス地下2階）に改築する。当時、新宿最大のビルとなった。このビルに、追分（新宿三丁目辺り）にあった三越（マーケットだった）が移って来る。月家賃5000円（公務員の初任給が30円〜80円の時代）であり、地元の人たちはビルの規模だけでなく、家賃にも肝をつぶす。さらに1930年（昭和5）、「三越」は南がわ（❷現・ビックロ）へ二度目の移転をする。

三越のあとに移って来たのが二幸食品デパートだった。二幸とは「海の幸、山の幸」はなんでも揃っているという意味である。

南がわ、角にある「パンヤ（東京パン）」❸は通勤のサラリーマン客が多く、早朝からの開店だった。南に入った「（食堂デパート）聚楽《じゅらく》」❹は白煉瓦《れんが》造りの5階建て、全階が食堂である。

新宿通りに戻って右折すると「高野果実店」「高野フルーツパーラー」❺。初代高野吉太郎は1877年（明治10）に調布から新宿に出て、1885年（明治18＝新宿駅開業の年）、駅前に果物問屋の看板を掲げた。店内は40坪ほどで、店先に戸板を出し、栗や柿をひと山いくらというふうに並べていた。1921年（大正10）、駅拡張の計画が始まり、現在地に地上3階地下1階の新しいビルを建てた。フルーツパーラーを設けたのは1924年（大正13）。当初のメニューはみつ豆や氷西瓜（スイカを添えたかき氷だったようだ）などだった。

本郷でパン店中村屋を開業していた相馬愛蔵・黒光《こっこう》夫妻が引っ越して来たのは1907年（明治40）のこと。場所は田

火災保険図「淀橋区No.1」「淀橋区No.2」1938年（昭和13）2月作図を接合　都市整図社

辺薪炭《しんたん》問屋（現・紀伊國屋書店）の向かいだったが、2年後に現在地❻に移動する。1927年（昭和2）喫茶部（レストラン）を開設。新宿通りに接して木造二階建ての店であり、その裏はビルとなった。大正前期にはインドで革命運動をしていたラス・ビハリ・ボースをかくまい、その縁で売り出した純印度式カリーが評判を呼び、芸術家や詩人たちが集まるようになっていた。

同じ頃（昭和2年）、田辺茂一が「紀伊國屋書店」❼を開業する。本屋は少年時代からの夢だった。家業の薪炭問屋の横に、木造二階家を建て、15坪の1階に本を陳列、階段下を事務所にし、空きスペースを着替え所や応接室とした。2階は画廊とし、安井曾太郎などによる「大日本洋画大家展」を皮切りに、伊藤熹朔《きさく》の「舞台装置展」や今和次郎・吉田謙吉の「考現学展」などを開催している。

そのまま東へ進めば電車車庫❿、その先は伊勢丹である。新宿の繁栄は百貨店の進出と切り離すことはできない。次項では新宿大通りの百貨店について見てみたい。

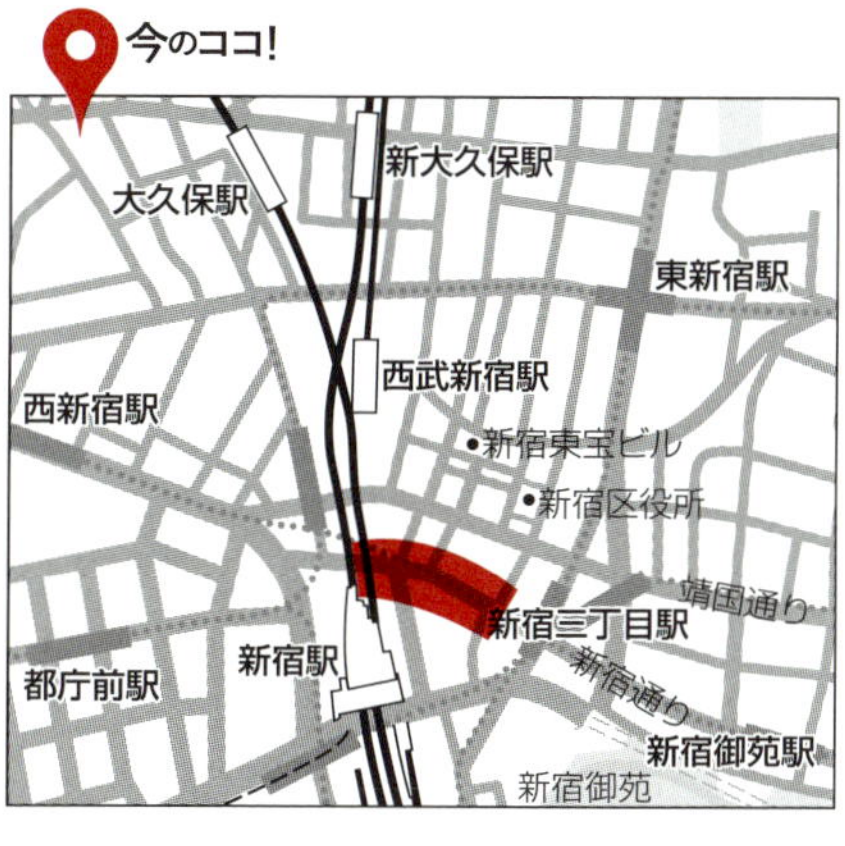

昭和前期

新しい家族像をつくった伊勢丹百貨店

新宿三丁目付近（新宿追分）

伊勢丹の小菅丹治《こすげたんじ》が新宿追分に進出したのは1933年（昭和8）のこと。神田旅籠町《はたごちょう》（現・外神田）の呉服店だったが、関東大震災で焼失し、同地で一時的に再建はしたものの、新しい地で再出発する意欲が起きていた。

新宿は京王や小田急、中央線など西の郊外と結ぶ鉄道が整備されていた。西郊には都市型中間層の住宅地が広がっており、これから新宿はモダンな暮らしを志向するお客が増えていく。商いには新宿は格好の場所と考えた。ただし、新宿駅前はまだ馬糞の散らばる閑散とした田舎道である。一方、新宿追分は江戸時代から遊女屋が並ぶ繁華な地だったが、その賑わいは続いていた。1915年（大正4）、京王電車が山手線を越えて「新宿追分」❶を終着駅にしたのも、乗降客の増加を見込んでのことだったろう。

「伊勢丹」❺が乗り込んで来たとき、交差点角にはすでに1925年（大正14）、麹町の「ほてい屋」❷が進出していた。地上6階地下1階の百貨店で、入口には2メートルほどの布袋様が飾られていた。

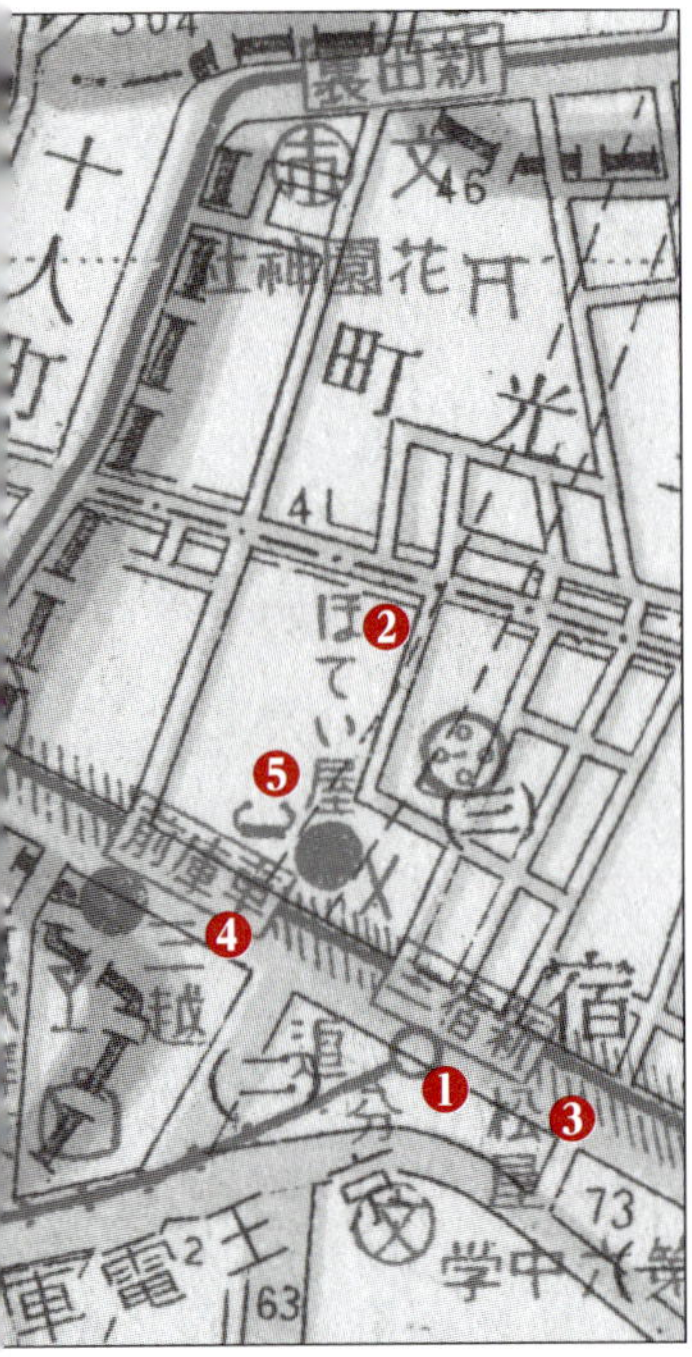

伊勢丹の新宿進出2年前の地図
『ポケット大東京案内』1931年（昭和6）発行　著作者・綱島定治

その西隣は東京市電の敷地だったが、移転のため払い下げとなり、これを受けた伊勢丹が百貨店を開店した。地上7階地下2階である。ここに二つの百貨店が並ぶことになった。

当時、追分付近に開店していた百貨店はそれだけではない。1929年（昭和4）には京王新宿ビルディング（1927年竣工　現・京王新宿三丁目ビル）に「新宿松屋」❸が入店した。

また前項で述べたが、1930年（昭和5）には、新宿駅前にあった「三越」❹がこちらへ移っていた。駅前より地の利があると見込んだのだろうか。さらに1932年（昭和7）、明治通りの向かいがわ角に、味のデパート「三福」❻が5階建で開店する。ちなみに、ここは三越が新宿駅前への移転前にマーケットを開いていた場所である。

集客が思うようにいかなかった松屋は撤退（1932年）したが、新宿三丁目付近に四つの百貨店が、しのぎを削ることになった。このうち伊勢丹がもっとも遅れた出店である。

後発の伊勢丹だったが1935年（新宿進出2年後）に、ほてい屋の建物を買収する。百貨店競争に勝つために増築をしたほてい屋だったが、経営が思うようにいかなくなっていた。二つの建物は一体化することで、伊勢丹は売り場だけでなく、大食堂や庭園、印刷所、医務室、自動遊戯場もある広大な百貨店となった。別館である「伊勢丹事務館」❼の2階にはアイススケート場もできた。

『大家さんと僕』（矢部太郎　新潮社）というマンガがある。〝僕〟は新宿区のはずれの一軒家に間借りする。大家さんは高齢の女性だが、ある日、タクシーで伊勢丹へ同行する。

「家族で乗りに来たの」
「乗りに？」
「初めてエスカレーターが出来た時に　楽しい乗り物だっ

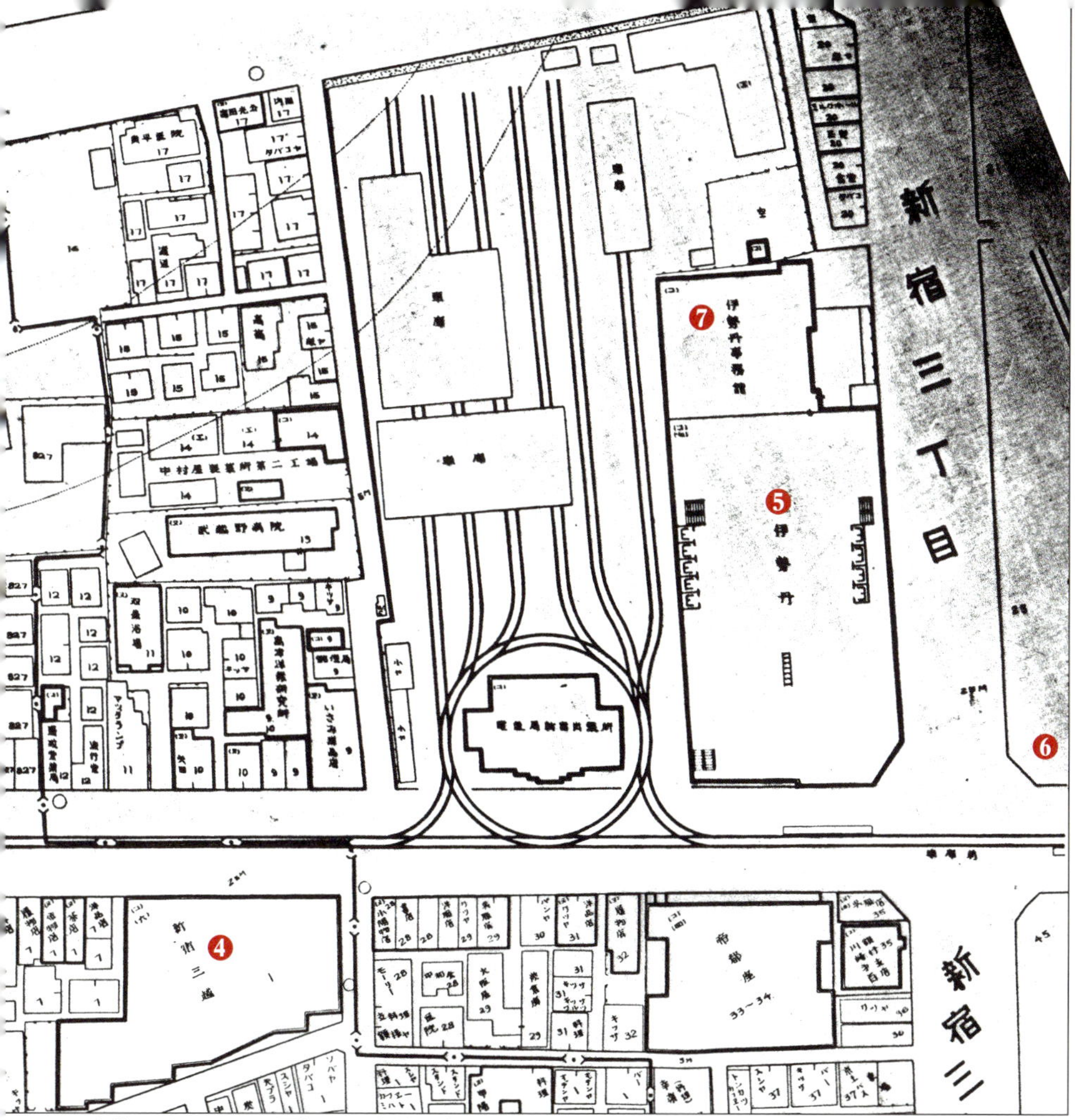

伊勢丹がほてい屋を買収した3年後の地図　火災保険図「淀橋区No.2」1938年（昭和13）作図　都市整図社

❸松屋

京王新宿ビル（京王パラダイス）の2階より上が松屋だった。銀座松屋とは関係はない。

❻三福

5階はダンスホール。その後、時局柄禁止され、光音座という洋画館になった。

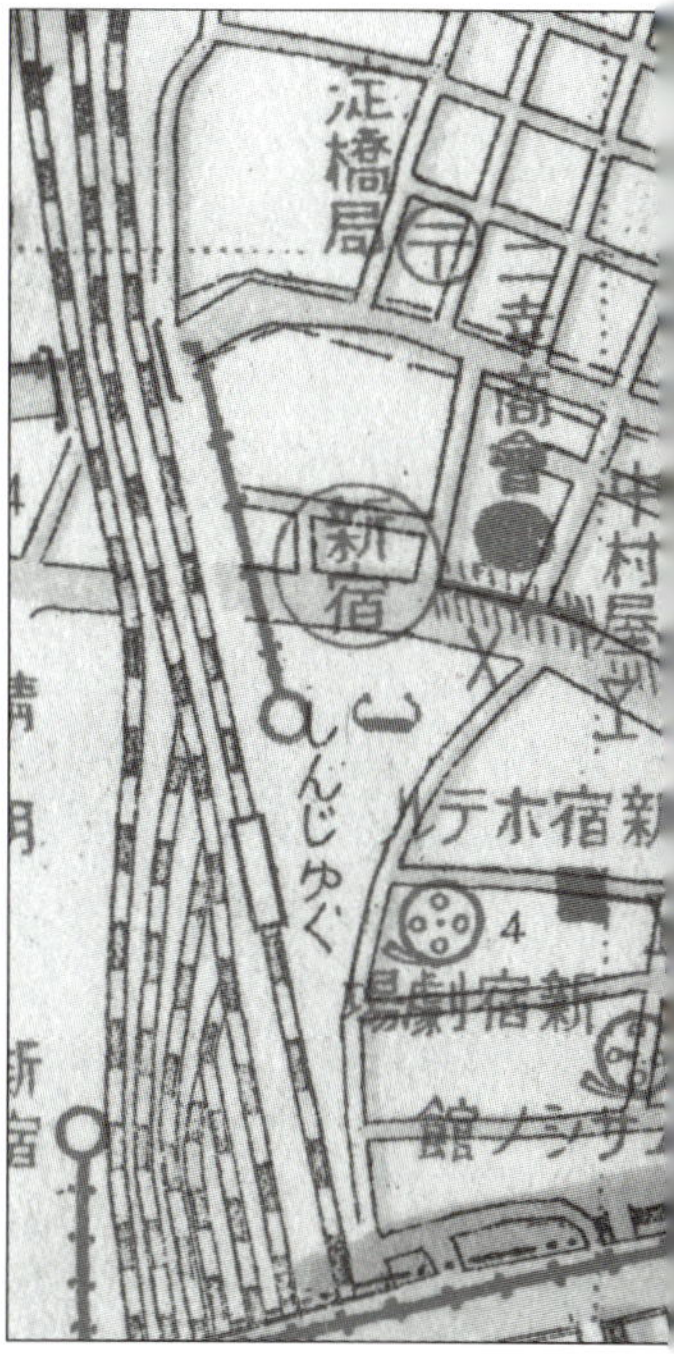

新宿に進出した伊勢丹。『改訂版　日本地理風俗体系　大東京』（1937年　誠文堂新光社）

たわ」

「乗り物？」

「お子様ランチ食べて　戦前の話よ　私もお子様だったの

その頃から変わらないからここは」

大家さんのお子様時代。推測すれば、伊勢丹がほてい屋を買収した頃と思われる。戦後、三福は閉店、新宿三越は２０１２年（平成24）に閉店する。当時のままのアール・デコ調建築の伊勢丹には、大家さんと同じようにいまも多くの人が訪れている。

昭和戦前

映画館にレビュー小屋、踊り子や喜劇人が通った界隈

新宿三丁目（角筈一丁目南）

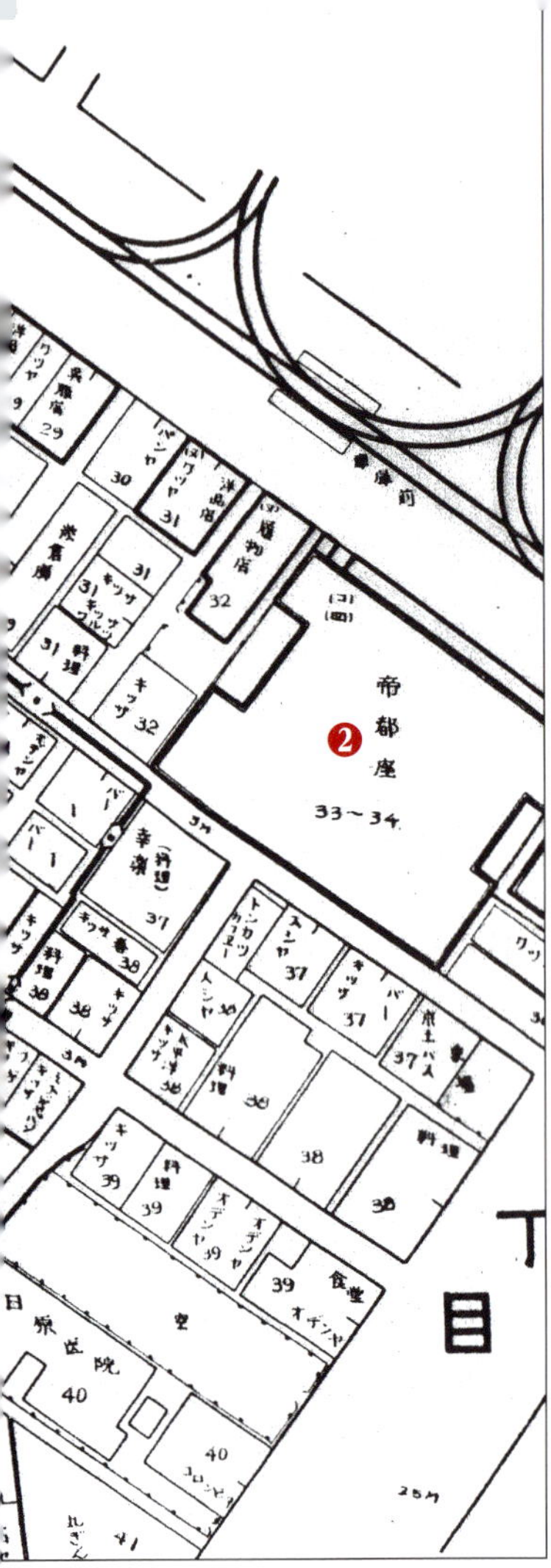

現在の大塚家具のショールーム辺りに、１９２９年（昭和４）新歌舞伎座が開場した。新しい設備の大劇場だったが、その後、１９３２年（昭和７）に「新宿第一劇場」❶と名を変え、ＳＳＫ（松竹少女歌劇）や青年歌舞伎、曽我廼家五郎一座、新派などの上演をしていた（p27地図❹参照）。

この周辺の雰囲気を永井荷風の友人で作家の生田葵（葵山《きざん》）は「あの新歌舞伎座の後《うしろ》のカフェー街、あんな凄まじいカフェーが、世界中どこの都会を探したらあるであろうか！」と、嘆息している。遊郭付近（交差点付近）には江戸情緒が残っているような趣があるが、新歌舞伎座辺りから湧き出る遊楽的雰囲気は１９３０年式であると述べている。１９３０年（昭和５）とは執筆している年だが、三越裏界隈から湧き出す空気は、いかがわしくアナーキーなものだったようだ。

当時、この角筈一丁目南（現・新宿三丁目周辺）は劇場が多かった。現在のマルイ本館の位置には「帝都座」❷。元は遊郭「寺田」で、のち寺田タクシー、帝都タクシーと変わり、帝都座になった。１９３１年（昭和６）に日活の封切館として開館、５階がダンスホールとなった。戦時色が濃くなった１９４０年（昭和15）、ダンス禁止令でホールは閉鎖、経営が悪化する。帝都座は吉本興業の演芸場になり、同年、東京宝塚劇場（社長・秦豊吉）の経営下となった。秦は有楽町の日劇で日劇ダンシングチームを育て、社長になったばかりだった。

地図で「三越」❸のあるところは元「武蔵野館」で、１９１９年（大正８）に地元の商店街が共同出資で建てた映画館だった。大正半ば、新宿に地下街ができるという噂が飛び、それでは地上の客が激減する。そこで、当時人気のあった無声映画の上映館を建てることにした。狙い通り、弁士の徳川夢声、山野一郎、牧野周一たちの活躍もあり、人気の小屋となった。しかし１９２８年（昭和３）に三越に土地を買収されて裏通りに移る❹。弁士たちもそこへ通うようになった。

翌年５月、発声映画と称した日本初のトーキーが新宿で上映され、ここ武蔵野館が初上映館となった。上映されたのは『ハワイの歌と踊り』（題名通りのハワイアン音楽の紹介映画）『進軍』（喜劇風ストーリーの映画）。どちらも音を意識したが、面白さは弁士の説明にとうてい太刀打ちできなかった。最初は無声とトーキー半々だったが、さんざんの不入りだった。本格的トーキー『マダムと女房』（監督・五所平之助　松竹）が上映されるのは１９３１年（昭和６）、この頃から弁士たちの仕事が少なくなっていく。

「新宿ムーランルージュ」❺開場は１９３１年（昭和６）。それまで映画館だった「新宿座」をレビュー小屋とした。座主は浅草玉木座の支配人・佐々木千里。多くの役者を輩出したが、戦前入団には外崎恵美子・有島一郎・益田キートン・

火災保険図「淀橋区No.1」1938年（昭和13）2月作図　都市整図社

市村俊之・由利徹らがいる。明日待子《あしたまつこ》・小柳ナナ子らがアイドル的存在だった。

他にも昭和初期に開館した「昭和館」❻「新宿劇場」❼が並び、大通り裏の一帯は、興行街を成していた。

❹武蔵野館

現在、ZARA、かに道楽などの入る「新宿武蔵野ビル」となっている。

❺新宿ムーランルージュ

文芸部顧問に竜胆寺雄・吉行エイスケ・楢崎勤、文芸部長は島村竜三。現在、ビヤホールや居酒屋の入る「Mビル」。

❻昭和館

1932年（昭和7）、洋画館として開館。1960年代半ばから、東映任侠映画を中心に上映。2002年（平成14）、老朽化により閉館。

❼新宿劇場

1929年（昭和4）にマキノキネマ直営として開館。戦時中、建物強制疎開で閉館。1953年（昭和28）に歌舞伎町で開業（p66参照）。

三越裏の夜。エビスビール、「喫茶デパートエビス」❽「三徳おでん」❾などのネオンが輝く。『改訂版 日本地理風俗大系 大東京』（1937年 誠文堂新光社）

戦前・戦後

牛屋が原から遊郭、ゲイタウン

新宿二丁目

『日本侠客伝 斬り込み』（出演・高倉健、藤純子 監督・マキノ雅弘 東映 1967）という映画がある。舞台は戦前の新宿二丁目辺り。物語の前半に「太宗寺《たいそうじ》」（地図では大宗寺とある）❶の縁日シーンがあった。太宗寺は江戸時代、甲州街道（新宿通り）の宿場町、内藤新宿の核ともいえる寺であり、周囲は参詣人の賑わう繁華街だった。明治・大正になってからも露店や夜店が並んでいた。

この辺り甲州街道ⓐ沿いは、両がわに江戸時代から続く妓《ぎ》楼《ろう》（遊女屋）が並んでいた。しかし、皇室の御領地である御苑（地図手前＝範囲外）も近く、体面上もよくないと1918年（大正7）、警視庁は移転を命じた。21年（大正10）までの期限つきである。そのプロセスは後述するが、移転先は太宗寺の西がわ区域ⓑに指定された（移転後の地図のため、すでに「○○楼」などの妓楼の名が記されている）。

移転先となったこの地域、じつは明治中期から耕牧舎《こうぼくしゃ》という牧場だった。芥川龍之介の実父・新原敏三が経営する牧場で、「牛屋が原」と呼ばれていた。牧場であるから臭いもある。繁華な場所にふさわしくないと、1913年（大正2）、これも警視庁令で郊外へ移転していた。牛屋が原は見世物小屋が立ち、正月の出初め式に使われる原っぱとなっていた。

妓楼の引っ越しは19年（大正8）頃から始まる。途中、火災もあったが21年3月にはなんとか間に合った。ところが翌22年、現・伊勢丹近くにあった米俵商から失火、西からの強風に火は広がり、できたばかりの遊郭は全焼してしまう。ちなみに、このとき見舞金が天皇陛下から出ている。

災難が続いたが、再々度の建築で遊郭は完成する。完成後の左地図「新宿二丁目町内図」には、甲州街道沿いは病院や銀行、保険会社、家具店などが並ぶ。そのすぐ裏手も民家らしき家屋で妓楼はなく、遊郭はさらに奥まったところにできている。当初、59楼の「新宿遊郭」だった。

1923年（大正12）の関東大震災では幸運にも被害を受けず、壊滅した浅草の吉原などに代わって繁盛した。1945年（昭和20）、空襲で全焼、戦後はGHQによって公娼制度が廃止されるなどしたが、風俗営業法の許可を受け、いわゆる赤線地帯として生き残る。赤線とは、黙認される売買春地域である。事実上の公認であり、特殊飲食店に勤務する女性が客と自由恋愛するという建前になっていた。対して青線は、警察に黙認されない非合法の売買春地域である。

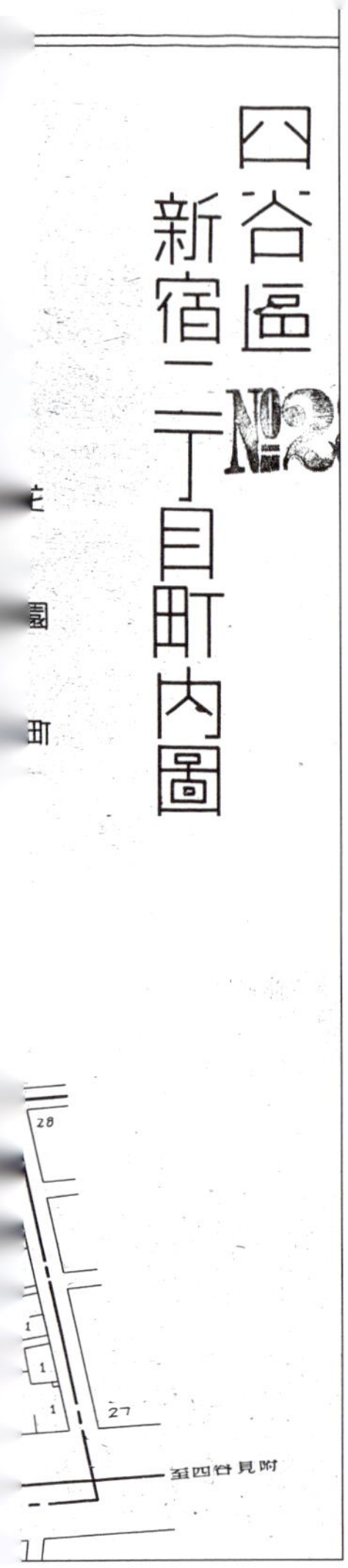

❷交番

どこの遊郭も入口に交番があった。遊女が逃げないように設けられたという説がある。

❸鈴岡楼、梅よし楼など

現在は、飲み屋街「新千鳥街」。1960年代前半、新宿御苑近くの「千鳥街」が区画整理で立ち退き、この場所へ移転してきた。

❹大萬、竹の家など

現在は、「要通り」という飲み屋街。二丁目の西端だったが、1973年（昭和48）に三丁目に編入された。

ⓒ大正通り

戦後に靖国通りと改名された。

「四谷区 新宿二丁目町内図」1937年（昭和12）作成、1942年（昭和17）部分補修 都市製図社 個人蔵

1958年（昭和33）、売春防止法が施行され赤線の街としての二丁目は幕を閉じる。妓楼の道は閉ざされ、楼主の多くは二丁目を出て行く。そのあとは飲食店や旅館、ヌードスタジオなどになった。特記すべきはゲイバーの進出である。

売春防止法が施行される以前は、路上で街娼が客を誘っていた。その中には男の街娼もいた。売春防止法ができると、女性たちは路上から消える。ところが男娼はおおっぴらではないものの、その後も路上に立った。法律は女性の売春を取り締まるもので、男性は対象にならないからである。

性社会・文化史研究者の三橋順子さんは、編著で「そうやって稼いでお金を貯めた女装男娼たちが、売防法施行で空洞化した二丁目の旧赤線や一時期に衰退した青線のお店の権利を買って、小さいゲイバーのママさんになる。」（『性欲の研究　東京のエロ地理編』平凡社）と座談会で述べている。

なるほど。合点がいく。それにしても、牧場から始まる二丁目の歴史のなんと奥深いことか。

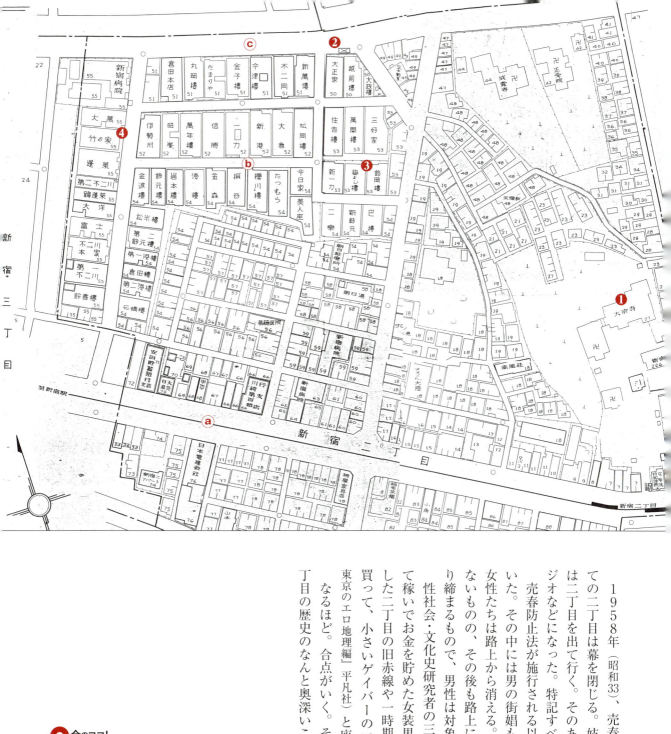

明治～昭和戦前

明治政府の場当たり的政策が生んだ細民窟

新宿四丁目（旭町）

1928年（昭和3）、新宿駅周辺の地図である。京王電鉄ⓐが現・JR線をまたぎ、乗り越えてから路面電車として進み、終点「四谷新宿」❶まで延びている。その終点手前に「天龍寺」❷がある。江戸前期に牛込から移って来た寺院で、当時、近隣は四谷天龍寺門前と呼ばれた。当地図では旭町《あさひちょう》ⓑとなっているところである（戦後、新宿四丁目となる）。

現在の天龍寺

1873年（明治6）、江戸時代の内藤新宿は一丁目、二丁目、三丁目、北裏町、番衆町、北町、そして南町、添地町の8町に分けられた。南町は四谷天龍寺門前の新町名である。さらに1920年（大正9）に旭町となる。

南町で生まれた作家・野村敏雄は、その風景をこう書く。

私の生まれ在所も、明治の中頃まではどこの地方でも見られるような、ごくありふれた町だった。たとえて言うなら、時代劇映画などによく出てくる宿場はずれの風景と同じで、街道筋に草葺屋根の一膳めし屋があって、その下にお地蔵さまが立っていて、（中略）その足もとに小川が流れていて、小さな橋を渡るとお稲荷さんの境内で、その先にお寺の屋根や森が見える……そんな町だった。（『新宿裏町三代記』青蛙房）

しかし1887年（明治20）、「宿屋営業取締規則」が警視総監三島通庸《みちつね》の名で発令された。宿屋を「旅人宿」「下宿」「木賃宿」の三つに分け、木賃宿を限られた地域で営業することを義務付けた。指定地外にある木賃宿は、3年以内に指定地内に移転しなければならなかった。明治政府の場当たり的な欧化政策である。

木賃宿は簡易宿泊所のことで、米を持参して泊まる宿である。安価だが薄暗く湿っぽい部屋が多く、一見あばら家風のものもあった。宿といっても、長期滞在者がほとんどで、下層社会の窮民、自由労働者、テキ屋、芸人、行商人などが長期間、常泊していた。新しい帝都建設を目指す政府にとって、見苦しい破れ屋は外国人に見せたくない。できる限り市中から離れた地域へ追っ払おうとしたのである。抜本的な都市細民対策は放ったらかしで、木賃宿や不良住宅を限られた地域に徹底的に寄せ集めた。新宿警察署管内には中野や下高井戸など四つの指定地が選ばれたが、内藤新宿の西はずれである南町もその一つである。この政策が、街を一変させた。明治30年代になると、スラム化が強まっていく。

ありふれた宿場はずれの町が、なぜ指定地となったのか。野村は「もはやそのことは知る由もないが、南町が指定地でなければならない必然があった、とは思えない」と述べ、当時の政策に手厳しくこう続ける。

当時の警視総監、三島通庸は薩摩藩士の出で、藩閥政府内で大久保利通に目をかけられて内務畑を歩いた官僚だが、地方県令時代は過酷な大土木工事を強行して県民の怨嗟を

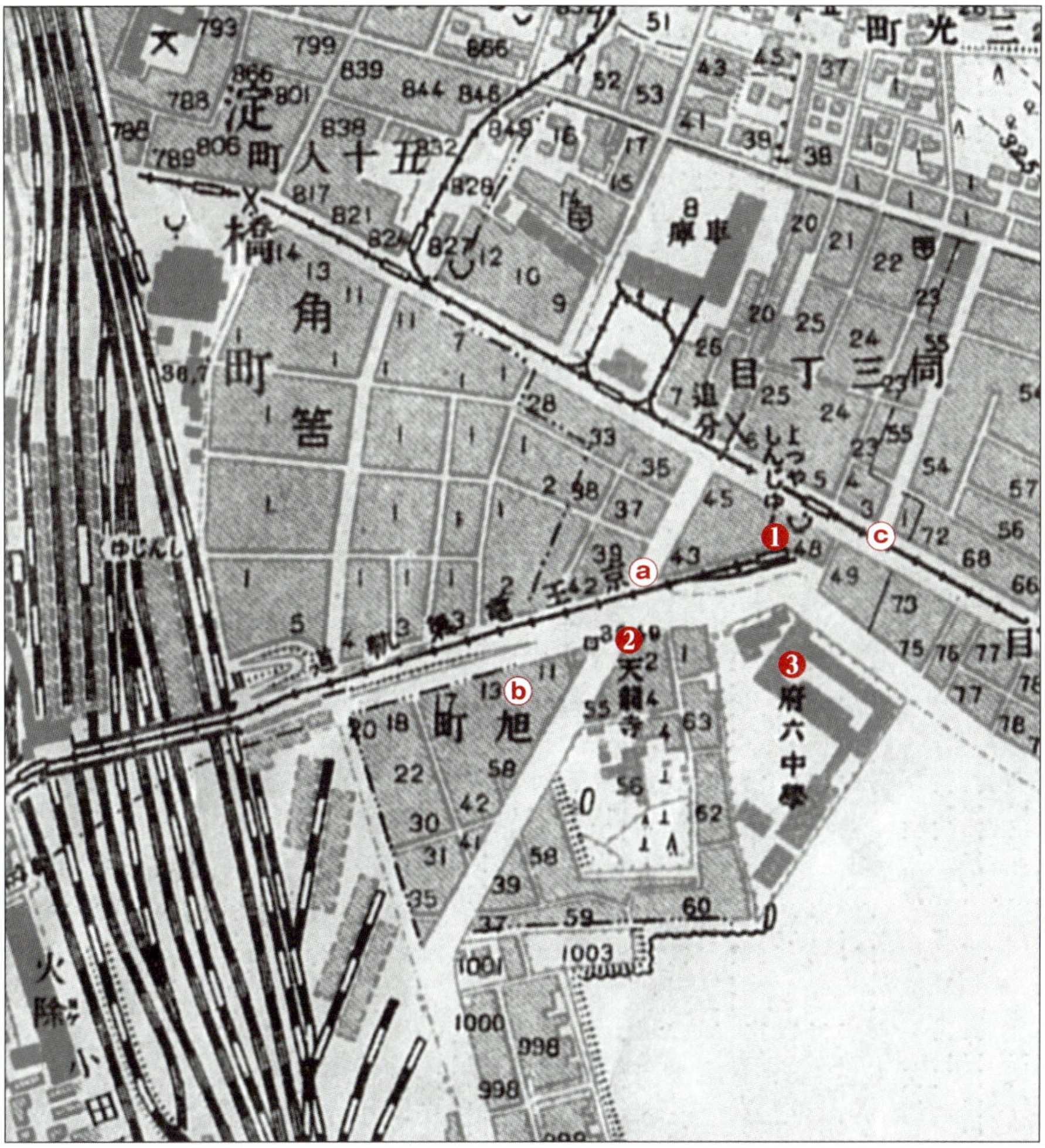

「四谷1万分1」を拡大　1928年（昭和3）修正　陸地測量部　国土地理院　井口悦男氏提供

❶京王電車

終点「四谷新宿」は、現・新宿通りに面した京王本社ビルに入るわずかな部分が専用敷となり、ビル内が小さなターミナル駅となっていた。なお四谷新宿以前は、現・JRを越えてすぐ左折し、現・伊勢丹角の青梅街道（新宿通り）との追分の道路上が終点だった。当初の予定は、地図上にある市電線ⓒに乗り入れる予定だったが、果たすことはできなかった。

❷天龍寺

徳川家とゆかりある曹洞宗の古刹。現在も残る梵鐘は上野寛永寺、市ヶ谷八幡とともに江戸三名鐘と称され、時を告げる「時の鐘」として知られた。朝晩二度つくが、内藤新宿は武家屋敷が多く江戸城から遠いので、登城を報らせる時刻を、他より少し早めについたという。

❸府立第六中学

1921年（大正10）に東京府立第六中学校として設置。都立新宿高等学校の前身。

受け（福島事件）、総監時代は民権運動弾圧に暴威を振るって終始新政府の中央集権官僚専制の権化となって働き、その功？によって華族に列した男であった。このような男が南町の運命にどれほどの思いを寄せたともおもえない。市外の場末にあって東京全部からみれば砂粒みたいな南町の存在など、おそらく眼中になかったであろう。（『同書』）

南町のスラム化に拍車をかけたのは日清戦争（明治27年／1894—明治28年／1895）・日露戦争（明治37年／1904—明治38年／1905）である。戦争が終わると、日本はその反動で大不況に陥る。これを契機に、四谷鮫ヶ橋など他の地域で暮らしていた細民層が指定地である南町へ流れ込むようになった。そして南町には木賃宿や共同長屋があちこちに建てられる。天龍寺のまわりも例外ではない。

放浪の作家・林芙美子も旭町（南町から町名変更）の木賃宿を利用している。1922年（大正11）師走、行く当てのない芙美子は、「三畳の部屋に、豆ランプのついた、まるで明治時代にだってありはしない部屋」に泊まった。

　新宿の旭町の木賃宿に泊る。石垣の下の、雪どけで、道がこねこねしている通りの旅人宿に、一泊三十銭で私は泥のような体を横たえた。（『放浪記』）

明治の戦争で肥大化した細民窟は、やがて昭和の戦争によって終止符が打たれる。太平洋戦争で旭町の住民も招集され、召集されない住民は疎開を余儀なくされた。

過密していた人口は、またたく間に減少し、建物は強制疎開で取り壊された。そして1945年（昭和20）5月25日夜の空襲で、山の手一帯は焼け野原となる。旭町は灰となり、残ったのは一部の家屋と天龍寺だけだった。無論、まっとうな終止符でないことは言うまでもない。

◀戦後の新宿駅東口・南口周辺
東京三千分一図「西大久保」 1922年（大正11）測量
1947年（昭和22）補修　日本地形社　都立中央図書館蔵

大正期〜昭和戦前・戦後

町民の心の支えであった雷電様

新宿四丁目（南町→旭町）

明治期の南町、のちの旭町の鎮守様は通称「雷電様」、雷電稲荷神社（❶の場所にあった）とされている。前項で内藤新宿8ヵ町を記したが、そのうち7つの町は花園神社が総鎮守である。単一の町で鎮守を持つのは南町だけだった。

雷電様の由来は、むかし源義家が奥州征伐に向かっていたとき雷雨にあい、社殿で雨宿りしていたところ、一匹の狐が現れ、義家の前で三度頭を下げた。鳴り響いていた雷鳴はやみ、たちまち空は晴れ上がったという故事からきている。

秋に大祭が催され、町も境内も華やかに賑わう。明治期、この地域に暮らす人々はその日暮らしがほとんどだった。かれらにとって、雷電様と祭りは何ものにも替えがたい心の支えであり、誇りとなった。

しかし、前項で述べたように明治30年代から町のスラム化が進み、町財政も悪化し、管理も十分にできなくなる。雨風にさらされた雷電様の維持さえ苦しくなってくる。それを解消しようと、一部有力者から花園神社への合祀が持ちかけられた。

前項の『新宿裏町三代記』（野村敏雄）によれば、その経緯は次のようだった。

1920年（大正9）暮れ、400坪のうち300余坪を東京建築信用購買組合に貸し付けることになった。その承認書が同購買組合、雷電稲荷の氏子である有志会、花園神社の3者間で取り交わされる。

利害をめぐるきな臭い噂もあり、すぐに移転は実行されなかった。関東大震災もかさなり、雷電様の本殿が花園神社境内に移されたのは1928年（昭和3）の春である。移転後の跡地は荒れたままだったが、その後、合祀の推進者たちが次々に事業に失敗するなどして、新宿から消えていく。雷電様のお怒りだという話が流れるなど、ことの顛末は長く尾を引くことになった。その真実はいまも闇のままである。

私事だが、競馬ファンだった1970年代、新宿の場外馬券売り場へしばしば足を伸ばしたことがある。西口を出て、「武蔵野館」❷を過ぎると甲州街道の高架下。赤エンピツ片手の予想屋たちの誘いを断ち切り、トンネルをくぐり、売り場窓口で勝馬投票券を買った。いま思えば、そこがかつての南町だった。トンネルの向こうには、一杯飲み屋や簡易宿泊所の並ぶ、いわゆる「ドヤ街」の雰囲気がまだ残っていた。

現在はJRAウインズがあるほか、音楽スタジオやスポーツ洋品店のビル、飲食店が並び、近くには高島屋タイムズスクエアが建つ。高架下のトンネルに独特の落書きがのこるものの、ふらっと通り過ぎれば、新宿のありふれた裏街である。

雷電稲荷の跡地を訪ねてみると、本殿はないものの、鳥居と祠が祀られており、幟《のぼり》には「雷電稲荷神社　平成二十九年奉納」とあった。氏子たちの雷電様への熱い思いは、消えることなく続いていた。

新しく奉納された雷電稲荷の祠と鳥居

現在の甲州街道高架下ガード

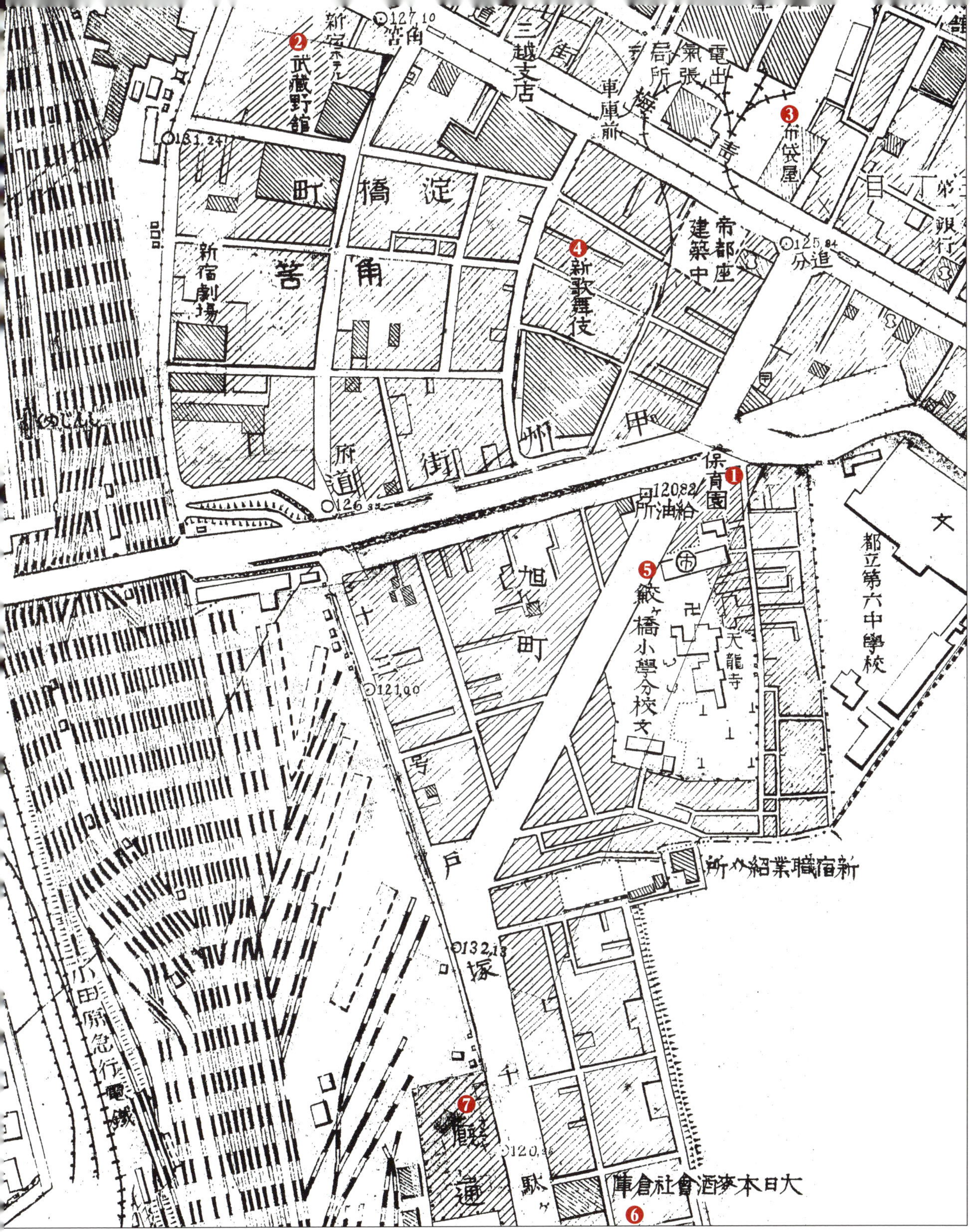

❸布袋屋

呉服店布袋屋が開業した百貨店。現・伊勢丹の位置。

❹新歌舞伎（座）

1929年（昭和4）開場。新派や新国劇も上演したが、中心は歌舞伎興行だった。

❺鮫ヶ橋小学校分校

四谷鮫ヶ橋の鮫ヶ橋尋常小学校分校〈旭町分教場〉として1922年（大正11）4月、天龍寺の境内に開校。貧しい家庭の児童が多かったが、関東大震災では焼け出された住民の避難場所となった。1934年（昭和9）閉校。地図補修時（1947年）には閉校していたが、記載されているのは修正漏れであろう。「保育園」の私立二葉保育園新宿分園は、1977年（昭和52）に移転するまで当地にあった。

❻大日本麦酒会社倉庫

大日本麦酒は戦前、群を抜いたシェアがあった。札幌麦酒、日本麦酒、大阪麦酒（サッポロ、アサヒ、エビスの前身）が合併して設立。場所は現在、ボルダリングジムがある辺り。

❼厩道《おんまやみち》

馬小屋が並んでいたのだろうか。現在、代々木寄りに「厩道踏切」「うまや道公園」の名が残る。

1945年（昭和20）

新宿区（淀橋区・四谷区・牛込区）

山の手大空襲 トラックに揺られるロッパと荷風

1941年（昭和16）12月8日、日本は英米に宣戦布告、太平洋戦争に突入した。一進一退があったが1944年（昭和19）夏にサイパン陥落、米軍のマリアナ前線基地が完成し、本土爆撃が増えていく。基地から東京まで2300キロ、B29爆撃機が日本を襲い、基地へ戻るに十分な距離となった。

B29による本土爆撃は、1944年6月の北九州の八幡製鐵所から始まったが、東京は11月から敗戦直前まで数十回の空襲を受けることになる。最大の被害は1945年（昭和20）3月10日未明の東京大空襲だが、その後、5月24・25両日、新宿・渋谷一帯がB29の編隊機から猛攻撃を受ける（山の手大空襲）。このじゅうたん爆撃で一面焼け野原となる。駅東口周辺と新宿通りで残ったのは高野、中村屋、二幸、三越、帝都座、伊勢丹などの少数のビルだけだった。新宿駅に立つと、遠くが見渡せ、新宿御苑の新緑がみずみずしく見えたという（御苑施設は旧御涼亭、旧洋館御休所を残し全焼した）。

左は淀橋区（新宿区は戦後に四谷区、牛込区、淀橋区が合併）の「戦災焼失区域表示地図」。当時は四谷区であった新宿三丁目、新宿二丁目、三光町、旭町などや牛込区は載っていない。もちろんこれらの町を含め、牛込区、四谷区でも空襲を逃れた地域はほんのわずかだった。

焼失地域は繁華街だけではない。古川ロッパは戦時中、淀橋区下落合二丁目ⓐに自宅があった。当時、ロッパ一座は東北巡業中で5月26日、宿で東京の空襲を知る。詳細がわからず不安のロッパだが、翌27日、新しいニュースを聞く。

東京空襲が大分判然して来た。麹町・渋谷―中略―赤坂・四谷・荒川・世田ヶ谷の各所ということ。淀橋区は入っていない。先ず安心したが、下二番町や橋・友田の家など、心配なことである。朝食、卵のみ。（『古川ロッパ昭和日記 戦中篇』監修・滝大作 晶文社）

ところが夕方、「ヤケタボウクウゴウブジ」の電報が届く。無事だが家が焼けたとの知らせだった。翌28日、ロッパは移動のトラックに揺られながら、愚痴を吐き出している。

二階の抽斗の中に残ったもの、本棚、薬戸棚―あ、薬が色々あったのになあ―中略―惜しいなあ、家なし、家なしか。家あっての生活だった。机辺のたのしさも、今はさらばである。（『同書』）

ただ、どこか余裕なのは、家族が無事だったからか。

ロッパの家のすぐ近くにいたのが、永井荷風である。荷風は3月10日の東京大空襲で麻布市兵衛町一丁目（現・六本木一丁目）の偏奇館を焼失、親類の菅原明朗が住んでいた中野区住吉町ⓑのアパートに転居する。ちなみに偏奇館の前に暮らしていた断腸亭は、牛込区余丁町ⓒである。

5月25日の日記は「空晴れわたりて風爽やかに初めて初夏五月なりし心地なり」と始まる。夜、菅原氏の部屋で雑談しているとサイレンが鳴り響く。荷風は大したことはなかろうと、ボストンバッグに日記だけ入れて外へ出る。防空壕に入るが、激しい爆音、烟《けむり》が入り込み、路上へ這い出ようとすると爆弾一発、大音響して、いたるところが燃え出した。荷風は菅原氏夫妻とともに、燃え立つ炎と群衆の間を逃れる。

昭和大通上落合町の広漠たる焼跡（四月中羅災の地）に至り―中略―烟の中を歩み、おそるおそるわがアパートに至

り見るに、既に其跡《そのあと》もなく――後略

――(『荷風全集 第二十四巻』岩波書店　＊原文は旧仮名遣いですが、現代仮名遣いにしました)

3月の空襲に続き、荷風の住まいは焼けてしまう。

新宿全域では、面積の90パーセントが焼失した。

荷風は途方に暮れるまま菅原夫妻とともに大久保新宿を歩き、やがて降り出した雨の中、トラックに(厚意で)乗せてもらう。揺られながら焦土となった道玄坂を通り、駒場の知人宅へたどり着く。

(渋谷・原宿の空襲は50ページ)

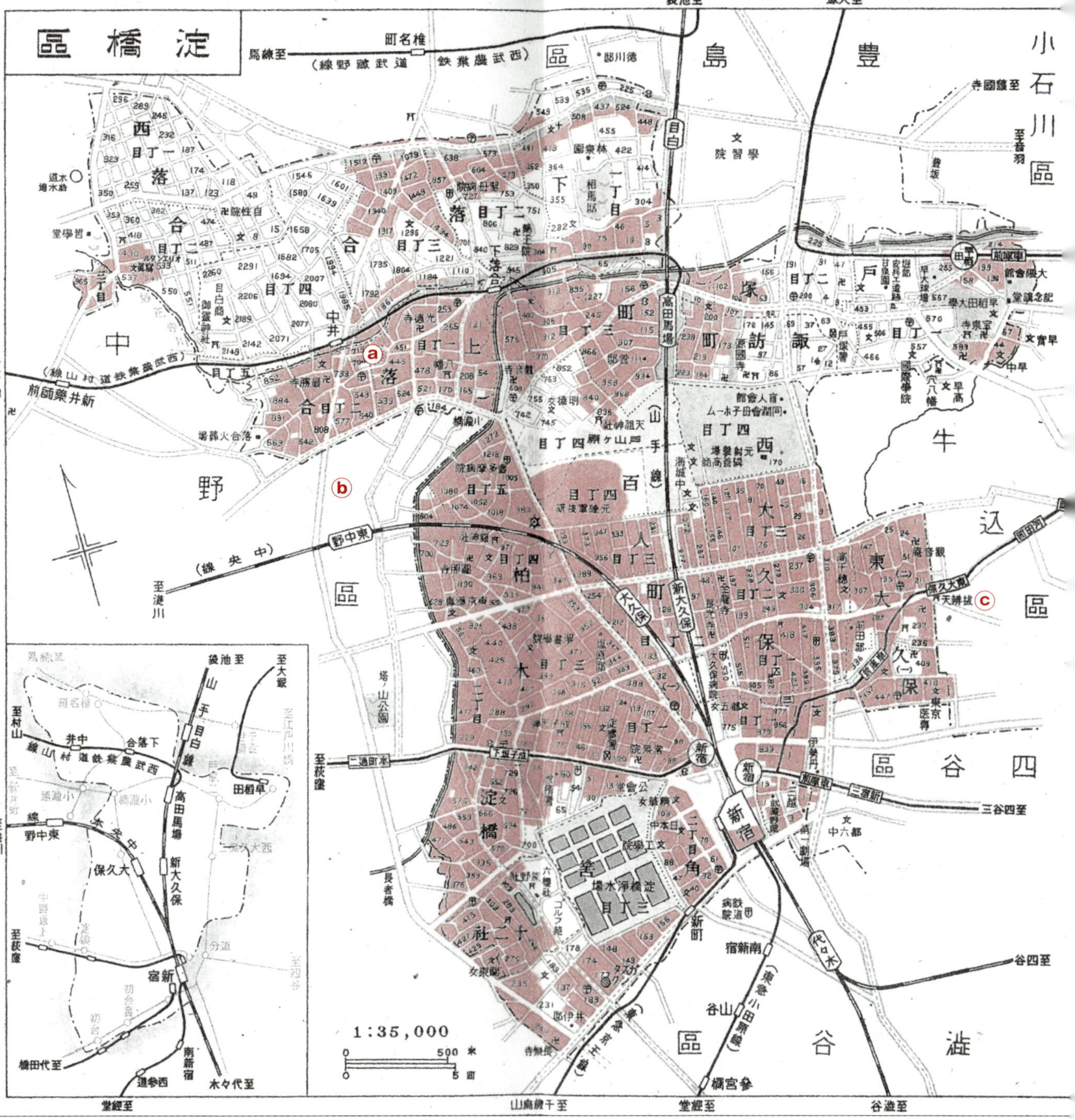

終戦直後、地図出版社の社員が手弁当と地下足袋で都心部の焦土エリアを、区ごとにつぶさに調査した地図である(赤い部分が焼失区域)。

「戦災焼失区域表示地図　淀橋区」日地出版株式会社 1985年(『コンサイス　東京都35区区分地図帖』1946年を復刻)　縮尺は1：35,000とあるが、掲載に際し、117パーセント拡大した。1：30,000になる。菊池正浩氏提供

昭和戦前 角筈一丁目（歌舞伎町一丁目）

火災保険図「淀橋区」1938年（昭和13）都市整図社

「瓜生邸」をあれこれ想像する

「茂一少年の通学路」（p12）の戦前地図を部分拡大した。市電軌道（現・遊歩道公園 四季の路）ⓐの西がわに広大な屋敷「瓜生邸」❶がある。この辺り、戦前は前田侯爵邸、濱野邸などのお屋敷があったところで、瓜生邸もその一つだろう。この瓜生邸、戦後のヤミ市で、ある役割をもった。

敗戦後の焼け跡に、関東尾津組の尾津喜之助は〝尾津マーケット〟を開く。そのいきさつは54ページに述べるが、告知広告は、「出来上がった製品を適正価格で大量引き受ける。希望者は至急来て欲しい」との内容で、文末に「新宿マーケット 関東尾津組 淀橋区角筈一ノ八五四（瓜生邸跡）」と記されていた。じつを言うと、この番地と地図の番地が少し違う。「八五四」は、もう少し北へ離れた位置になる。

尾津の家は角筈一丁目で瓜生邸とすぐ近所だった。喜之助の長女・尾津豊子（映画『二十四の瞳』の子役の一人）の著書によれば、尾津家は1943年（昭和18）に中野から新宿へ引っ越して来た。改正道路（靖国通り）ⓑを渡って桜通りⓒに入ったところで、すぐ近くに銭湯（壽湯）❷と理髪屋さん（床や）❸があったという。番地の相違は未解決だが、上地図の瓜生邸が尾津マーケットの連絡地だったのだろう。ただ、両者がどんな関係だったのか。おそらくご近所のよしみだったのだろうが、残念ながら想像するほかない。

最後に、とってつけたようになるが、この瓜生邸、現在は新宿区役所になっている。

2章

渋谷・原宿 戦前篇

子供たちが遊び、ハチ公が行き来した道

1937年（昭和12）頃の渋谷道玄坂 『改訂版 日本地理風俗体系 大東京』（1937年 誠文堂新光社）

明治前期

乗降客はほとんどいなかった

宮益坂ー道玄坂（大山街道）

渋谷川にかかる宮益橋。右は宮益坂ⓑ、左は道玄坂ⓒになる。写真のすぐ手前下流に水車が回っていた（地図中❹）。白根記念渋谷区郷土博物館・文学館蔵

ヒカリエ、Ｂｕｎｋａｍｕｒａ、マークシティ、公園通り……毎日、多くの人が訪れる渋谷だが、130年前はのどかな農村風景が広がっていた。

左は1891年（明治24）の千駄ヶ谷から渋谷にかけての地図。地図記号から見ると、茶畑や桑畑、雑木林、低地には水田があり、川辺には水車が回っている。桑畑や茶畑は、明治初年に新政府が失業士族に奨励した名残である。いずれにしても、一帯は片田舎という風情だ。

南北に走るのは「品川鉄道（品川線）」ⓐ。それに交差して東西に街道が延びる。東（右）から降りてくる宮益坂《みやますざか》ⓑ、西へ登っていく道玄坂《どうげんざか》ⓒ。そのスリ鉢状の底にあるのが「渋谷停車場」❶（現在より少し南がわ）。この道は大山《おおやま》街道（あるいは相模街道）と呼ばれ、江戸市中から相模国・大山詣りへ往く交通路だった。道玄坂は、いまよりずっと急坂だった。

道玄坂は、1918年（大正7）に道幅を広げ、関東大震災直後に途中から坂上を削り取って勾配をゆるめた。左図はまだ急勾配だったときのものである。

宮益坂と道玄坂沿道にわずかに人家がある。宮益坂には江戸市中から大山へ行く最初の茶店（二ツ目は三軒茶屋）があった。地図にある人家は、その名残と思われる。

渋谷に鉄道が最初に走ったのは、新宿駅と同じ1885年（明治18）のこと。民営の日本鉄道が品川鉄道として、赤羽から品川まで（現在の埼京線部分）を開通させた。これにより、生糸の輸出のため、集積センターの前橋と、輸出港のある横浜が結ばれた。一般駅だったが、当初、渋谷での乗降客はほとんどいなかったようだ。地図上、渋谷周辺では大山街道以外に人家は少ない。その状況は江戸時代とそれほど変わらない。

人が集まってくるようになったのは明治半ばから。文人も訪れ、1901年（明治34）に与謝野鉄幹が道玄坂南裏路地に暮らし、1905年（明治38）に国木田独歩が道玄坂途中の旅館に半年以上住んでいる。

品川鉄道の途中駅である渋谷停車場は、木造平屋建て駅舎だった。よく見ると、現在より恵比寿駅がわにずれている。鉄道の東がわを川が流れている（青で着色）。現在は暗渠《あんきょ》になっている渋谷川ⓓ。「植物御苑」❷（さらにはその先の天龍寺）を源流とし、原宿、渋谷から天現寺橋へ下る（天現寺橋からは古川となって東京湾へ注ぐ）。

もう一本、西がわの丘陵地から渋谷停車場方面に下りてくる宇田川ⓔ（青で着色）がある。大山街道と鉄道が交差するところ（渋谷駅の北）で渋谷川に合流するが、こちらも現在は暗渠となっている。

悠久の時をかけて地表を削り取り、渋谷をスリ鉢状にしていったのは、いまは地上に姿を見せなくなった、この二つの川の力が大きい。

ⓐ品川鉄道（品川線）

山手線がなかった時代、1885年（明治18）、私鉄の日本鉄道が赤羽―品川間を開業した。

ⓓ渋谷川

源流は新宿御苑（地図中「植物御苑」❷）およびその先の天龍寺。昭和30年代後期から40年代初期に暗渠となった。渋谷駅南、246号線先の稲荷橋から下流では水路を見ることはできるが、水はほとんど流れていない。

❸❹水車

江戸時代から渋谷川には多くの水車があった。その一つが渋谷駅近く❹。また原宿方面にも水車記号❸があり、葛飾北斎「富嶽三十六景」の「穏田の水車」はこの辺りとされている。

「2万分の1迅速図」を拡大　1880年（明治13）測量　1891年（明治24）修正再版（陸地測量部発行）　国土地理院提供

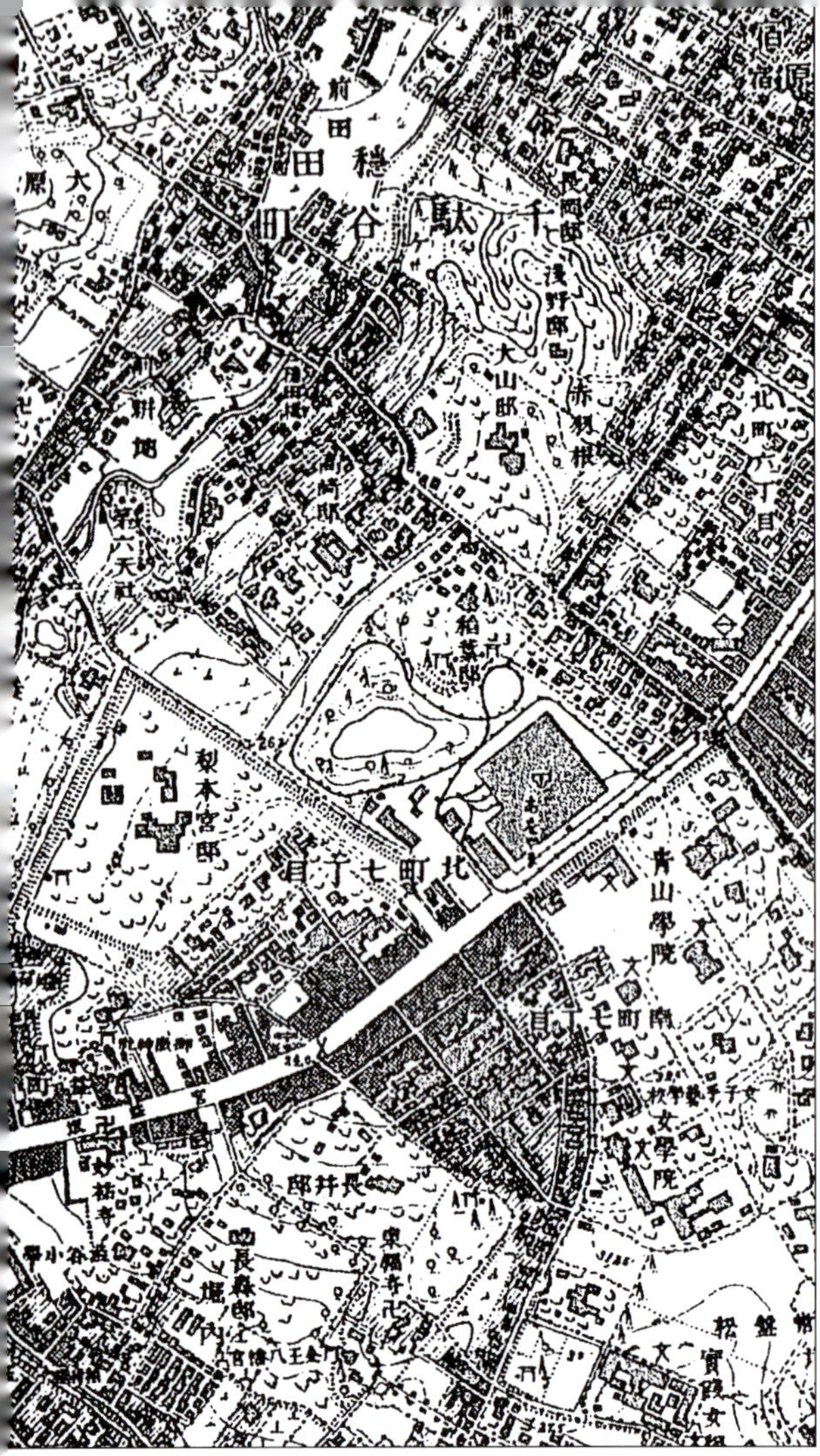

明治後期・大正期

地図から覗く明治・大正の渋谷

文化村通り（農大通り）

明治後期から大正にかけて、渋谷はどんな町だったのか。

大盛堂書店

「大盛堂書店」❶の初代・船坂米太郎が渋谷へ来たのは1909年（明治42）だった。造り酒屋だった実家が父の代に倒産、再起を求めて上京。書店開業を志した米太郎は、2年間、屋台に本を積んで売り歩く。比較的近かった東京農科大学などの学生相手に書籍を売り歩き、開店資金を蓄えた。

店を開いたのは1911年（明治44）の夏。道玄坂下から練兵場へ行く道の入口近くである。店は繁盛し、大正期には「渋谷の大盛堂」と呼ばれるまで、名を高める。

1919年（大正8）の夏、佳代《かよ》という少女が初めて絵本を買ってもらった。その頃の道玄坂は、雨が降ればぬかるみになり、天気が続けば土ぼこりが舞い上がった。そうなると散水車がやってきて、大盛堂の脇から宇田川ⓐ（青で着色）の水を汲み上げ、たっぷり水を撒いた。

手引きの散水車が大盛堂の脇から川水を汲み上げ、日に何回となく水を撒いて廻るのである。水を満たした車の重さは、梶棒を握ったおじさんが、亀のように思い切り首を前にのばして引いている姿からも想像されたが、それだけに、撒き終えて松の木陰で一服つけているおじさんの姿には、はたの目にもわかる程の安らぎがあった。（『大正・渋谷道玄坂』藤田佳代 青蛙房）

大盛堂で絵本を買ってもらった喜びと大盛堂裏手の松。そして散水車とキセルのおじさん、この光景は、少女時代の藤田佳代にとって忘れられないものになったと述べている。

鍋島農場

現在の松濤《しょうとう》辺りに「鍋嶋農場」❷と記されている。

この地は江戸時代、紀州徳川家の下屋敷だったところ。明治になって、徳川家から旧佐賀藩主の鍋島家に払い下げられた。鍋島家はこの地で、失業武士の救済として茶園経営を始める。「松濤園」と名付けられた茶園のお茶は東京市民に愛飲された。しかし、1889年（明治22）に東海道線が全線開通、静岡茶が入ってくるようになり、茶園は廃業し、あらたに畑・果樹園・種畜牧場の「鍋島農場」となった。さらに大正末期頃から鍋島農場は分譲を始め、華族や政財界人を中心とした、松濤の邸宅街が形成されていった。

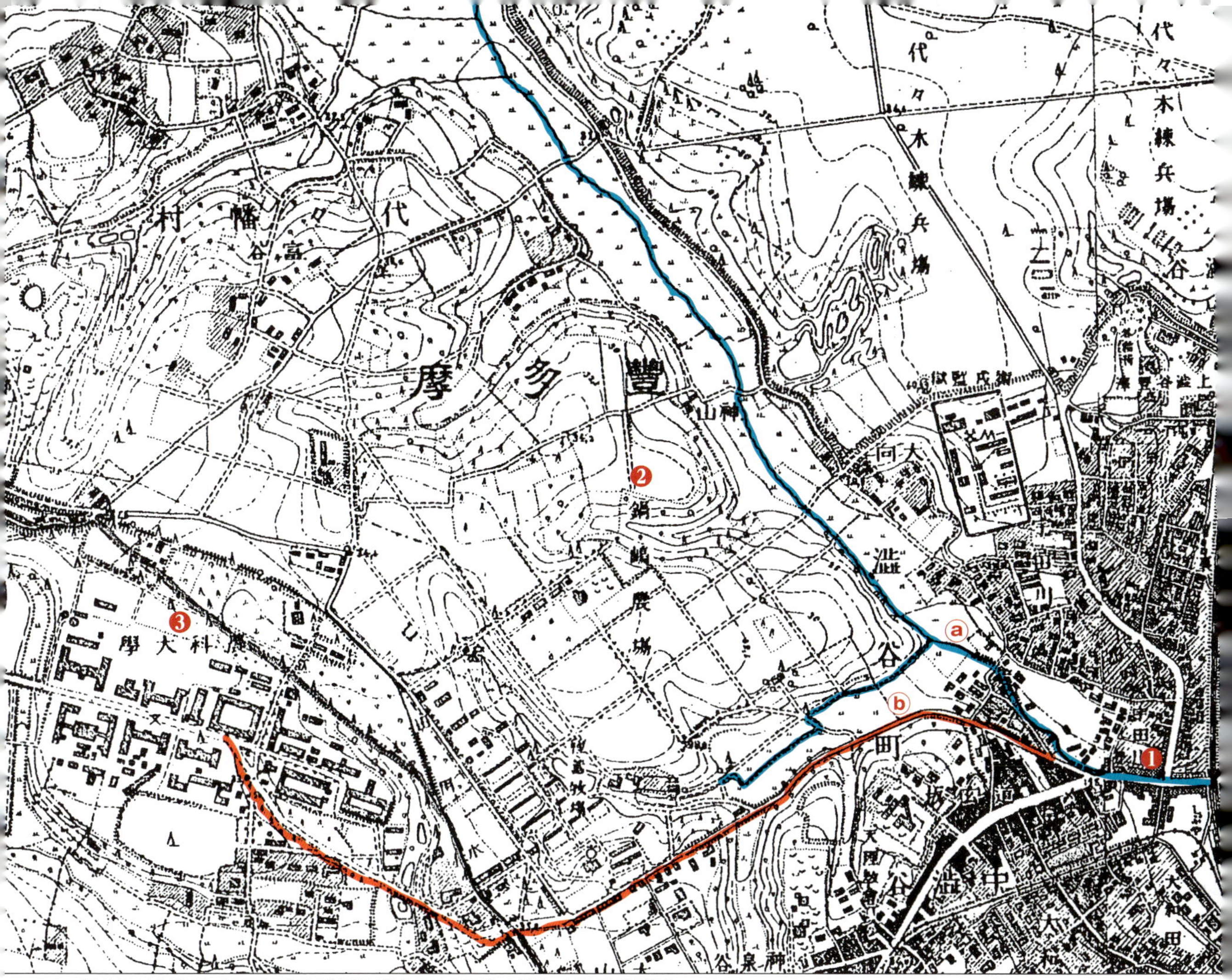

「1万分の1地形図」 1909年（明治42）測図（陸地測量部発行）を縮小　国土地理院提供

「松濤」という地名になったのは、1928年（昭和3）、町名改正が実施されたときである。

農大通り

大盛堂書店・船坂米太郎が屋台を引いて向かった「東京農科大学」❸は東京大学農学部の前身校。東大農学部となったのは1919年（大正8）。現在の所在地は本郷だが、それまでの農科大学は、地図にあるように渋谷の西、駒場だった。またハチ公の主人・上野英三郎博士は東大農学部の教授だが、学生時代はこの農科大学生だった。

　いま、「農大通り」と言えば、小田急線経堂から東京農業大学へ向かう商店街を思い浮かべるが、当時の農大通りⓑ（赤で着色）は、この農科大学へ向かう道の呼称だった。作家の大岡昇平は少年時代、農大通りから宇田川へ向かう横丁の先に家があった。

　農大通り（この呼称は、この通りの行き着く先にある東京農科大学から来ている。大学は大正八年の学制改革で東京帝国大学農学部と名前を変えていたが、農大通りの呼称は変わらなかった。現、栄通り）から、私の家の方へ入って来る横丁は、だらだら下りになっていた。（『少年―ある自伝の試み』大岡昇平　筑摩書房）

小説は「町名地番の整理改正」（1928）以前の時代であり、農大通りは、整理改正で「栄通り」となった。この通り名だが、『渋谷区史』では「特に由緒がないので栄通りと命名した」とある。現在は「文化村通り」と呼ばれている。

　小説『少年』には、現在の文化村通りからセンター街、井の頭通り（ハンズ通り）周辺が細かく記されている。次項では『少年』を手元に、戦前の渋谷を探ってみたい。

大正～昭和初期

昇平少年の輪廻しコース

渋谷・宇田川町

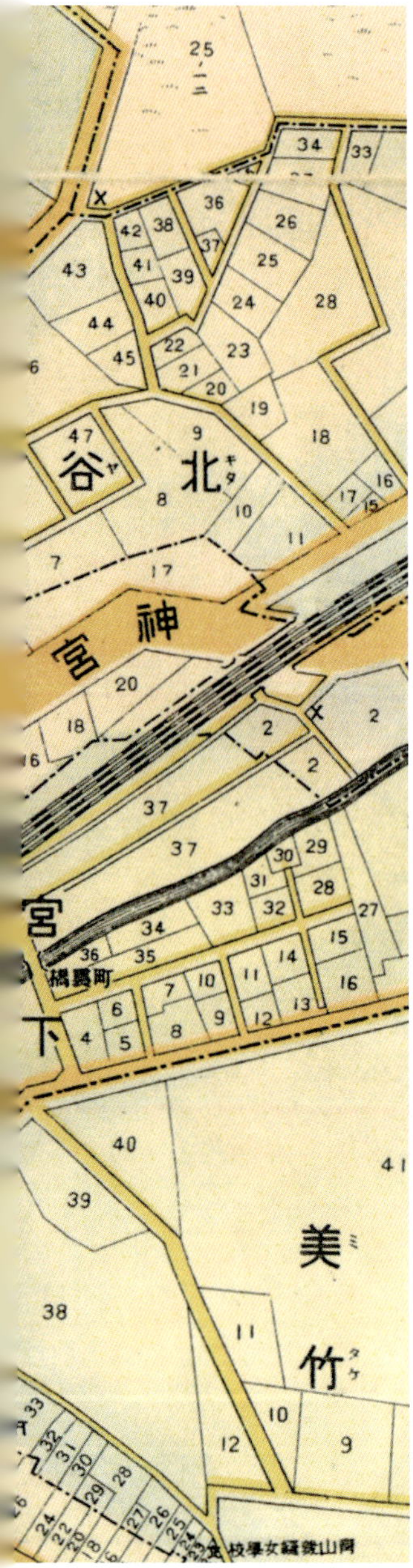

作家大岡昇平は1919年（大正8）、10歳のときに渋谷の「大向《おおむかい》尋常小学校」❶に転校してきた。その頃の記憶を詳細に書いた『少年』という小説がある。

農大通り（現、栄通り）から、私の家の方へ入って来る横丁は、だらだら下りになっていた。約三〇メートル先で、私の家の左隣のRさんの家に達するが、それから左折して、私の家の前を通り、代々木練兵場の大地に沿って宇田川横丁とT字型に交わる。農大通りと宇田川横丁を連結する主な道の一つで、人や車の往来がかなりあった。

古い地図を見ると、元はお水横丁と繋がっていて、道玄坂下から分かれる農大通りの方があとでできている。つまりそれまでは道玄坂との重要な連絡路だったのである。（『少年―ある自伝の試み』大岡昇平 筑摩書房）

農大通りは現在の文化村通りにあたる。地図では栄通りⓐとなっている。地図上、「栄」の字の右に入る道が、大岡家❻へのだらだら下り。時代的には大岡の少年期より8年ほど下る地図である。宇田川ⓑが描かれているおかげで、位置関係はわかりやすい。

横丁が農大通りへ出るところは、左側が三河屋という米屋（ここに大向小学校一級上の子供がいた）、右側は本屋（私はここで随分本の立ち読みをした）だったが、本屋の裏手の細い路地を入ったところに教会があった。（『同書』）

三河屋❷や書店は47ページ地図（★印）に記されている。渋谷駅から栄通りに入り、左へカーブを切る手前である。

さらにその手前を左に折れると「お水横丁」ⓒである。この横丁、現在は「道玄坂小路」と呼ばれ、当時は大工やとび職といった職人の住まいが並んでいた。

こんな界隈で、大岡は子供時代、遊びに明け暮れた。竹馬やメンコ、独楽《コマ》のほか、「輪廻し」にも夢中になった。輪廻しは、太い針金を直径50センチほどの輪にし、鉄の棒でその輪を押しながら駆け回るというものである。人通りの多いところではできないが、ある程度の道幅はなければならない。

その条件に適《かな》うのは大向橋の向こう側の宇田川横丁の方角だった。これは前に説明したように、代々木練兵場（現、代々木公園）の大地に沿った、その頃の主要な脇道で、左へ行くと衛戍監獄《えいじゅかんごく》の下を通って代々木練兵場の西南の角へ出る。そこから左へ切れれば、大向小学校の角から深町、代々木八幡へ通ずる道へ出るが、大抵は衛戍監獄のずっと手前を左へ切れる。これは宇田川を堰の上の松濤橋で渡って、大向小学校の横手へ出る新しく出来た道で、広くて一直線なので輪廻しには丁度いい。大向小学校の横に突き当たって、左へ行き、農大通りへ出て、三河屋の角から曲がって来れば、ちょうど

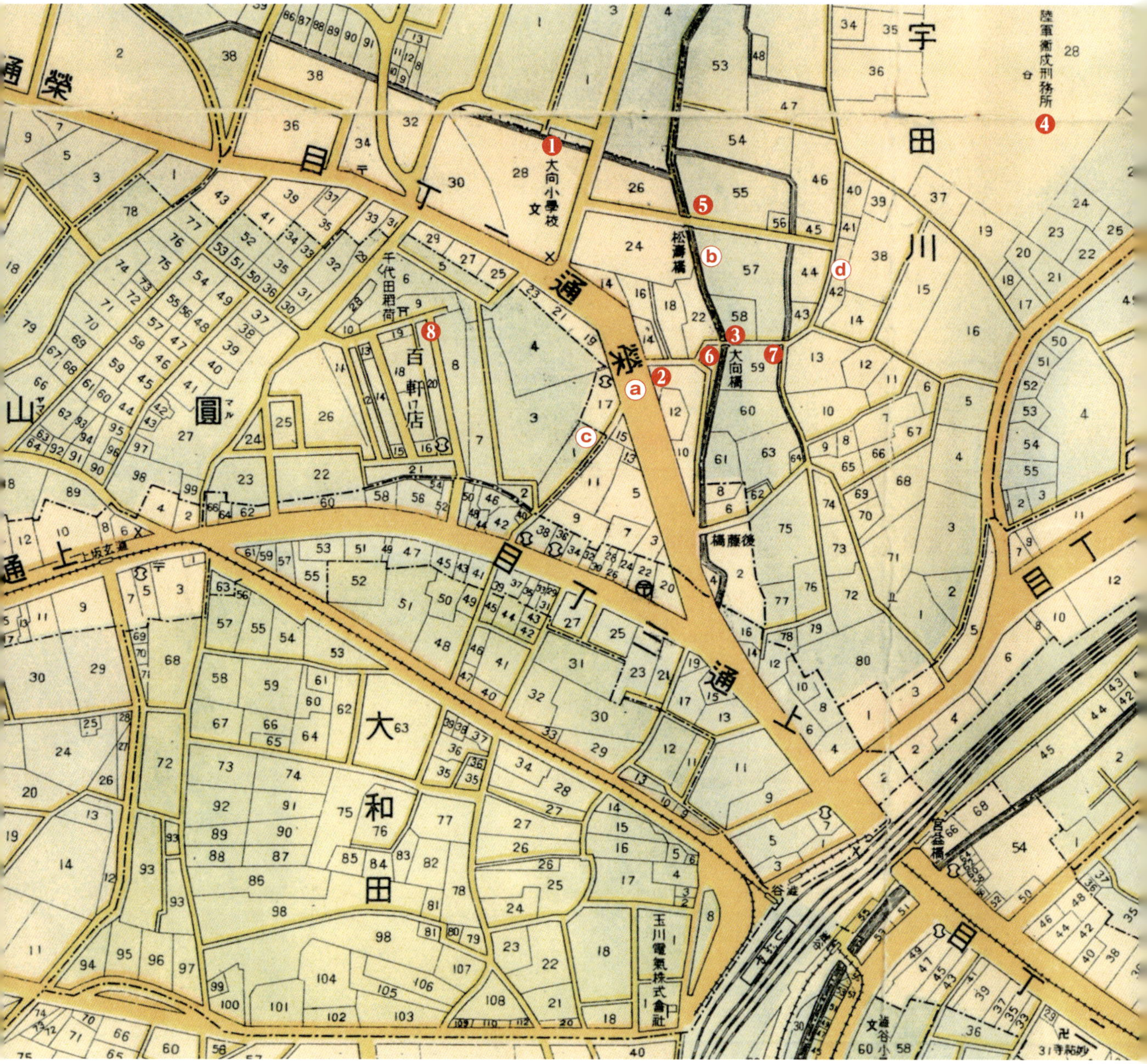

1928年（昭和3）発行であるため、関東大震災以降に生まれた「百軒店」❽が記載。　「番地入 渋谷町全図」1928年（昭和3）　渋谷町報社　都立中央図書館蔵

❶大向小学校

1916年（大正5）創立。1997年（平成9）に大和田小学校、渋谷小学校と統合し、神南小学校となる。東急百貨店前に「大向小学校跡」の碑がある。

❹陸軍衛戍《えいじゅ》刑務所

戦争犯罪を起こした軍人を収容する施設。軍隊での簡易な懲罰をする営倉（拘束施設）あるいは軍隊が管理する強制収容所となることもある。1936年（昭和11）の二・二六事件では青年将校や思想的指導者と目された北一輝らがここで銃殺刑となった。

一周したことになるが、農大通りは車や人の往来が多い。大向小学校の横から引き返して松濤橋の方へ戻って来る。（『同書』）

地図をたどりながら読んでいくと、その情景が浮かび上がって来る。地図での位置を記すと、大向橋❸、宇田川横丁ⓓ、陸軍衛戍刑務所❹の手前、松濤橋❺を渡って家へ帰る。遊び疲れて汗を流したいが、風呂のある家は少なかった。大岡家が通っていた銭湯は「月の湯」❼といった。

月の湯の隣に住んでいたのが竹久夢二である。昇平少年と夢二が同じ湯に浸かったこともあったかもしれない。大岡は、夢二を近所で目撃したことをのちに記している。

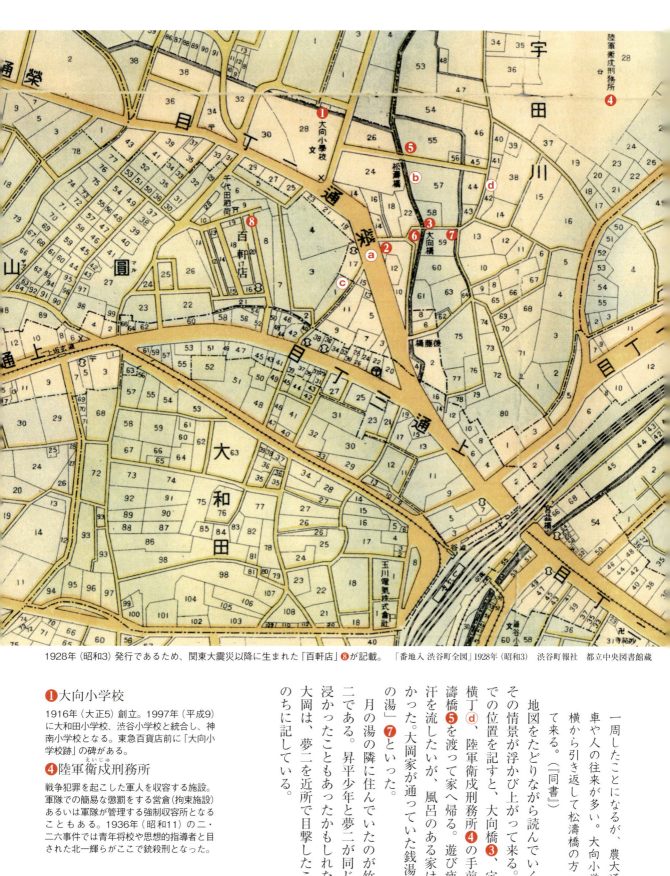

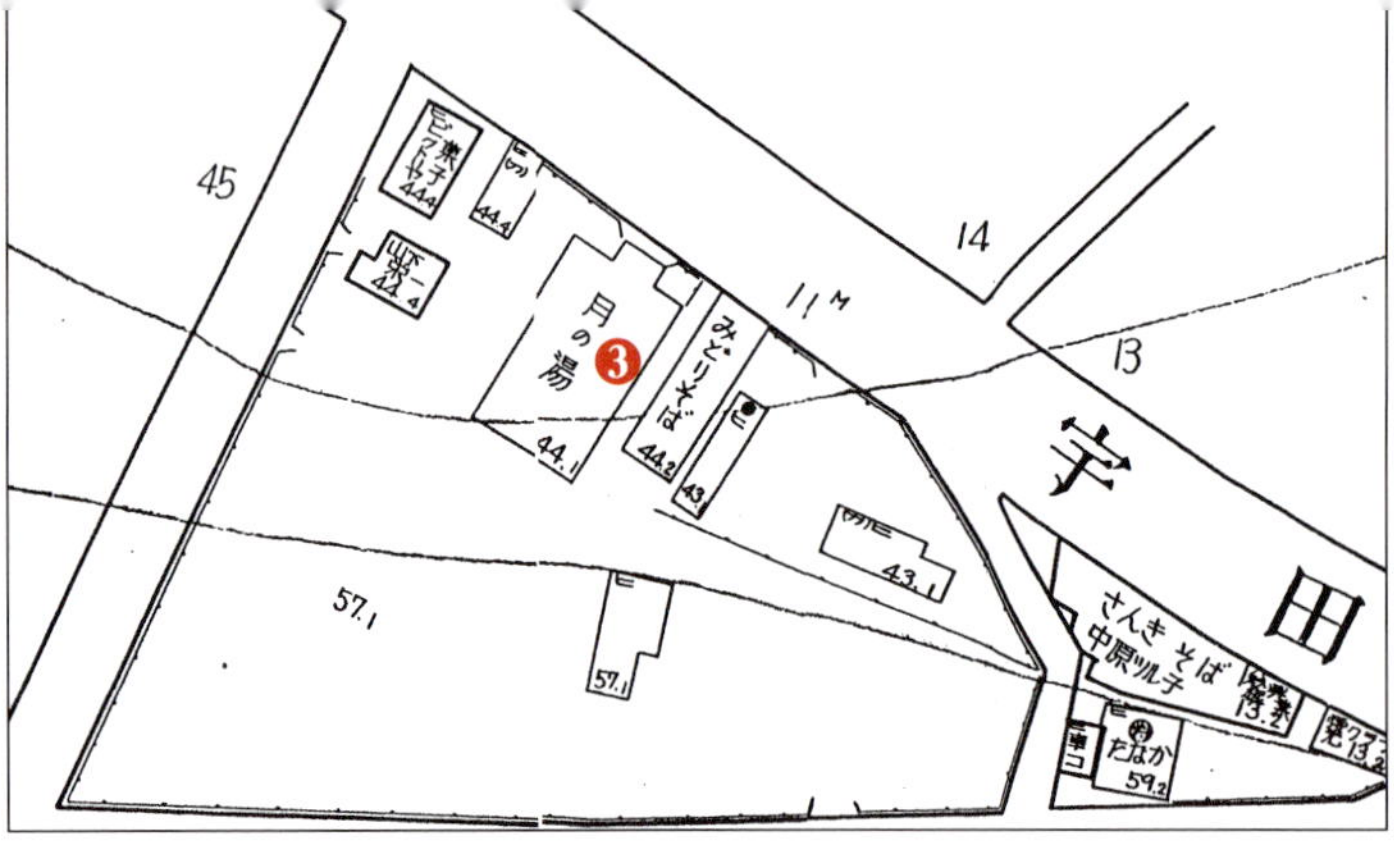

1955年「月の湯」

現在のハンズ通り（井の頭通り）左奥が現・東急ハンズ。
火災保険図「道玄坂方面6」1955年（昭和30）5月作図　都市整図社

大正中期〜関東大震災前

抒情画家・夢二の渋谷時代

渋谷駅周辺・ハンズ通り（宇田川通り）

1919年（大正8）、関東大震災前の地図である。震災後には百軒店《ひゃっけんだな》ができるなど大きく変わるが、この頃はまだ農地や民家が多い。地図を見れば、道玄坂下に宇田川橋❶がある。震災前には、大盛堂書店の脇を川へ降りる道があったという。のちに市電は山手線を越えたところに終点をおくが、当地図では山手線手前が終点❷となっている。また当図発行の前年には、道玄坂ⓐが道幅を広げている。

この頃に、本郷菊富士ホテルから渋谷に転居した画家がいた。竹久夢二である。夢二は上京以来、引っ越しはおよそ30数回といわれている。渋谷に住んだのは、最愛の女性とされる彦乃が病死してのちのことで、友人である歌人・西出朝風に隣家へ来ないかと誘われたことがきっかけだった。

当時、恋人だったお葉の勧めもあり、1921年（大正10）に二人でその二階家に引っ越し、関東大震災を挟んで1924年（大正13）の暮れまで暮らすことになる。当時は静かな住宅地で、家の裏には宇田川の支流谷田川が流れていた。

二階の窓下の木立の中から川瀬の音が聞こえてきた。すぐ隣が風呂屋で夜遅くまで流しの音がしたりして「まるで温泉へいったようだ」と友達が言った。（画文集『出帆』竹久夢二 龍星閣）

風呂屋は「月の湯」❸といった。作家・大岡昇平が少年時代に通っていた銭湯である。地図に月の湯は記されていないので、戦後（1955年）の地図を載せておく。井の頭通り、現在の東急ハンズの手前辺り。BEAM（ヨシモトホール、まんだらけなどが入るビル）の位置と考えられる。

現在、「竹久夢二旧居跡」石碑が、BEAMの北がわにある。ただ以前（BEAM竣工前）はBEAM東がわ、ハンズ通り（井の頭通り）沿いにあった記憶がある。たしか現在の「まんだらけ」入口辺りだった。地図からもそう考えるのが妥当だろう。

夢二は「どんたく図案社」の看板を掲げて、新しい分野の仕事に情熱を傾ける。いまでいうデザインプロダクションである。しかし、渋谷転居2年後の1923年（大正12）に関東大震災に遭う。

震災後は目と鼻の先である百軒店❹を取材スケッチにたびたび出向いていたが、結局中断してしまう。そして1924年（大正13）12月、松沢村松原（世田谷区松原）にアトリエ付の住居を建て、渋谷を離れることになる。

❹百軒店（p42参照）

地図は関東大震災前の発行のため、百軒店（ひゃっけんだな）の名称は載っていない。

❺渋谷駅

1920年（大正9）に渋谷駅は二代目となり、位置は宮益坂がわに少し移動する。地図発行年（1919）はまだこの位置ではないはずだが、完成が迫っていたからだろうか。

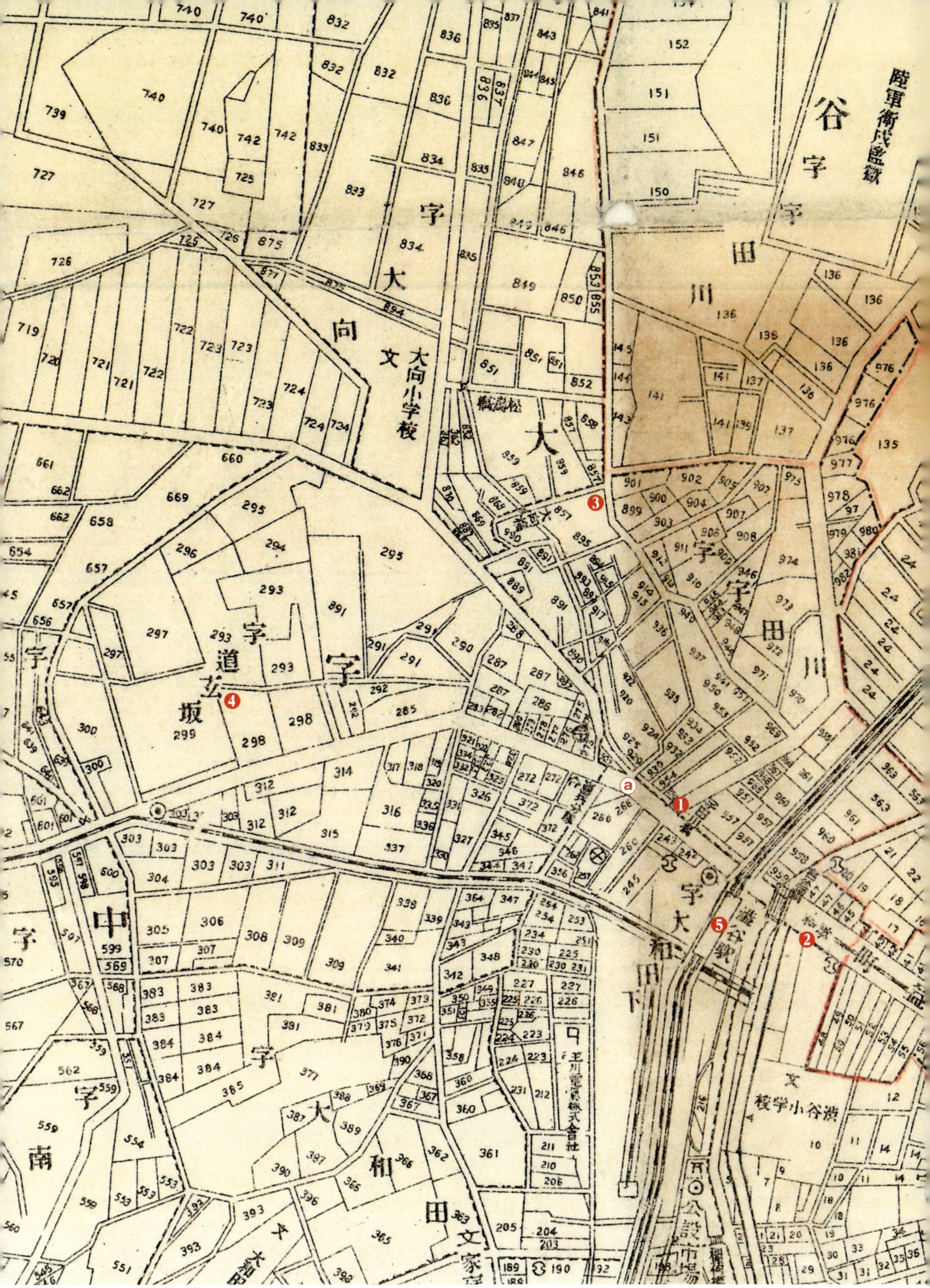

「東京都豊多摩郡渋谷町平面図」 1919年（大正8） 渋谷町報社 都立中央図書館蔵

大正期

渋谷駅周辺

露店を開いた林芙美子の道玄坂

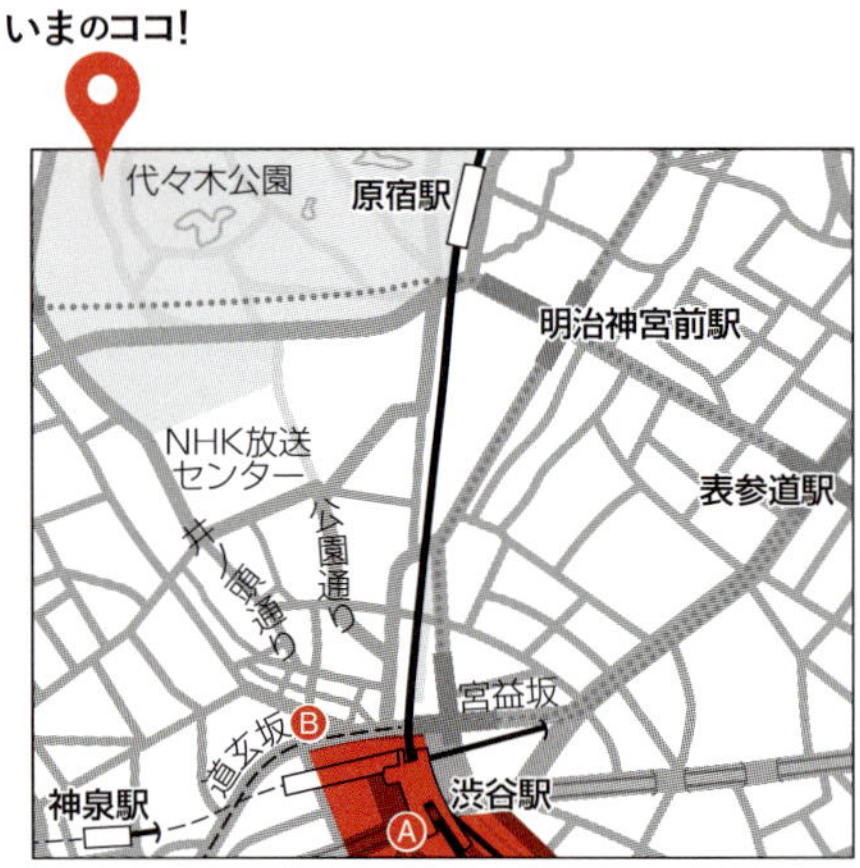

A=佳代さんの子守エリア　B=芙美子の露店

幼な子を背負って、兄や姉が近所を歩く。いまではまず見ることはないが、かつては日常的な光景だった。

「汽車ぽっぽ見に行こうか」と少女は幼い弟を背負って駅へ向かう。道玄坂から路地に入り、活動写真の「渋谷館」❶前を通り、線路の向こうの稲荷橋❷へ出る。そこの鉄条網を張った杭の柵にもたれ、長い時間、姉弟は汽車を見ていた。それに飽きると、中通りを出て「渋谷小学校」❸の前をまわり宮益坂ⓐへ出て、道玄坂ⓑに戻った。藤田佳代の大正期の思い出である。

1キロほどの距離だが、現代の渋谷を思えば、子供にとって大冒険になる。もちろん当時、危険はなかっただろう。道玄坂は舗装されておらず、桜の花びらが玉電ⓒの軌道を染め、渋谷川ⓓのほとりに小菊が群れ咲く。そんな時代である。

藤田佳代は、著書の中でそんな光景をいくつも描写している。道玄坂の夜店もその一つ。道玄坂に初めて夜店が出たのは明治末期で、当初は土地の人が客を呼ぶために心付けをして露天商を招いていたが、大正半ばには逆に、土地の顔役に場所代を払って店を出すようになった。

> これ等夜店商人は自分に割当てられた僅《わず》かな場所に三寸（夜店を出す時に台を組む棒）を組んで、青白いアセチレン瓦斯《ガス》の灯でこの街を彩った。
> （『渋谷道玄坂』藤田佳代 彌生書房）

この頃、作家・林芙美子（1903年生まれ）も道玄坂に、母と夜店を出していた。芙美子、数えで21歳。1923年（大正12）4月、関東大震災の数ヵ月前である。

> 今日はメリヤス屋の安さんの案内で、親分のところへ酒を入れる。（『放浪記』林芙美子）

親分に酒を届け、露店を開く場所を定めてもらう。

出世作となった『放浪記』と大正期の地図からその場所を探してみよう。ただし掲載地図は震災後（1925年）のものであり、時代が少しずれることをお断りしておく。

こんな記述もある。雨上がりの道玄坂だ。

> 本屋には新しい本がプンプン匂っている。買いたいな。泥濘《でいねい》にして道悪し、道玄坂はアンコを流したような舗道だ。一日休むと、雨の続いた日が困るので、我慢して店を出す。

本屋は「大盛堂書店」❹だろう。ならば露店は坂の右側と思われる。その先を歩き、坂途中の蕎麦屋で借りた雨戸にメリヤスの猿股《さるまた》を並べる。地図には、「憲兵隊」❺向かいに「更科そば店」❻がある。その近く、地図にはないが、万年筆屋の記述もある。母が持って来てくれた弁当を舗道に背をむけて食べていると、店の売り声が。

> 万年筆屋さんの姉《ねい》さんが、「そこにもある、ここにもあるという品物ではございません。お手に取ってご覧くださいまし」（『同書』）

藤田佳代の著書にこの万年筆屋さんのことが記されている。それによると、林芙美子の露店はいまの109の先、少し坂上だった、と思われる。

❶渋谷館

活動写真の劇場。当時は目玉の松ちゃん（尾上松之助）のポスターが貼られており、幟（のぼり）が風にはためいていた。

❷稲荷橋

近くの鳥居マークは宝栄（とよさか）稲荷神社。現在は金王八幡宮の隣に鎮座。鎌倉時代、渋谷の地名由来とされる渋谷氏によって創建。

❺憲兵隊渋谷分隊

高い石垣で囲まれた頑丈な建物だった。1936年（昭和11）、跡地に東横映画劇場が開館、のち渋谷東宝劇場となる。現在はTOHO シネマズ渋谷。

「大日本職業別明細図之内 渋谷町」 1925年（大正14）12月 東京交通社 個人蔵

道玄坂・百軒店

関東大震災後の街づくり

1923年（大正12）9月1日の関東大震災から2年後の渋谷である。

大震災で、下町は焼き尽くされ、焼け出された人々は生きていける場所を求めた。倒壊し焼失した下町の会社や商家の多くは、渋谷へ駆け込んだ。家屋倒壊や破損はあったものの、渋谷は焼け野原にはならなかったからだ。当面の会社・店舗を構えることができ、客の見込める渋谷は格好の地に思えた。

地図を見ると、道玄坂ⓐを上った西がわに「資生堂」❶の記入がある。銀座の資生堂である。大震災で煉瓦造り3階建ての建物が倒壊、荒木山（のちに円山町《まるやまちょう》）と呼ばれたこの地に仮の事務所を構えた。

「三中井《みなかい》呉服店」❷の名もある。近江商人の中井三兄弟が設立し、中国、満州（中国東北部）、朝鮮に三中井百貨店を開店していた会社である。震災直前に東京駅の丸の内ビルヂングに東京支店を開設したばかりであった。

他に「小泉與兵衛」❸。文政の初め（1818年頃）、江戸握り鮨を考案したとされる小泉与兵衛創業の与兵衛鮨《よへいずし》である。鮮度を保ち、わさびの入った江戸握りは大評判となり、江戸・明治・大正と続く。店舗は両国だったが震災に遭い、道玄坂へ移転していた（1930年廃業）。また天賞堂、山野楽器店、弁松《べんまつ》、上野精養軒といった名店も軒を揃えた*。

荒木山へこれらの店を誘致したのは、箱根土地開発株式会社の堤康次郎《つつみやすじろう》である。この一角は中川伯爵邸（豊後・岡藩主家）跡地だったが、震災後、箱根土地が買い取り、分譲地「百軒《ひゃっけん》店《だな》」として売りに出した。そばには三業地《さんぎょうち》（芸者屋、待合茶屋、料理屋）があり、花街の賑わいだった。

康次郎は宮益坂にあった千代田稲荷を百軒店へ遷座《せんざ》❹、その真ん前に劇場「聚楽座《じゅらくざ》」❺、洋画専門館「渋谷キネマ」❻を置いた。その周囲を商店が囲むという街づくりである。

康次郎の思惑は当たり、見物客が引きも切らず詰め掛ける。当時、東京一の繁華街・浅草に匹敵する人気タウンとなった。街のスケッチを新聞に寄稿していた抒情画家・竹久夢二は、その喧騒ぶりに「百軒店を見歩くのはおっくうになった」とまで書いている。

しかし、賑わいも2、3年で潮が引くように去っていく。下町の復興が進むといずれの名店も元の場所へ戻っていき、康次郎は国立《くにたち》の学園都市開発に転じるようになった。

＊地図には「木村屋パン」❼が記されており、銀座木村屋総本店に問い合わせたが、震災後に渋谷移転の事実はなく、同名の別店だった。

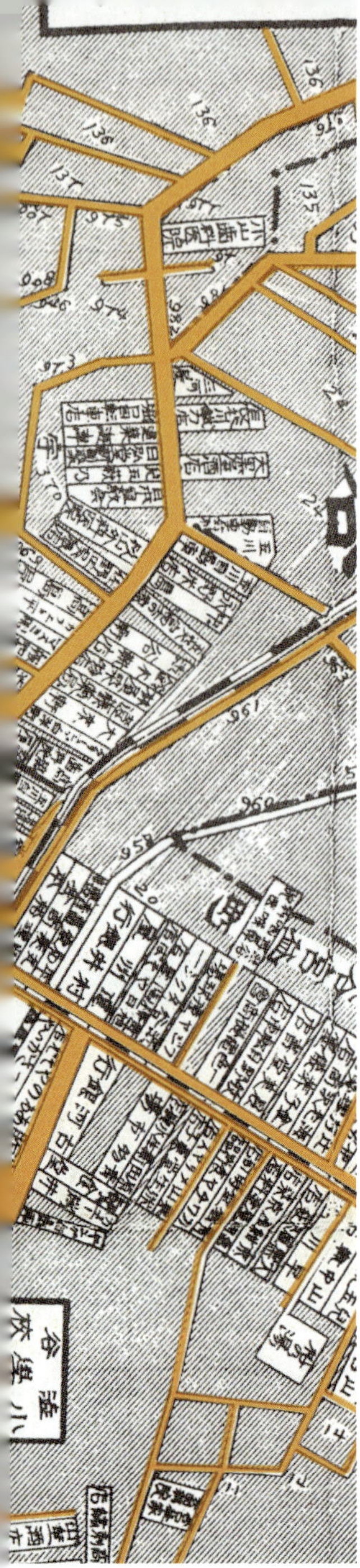

地図には円山町の名はない。円山と呼ばれるようになったのは昭和に入ってからのこと。地図中「野村砂利」❽はp44本文参照。
「大日本職業別明細図之内　渋谷町」1925年（大正14）12月　東京交通社　個人蔵

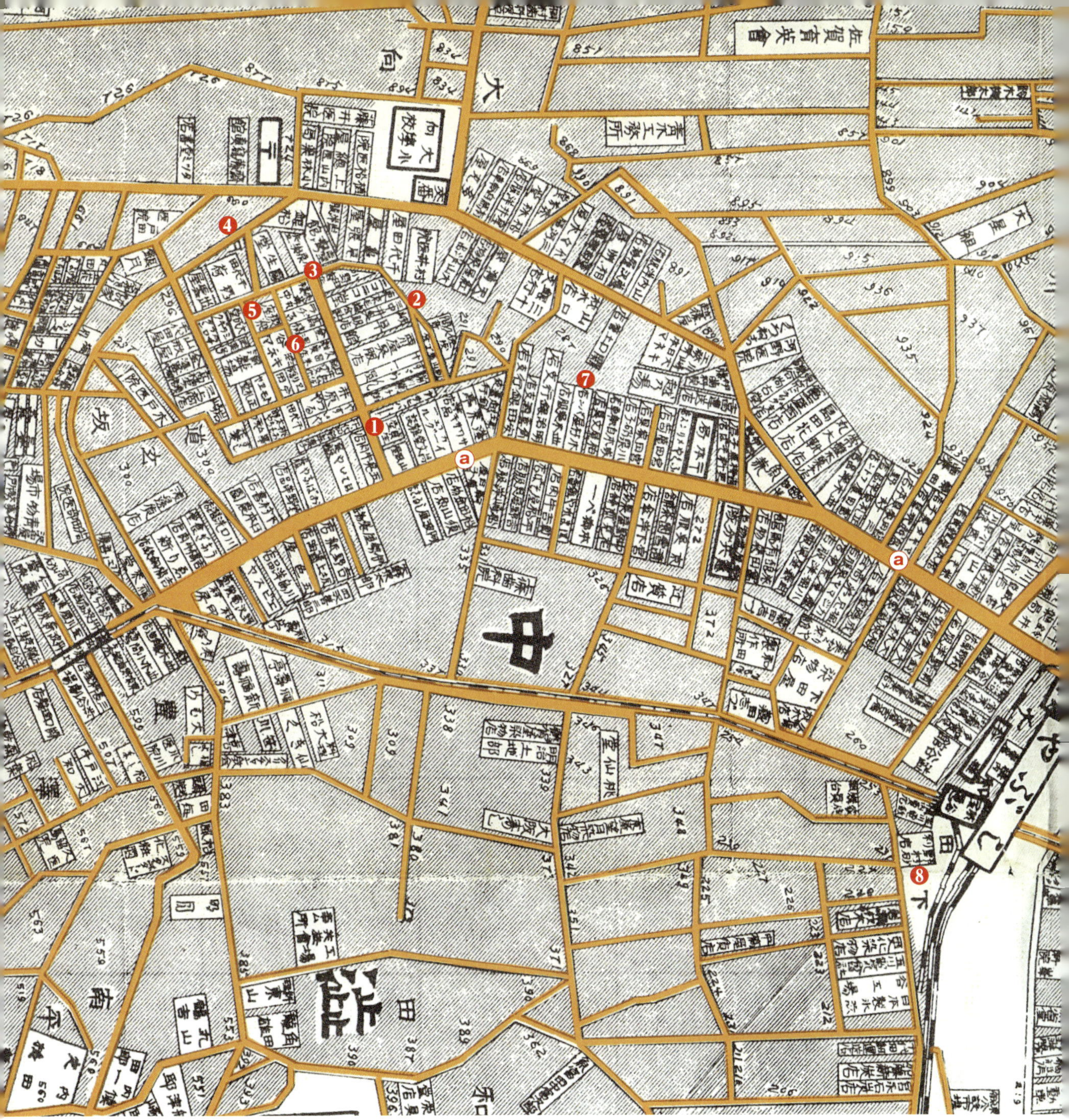

いまのココ!
代々木公園
原宿駅
明治神宮前駅
NHK放送センター
表参道駅
公園通り
井ノ頭通り
宮益坂
道玄坂
神泉駅
渋谷駅

しぶや百軒店
Hyakkendana

現在のしぶや百軒店

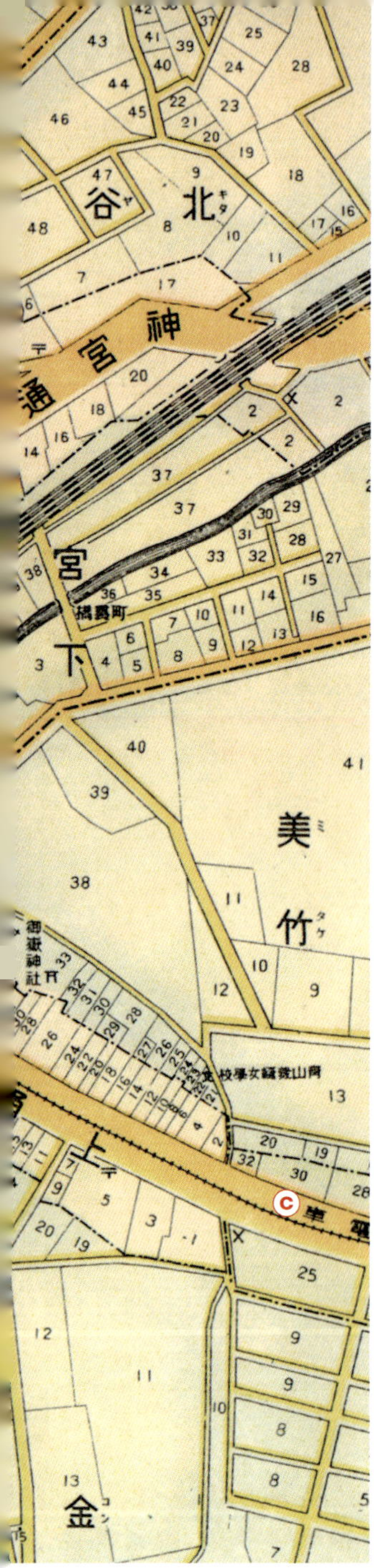

昭和初期

鉄道路線が集中、渋谷に人が集まってきた

渋谷駅周辺

渋谷はJR山手線、東横線、地下鉄など4社8線の鉄道路線が結節する駅となっている。各線乗り入れ化によってある面、通過駅となった感も否めないが、全国有数の駅であることは変わりがない。

ターミナルとしての渋谷駅の歩みは、1900年代の初めにスタートした。民営の日本鉄道品川線が山手線と呼ばれ、国有化されたのは1906年（明治39）。翌07年には玉川電気鉄道（玉電《たまでん》）が多摩川から道玄坂を下りてきた。さらに1911年（明治44）には東京市電が宮益坂を下り、渋谷に到達する。

玉電は、多摩川の良質の砂利《じゃり》輸送を兼ねていたためジャリ電とも呼ばれ、廃線となる1969年（昭和44）まで、玉川（現・二子玉川）—三軒茶屋—道玄坂上—渋谷を走り続けた*。工事に不可欠な砂利は価値が高かった。ちなみに、玉電渋谷駅そばには「野村砂利」（前ページ地図❽）という会社がある。

明治末期、これら三つの鉄道が集まり、渋谷の都市化は始まった。さらに1927年（昭和2）には東横線〈丸子多摩川—渋谷〉が開通する。左の地図を見れば山手線ⓐ、そして玉電ⓑ、市電ⓒ、東横線ⓓの四つの鉄路がスリ鉢の底、渋谷駅目がけて集まってきたことがわかる。

また1920年（大正9）に大山街道（宮益坂—道玄坂）と山手線を立体交差させた時期に、宮益坂・道玄坂沿道に商店が増えている。それまでは踏切があり、汽車や電車が通るたびに遮断《しゃだん》機でふさがれていた。山手線が高架となり、人々の往来は円滑になった。恵比寿寄りにあった渋谷駅が現在の位置に移ったのは、このときである。

当時、道玄坂に住んでいた藤田佳代は、渋谷駅の移転をこう記している。

> 駅が今の建物を新築してここへ位置を移したのは大正九年の夏であった。その日は道玄坂をあげての大騒ぎで、表通りの旦那方は暑い盛りだというのに羽織袴の礼装で祝賀式に参列した。黄色いリボンのさがった造花の菊を紋付の胸につけて、鳥の子餅や赤飯の折詰を持ったその人達は、駅前に張りめぐらした紅白の幕の間を、何か誇らしげにウキウキと出たり入ったりしていた。（『渋谷道玄坂』藤田佳代　彌生書房）

ともに笑い、浮かれる大人たち。子供も一緒になっての祝賀が繰り広げられる。夏祭りさながらの高揚感である。

＊玉川電気鉄道の支線に砧線と世田谷線があった。世田谷線〈三軒茶屋—下高井戸〉は、いまも健在である。

明治末期・大正期と発展した渋谷だが、特に関東大震災後の発達は著しい。要因の一つが、これまでバラバラであった町名地番を、他のどの旧農村地帯よりも先駆けて「整理改正」したことにある。本地図はそれが実施された1928年（昭和3）の発行。
「番地入 渋谷町全図」渋谷町報社　都立中央図書館蔵

❶渋谷小学校

明治8年（1875）創立。渋谷区立で最古の小学校だったが、1997年（平成9）に大向小学校❷、大和田小学校❸とともに統廃合され、神南小学校（宇田川町）となった。跡地は「美竹の丘・しぶや特別養護老人ホーム」。

1932年（昭和7）の渋谷駅前。正面は東京市電。山手線手前だった市電の終点が、線路を越えたところとなっている。市電の後ろに見えるのは玉川電車の本社ビル。道玄坂下から見る光景。白根記念渋谷区郷土博物館・文学館蔵

ハチ公のたどった道

道玄坂下

待ち合わせ場所として知られるハチ公の銅像。この地図が発行された1928年（昭和3）は、ハチの主人上野英三郎博士が脳溢血で倒れたまま帰らぬ人となって3年後である。

帝大農学部教授で、同時に西ヶ原農事試験場にも勤務していた博士は、週に何度かは電車で出勤した。博士の家は現在のBunkamura（当時は「大向《おおむかい》小学校」❶だった）の裏辺りⒶであり、渋谷駅まで10分ほどの距離。ハチは主人とともに駅まで歩き、主人が改札に入ると家に戻った。しかし主人が急逝し、1927年（昭和2）秋に代々木富ヶ谷の植木職人の家に預けられる。ハチはその家から、渋谷駅まで行き来するようになった。富ヶ谷の家を出て、主人とともに通った道、まずは宇田川ⓐに出たのではないか。さらさらと流れる川音を耳にしながら川沿いを進む。そして農大通り（栄通り＝現・文化村通りⓑ）に入り、現・109❷前に出るコースか。道玄坂を渡るのも、当時はそれほど困難ではない。

東大農学部キャンパスに建てられた「ハチ公と上野英三郎博士像」。

現在の渋谷スクランブル

主人亡きあとも、ハチは改札口の前に坐り、帰りを待った。哀れに思った家人が浅草の親戚に預けたが、ハチは繋がれた紐を食いちぎり、奇跡的に上野邸にもどってきた。もちろん銀座線はまだない。

再び、ハチは渋谷駅で主人を待ち続けた。

当時、まだ道幅も今ほど広くなかった道玄坂下のガード近くに、森本という文房具屋があった。その店の安さんという若者が大の犬好きで、よくハチを可愛がった。ひと頃、皮膚病にかかって脱毛のひどかったハチに自分の小遣いを叩いて薬を買い、朝となく昼となくそれをすり込んで、長い間かかって治した。（『巷談渋谷道玄坂』藤田佳代　青蛙房）

藤田佳代は「ハチは一番、安さんの親切を覚えていることだろう」と述懐している。

それにしてもその頃といまとでは、渋谷駅前は大きく変わった。「森本文具店」❸だけでなく、道玄坂下周辺ではほとんどの店が消失してしまった。もちろん、いまも健在な店はちゃんとある*。しかし数十年後に、道玄坂下の十字路が世界に知られるスクランブル交差点（1回の青信号で多いときは3000人もの通行人が渡る！）になるとは、いくらハチでも知る由はなかった。

*1912年（明治45）創業の「千野時計店」❹は、オンラインショップ「千野時計店 ドイツ時計館」となり、道玄坂にショールーム（当地図店舗の向かい）がある。また明治45年創業の「大盛堂書店」❺は、現在も渋谷駅前店として健在である。

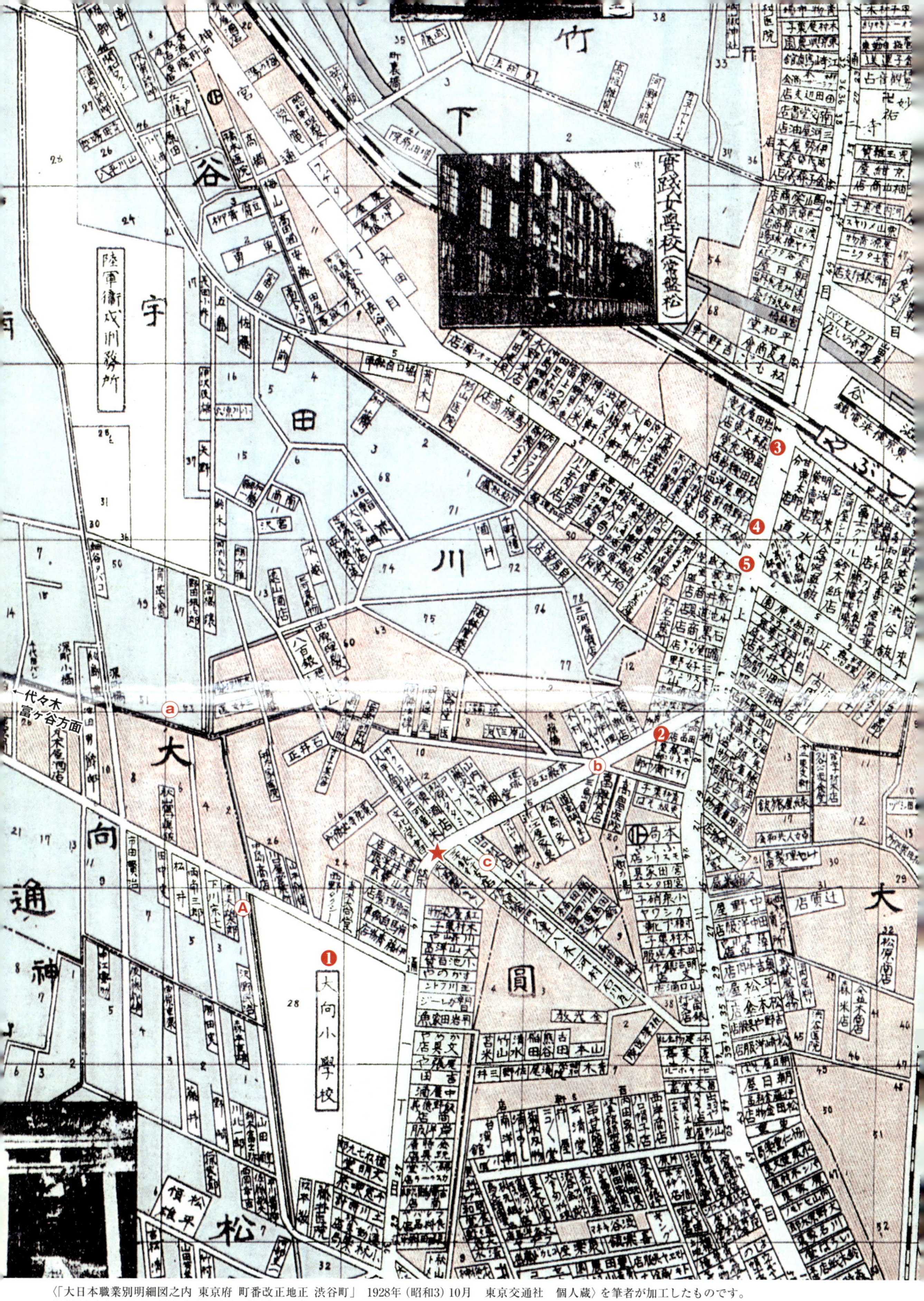

〈「大日本職業別明細図之内 東京府 町番改正地正 渋谷町」 1928年（昭和3）10月 東京交通社 個人蔵〉を筆者が加工したものです。
（地図中★印、および「お水横丁」ⓒの解説はp36）

文中、ⓑⓒⓓⓔは場所を確定できず、町名のみ示した。
「大日本職業別明細図　渋谷区」 1937年（昭和12）10月　東京交通社　原田弘氏提供

1930年代

東横百貨店、地下鉄、松竹と東宝

渋谷駅、円山町・代々木富ヶ谷町

人家が密集した東横線ⓕの下を流れる渋谷川ⓐ。『改訂版 日本地理風俗体系 大東京』（1937年　誠文堂新光社）

１９３６年（昭和11）に二・二六事件が起き、東京に戒厳令が敷かれた。翌３７年、盧溝橋事件をきっかけに日中戦争が始まる。中学校以上の学校では軍事教練が当たり前となり、時代は軍事色が強まっていた。

そんな時代の１９３７年（昭和12）発行の地図。その3年前、五島慶太の「東京横浜電鉄（現・東急）」❶が「東横百貨店」❷を創業した。現・東急百貨店東横店である。渋谷駅東がわに、簡素な白亜の建物が竣工された。渋谷川（戦後に暗渠化）ⓐの上に建つ橋上百貨店であることが地図でもよくわかる。

地下鉄渋谷駅が営業開始したのは１９３８年（昭和13）12月である。ただし、工事は一気に行われず、このときは青山六丁目（現・表参道駅のやや渋谷より）から渋谷までの1駅間で、浅草―渋谷間が全通したのは翌３９年1月である。

渋谷駅周辺は谷底であるため、宮益坂の途中から地上に出て、山手線の上に設けられた。山手線渋谷駅は高架のため2階にあり、つまり地下鉄駅は3階になった。

紀行作家の宮脇俊三は当時、少年だったが、「これがまた嬉しい。渋谷の地下鉄は、地下ではなく、地上の高いところに発着するのだ。」（『時刻表昭和史　増補版』角川文庫）と後年、その楽しさを記述している。

１９３８年、東京横浜電鉄は東横映画を設立する。名の通り映画会社で、設立2年後には道玄坂に「東横映画劇場」❸が開場。もちろん東横映画の上映館だったが、直前、東宝に譲渡される。東宝の小林一三と東横の五島慶太の話し合いだったらしい。これで渋谷地区の主要劇場は、東宝系の「東横映画劇場」と「渋谷松竹劇場」❹になった。当時、時代劇《チャンバラ》の日活に翳りが見え、映画会社は清新な作品をつくる松竹と東宝の二大勢力となっていた。

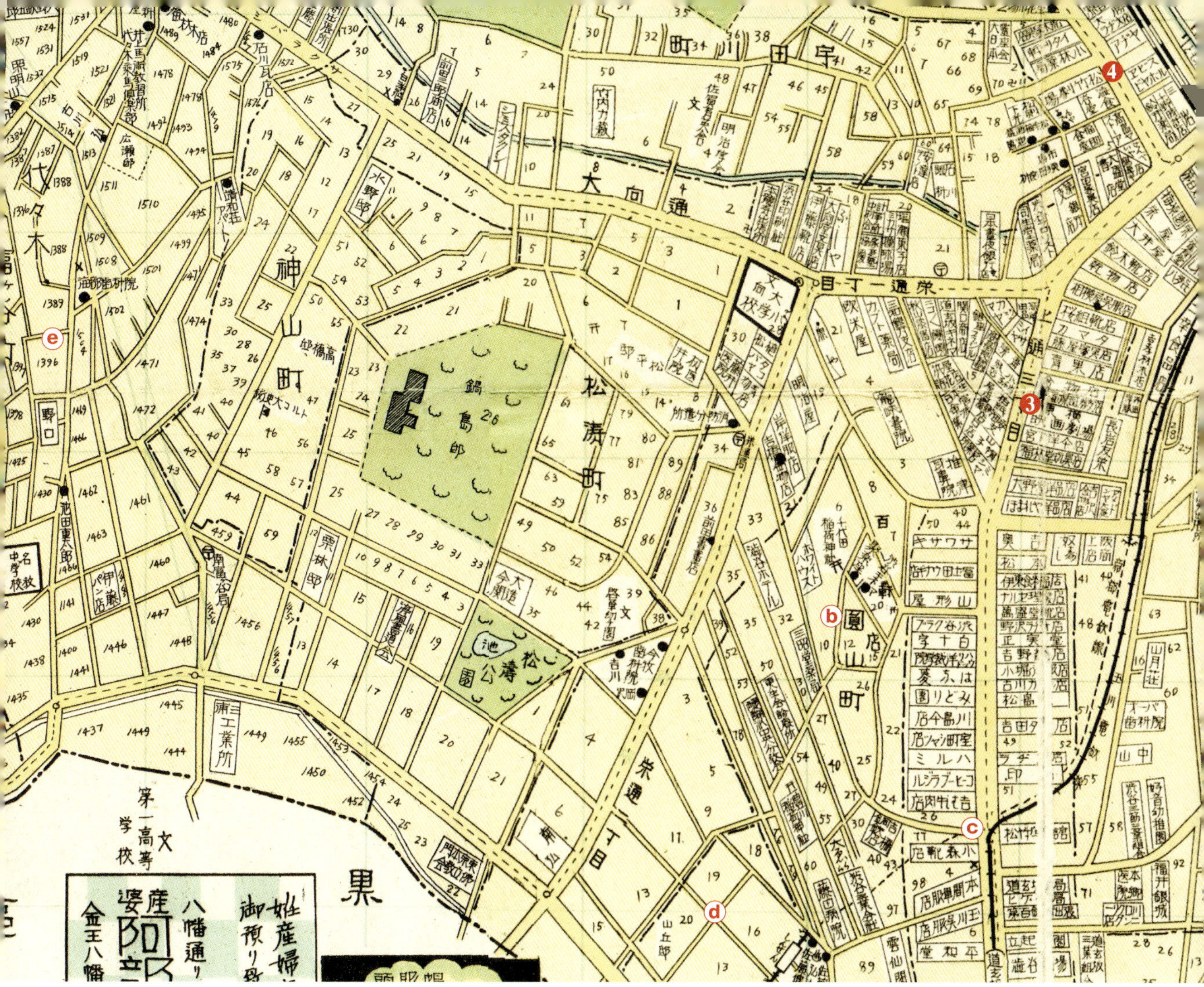

そんな時期、松竹の大スター・長谷川一夫が東宝に移籍する。撮影所設備および企画に引かれたのだが、恩義を忘れたスターと非難を浴び、京都での撮影中に暴漢に顔を斬りつけられる。東宝は京都の笹井一家を護衛につけていたが、隙を狙っての凶行だった。犯人は撮影所に出入りしていたチンピラ少年だったが、犯人を見つけ出し出頭させたのは映画監督・マキノ雅弘だった。笹井一家・笹井静一の義弟である。

背後には松竹の影（新興キネマ・永田雅一の指示ともいわれる）があるともされたが、長谷川は「背後関係は調べないで欲しい」と語り、傷口を整形することなく、映画出演。同情もあったのだろう、人気スターに返り咲いた。

マキノは後年、長谷川一夫の映画『昨日消えた男』（東宝1941）を監督、撮影や照明スタッフの力もあり、傷口を見せずに、わずか9日間の早撮りで完成する。国策映画の氾濫する時代、まったく軍事色のないコメディタッチの時代劇だった。完成祝いは円山町ⓑの料亭で行われている。東宝・砧の撮影所からスタッフや俳優陣が渋谷へ繰り出している。

私事だが30数年前、マキノさんが核となる仕事で、ほんの少し参加したことがある。その打ち上げでマキノさんが円山町の料亭にスタッフを招いてくれた。その末席に加わったのだが、料亭の名も場所も、もったいないことに思い出すことができない。

『昨日消えた男』の頃、長谷川は円山町（戦後の「芸能人住所録」には円山町二とある）に家があり、マキノは道玄坂上ⓒの女優・一宮あつ子宅を宿にしていた（当時、東宝の仕事をする連中は、よく彼女の家を宿にした）。完成後、マキノは長谷川の紹介で神泉ⓓに平屋を借りる。その後、代々木富ヶ谷町ⓔに家を買うまでのほぼ1年間、この平屋で暮らしている。

1945年（昭和20）

道玄坂は焼け野原に、表参道は炎の川

渋谷区

米軍の本土爆撃は、1944年（昭和19）6月の九州の八幡製鐵所が最初で、東京へは同年11月に始まるという流れは新宿の項（p28）で述べた。渋谷区が爆撃されたのは同年11月27日が最初である。その後1945年5月29日まで12回の空襲を受ける。なかでも最大の被害は5月24・25日だった。2日間で約1000機のB29爆撃機が来襲し、焼夷弾を投下した。これは山の手大空襲と呼ばれている。

道玄坂・藤田陶器店に嫁いだ佳代は、25日夜、疎開した9歳の長男に手紙を書いていた。するとラジオが敵機襲来を告げる。すぐに5歳の長女、3歳の次男の手を引き、生後2ヵ月の三男を背にくくり、防空壕《ぼうくうごう》へ避難する。中で息を潜めていたが、やがて爆音が遠のき、壕を出る。

壕を出た途端、「ああっ」と叫んで、道元坂下三叉路を中心にばら撒かれた焼夷弾の青白い炎の海の中に立ちすくんだ。

（『渋谷道玄坂』藤田佳代 彌生書房）

〝疎開した長男〟としたが、空襲が増してくると渋谷区では縁故疎開が奨励され、44年4月1日には児童3254名が疎開をしている。その後も空襲が激しくなり、渋谷区の児童は静岡県や富山県*、青森県などに集団疎開する。

地図は渋谷区の「戦災焼失区域」で、赤が焼失した区域である。藤田陶器店のある道玄坂は完全に焼け野原となっている。道玄坂だけではない。区内のほとんどの国民学校（小学校）を含め、76・8パーセントが燃え尽くした。

表参道ⓐは炎の川となった。直線道路が熱風の通り道となり、炎が青山通りまで襲いかかった。ケヤキの木々が焼き尽くされ、表参道の石灯籠は炎に包まれた。

現在、表参道交差点に2基の石灯籠があるが、その台座は黒ずんでいる。翌朝、交差点には多くの遺体が折り重なるようになっていたという。

奇跡的に焼け残ったのが、交差点角の山陽堂書店（1891年創業）❶である。その理由を、現在も表参道で営業する山陽堂書店は、「鉄筋鉄骨コンクリートの頑丈な建物だったこと、地下室の井戸水（山陽堂書店の開業前は豆腐屋だった）に助けられたこと」をあげている。店舗住居は現在の3倍の広さだったらしい。空襲時、山陽堂書店には数家族が暮らしていたが、逃げて入って来て助かった人もいた。地下室の井戸水は命を救うことにもなった。お店のブログに、空襲時のこんな出来事が記されていた。引用させていただく。

しばらくすると、水を欲しがる人の声が届いて祖父は地下室の戸板を開けて、
バケツリレーのようにして水を上の階に運んだ。

（山陽堂ホームページ 2013年5月21日ブログ）

2日間の山の手大空襲で4000人近くが亡くなった。3月10日の東京大空襲に比べて、あまり知られてはいないが、この体験記をまとめた『表参道が燃えた日・山の手大空襲の体験記』（「表参道が燃えた日」編集委員会）には、その辛い記憶の数々がこと細かに証言されている。

24、25日の空爆は米軍にとって、対戦国の首都・東京へのとどめとするものだった。この日以降、東京は大規模空爆リストから外れることになる。

*集団疎開が縁となり、富山県小杉町の金山小学校と渋谷区立猿楽小学校の交流が生まれ、いまでは自治体同士の交流に発展している。

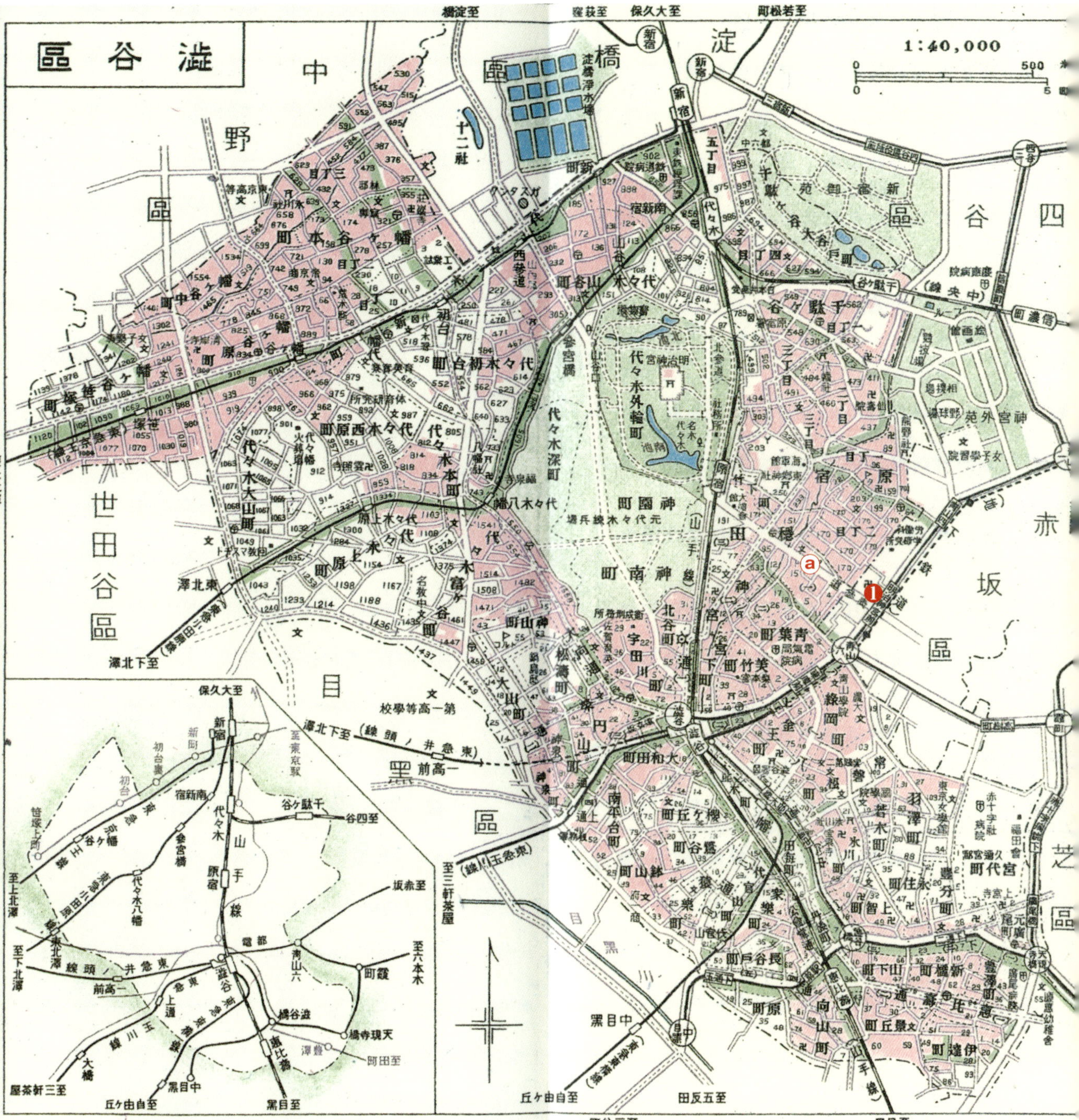

甚大な被害の渋谷区だったが、神南町、代々木富ヶ谷町、神山町、松濤町、南平台町の一部など被害をまぬがれたところもあった。
「戦災焼失区域表示地図　渋谷区」1985年（『コンサイス　東京都35区区分地図帖』1946年を復刻）縮尺は1：40,000とあるが、掲載に際し、これを118パーセント拡大した。1：34,000になる。　日地出版株式会社　菊池正浩氏提供

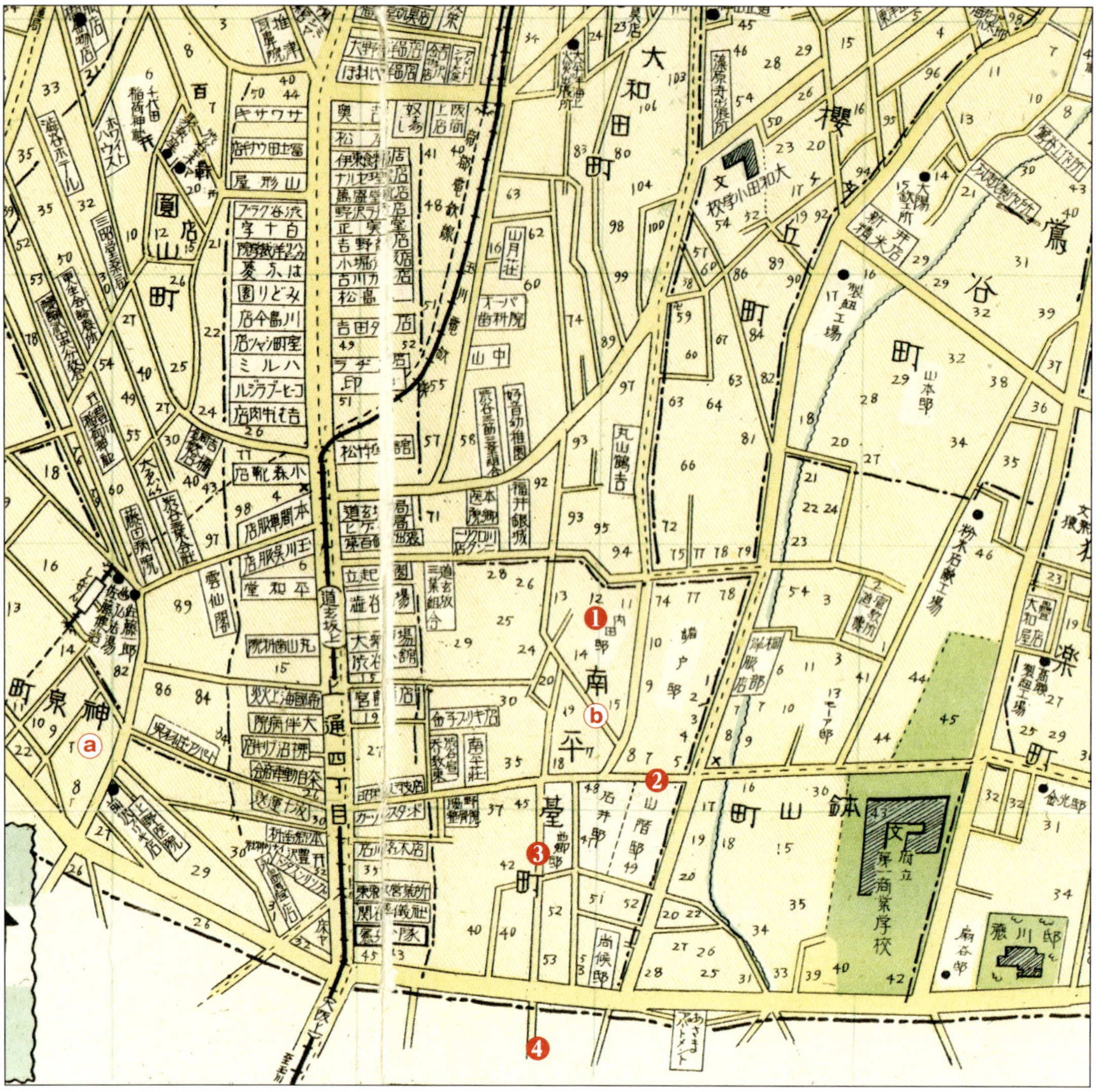

「大日本職業別明細図 渋谷区」 1937年（昭和12）10月発行 東京交通社 原田弘氏提供

内田邸、山階邸、西郷邸　洋館の街並

戦前の道玄坂上辺りの地図。「東横百貨店、地下鉄、松竹と東宝」（p48）の掲載エリアから外れた西がわ（下部）で、道玄坂の左は円山町・神泉町ⓐ、右は南平台町ⓑになる。

明治中期、南平台に政治家や財界人、外交官などが住むようになる。「内田邸」❶は明治政府の外交官・内田定槌《さだつち》の住宅。内田はブラジルやノルウェー公使などを経て、トルコ大使になっている。この洋館は、現在、横浜の山手イタリア山庭園に移築保存されている。

「山階邸」❷は元皇族の山階芳麿《やましなよしまろ》の住宅。幼い頃から野鳥に興味をもっていた芳麿は、1932年（昭和7）、南平台の自邸に、私費を投じて鳥類標本館を完成させる。のちの山階鳥類研究所である。鉄筋コンクリート2階建てで、1階は研究室と図書室、2階を標本室とした。冷暖房がない時代であり、2階の標本室は外の温度に影響されないよう、天井を2層にした。そのため東京大空襲では焼夷弾の直撃を受けるが、標本は無事だったという。現在は千葉県我孫子市に移転している。皇室との縁が深いことでも知られている。

山階邸そばの「西郷邸」❸表記に、あれっと思った。のちに西郷山公園となる敷地❹が西郷従道邸ではなかったか。兄の隆盛のために購入したが西南戦争で隆盛は自刃、やむなく弟が住むことになったのでは……。もっともこれ自体は間違っていなかった。従道の本邸は❸であり、兄のために近くに住まいを❹に用意したが、その願いは叶わず、従道が別邸として使うことになったようだ。

3章

新宿　戦後篇

焼け跡のマーケットからスタート

歌舞伎町　新宿コマスタジアム（1957年頃）新宿歴史博物館蔵

戦後

飢えの時代、ヤミ市は拡大する

新宿三丁目（角筈一丁目）

焦土の東京で、最初にヤミ市が誕生した街は新宿である。手がけたのはテキヤと呼ばれる戦前からの露天商だった。

敗戦5日後の8月20日、関東尾津組の尾津喜之助は新宿東口に〝尾津マーケット〟を開く。戦前、中村屋から三越手前まで木造の商店が並んでいたところが、空襲で焼跡となっていた。その一帯に丸太を組み、スダレやベニヤ板で簡素な間仕切りをして葦簀《よしず》をかけた露店をつくった。

新宿大ガードから大通り（現・新宿通り）の明治通り辺りまで、焼け残った二幸、三越、帝都座、伊勢丹など閉鎖中のビルの入口で、開店の挨拶ビラがまかれた。

夜は軒先に吊るした100ワットの電灯が闇を照らした。「光は新宿より」の看板を掲げ、敗戦後、人々が渇望していた食料品や日用品を並べた。非公認、つまり「ヤミの売買」ではあったが、人々は生き延びることに必死だった。

商品の製造は休業していた工場などに働きかけた。喜之助の長女・豊子は、政府公認である公定価格を超えるヤミ価格が当たり前だった時代、尾津は「適正価格」を提唱し、製造価格を抑え、価格を下げるようにした、と述べる。「闇と公定の中間を行く合理的な適正価格は、経済混乱の火の手を消すポンプの呼び水となった。」（『光は新宿より』尾津豊子 K&Kプレス）

ものが何もない時代、店の前は長蛇の列となった。

地図にある新宿駅東がわの「固定屋台」❶は、尾津組と友好関係にあった野原組のマーケットである。ここは戦時中、空襲の延焼を防ぐために建物が壊され（建物強制疎開）、空き地となっていたところだった。櫛の歯のように店が並ぶことから、いつしかハーモニカ横丁と呼ばれるようになった。

他にも西口線路沿いに安田組（約300軒）、南口周辺には和田組（約400軒）がそれぞれマーケットをつくった。いずれも空襲の焼跡や広場であり、格好の場所であった。

葦簀張りの露店は、やがて板張りからトタン張りに様相を変えていく。もちろん、これらは道路や土地の不法占拠である。しかし社会は無秩序で、土地の権利意識は希薄だった。警察も黙認、というよりむしろ後押ししていた。

「中村屋」❷を地図で見ると、通りに接して小さな店が並んでいる。戦前、中村屋が現在の場所に移転したとき、ビルを後方に建て、道に接した前方は木造とした。そのため空襲でビルは焼け残ったが、木造店舗は焼けて灰となってしまう。そこへいくつもの露店がつくられ、マーケット化していた（写真参照）。そのため正面入口は機能しない。そこで、中村屋は裏手にある酒場❸の主人・安田氏の土地一部を借り受け、裏から客が入れるようにした。安田氏には代りに中村屋ビルの4～5階を貸し、ビル上部は安田氏の旅館となった。写真に旅館「ととや」の名が見える。

余談だが、映画監督・川島雄三は当時、旅館を常宿にしていたが、1955年（昭和30）頃はととやをわが家のように使っていた。ととやの仲居全員の月給額と川島の一ヵ月の宿泊料がほぼ同額だったと伝えられている。恋仲であった中村八重司さんは、しばしばととやへ訪ねてきたという。

さて、戦後の混乱期には歓迎されたヤミ市だが、世の中が落ち着き出すと、しだいに風当たりが強くなっていった。1949年（昭和24）、GHQの指示により東京都、警視庁、消防庁が合同で露店撤去令を出し、数年後に実行されていく。

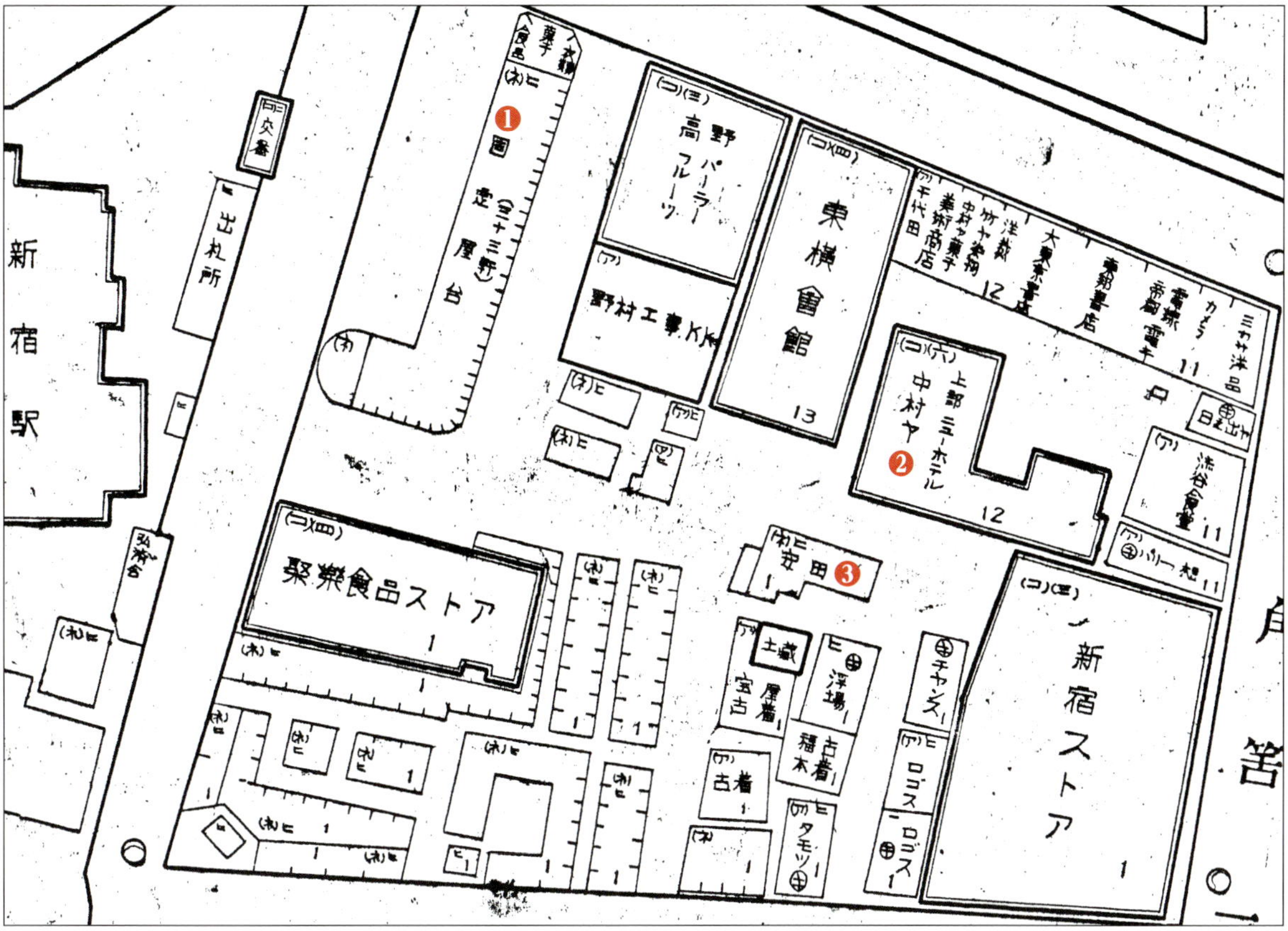

火災保険図「新宿駅付近No.3」1949年（昭和24）5月作図　都市整図社

三越屋上から新宿駅東口を見る。「中村屋」前のマーケットは、写真手前、大通りを挟んで左側、低層家屋が密集するところ。戦前からのビル建築「中村屋」や「高野フルーツパーラー」「新宿ストア」「聚楽食品ストア」などがそのまま残っている。1952年（昭和27）以降の写真のため、復興した家屋も多い。新宿歴史博物館蔵

戦前〜戦後

帝都座で、日本初のストリップショウ

新宿三丁目（角筈一丁目）

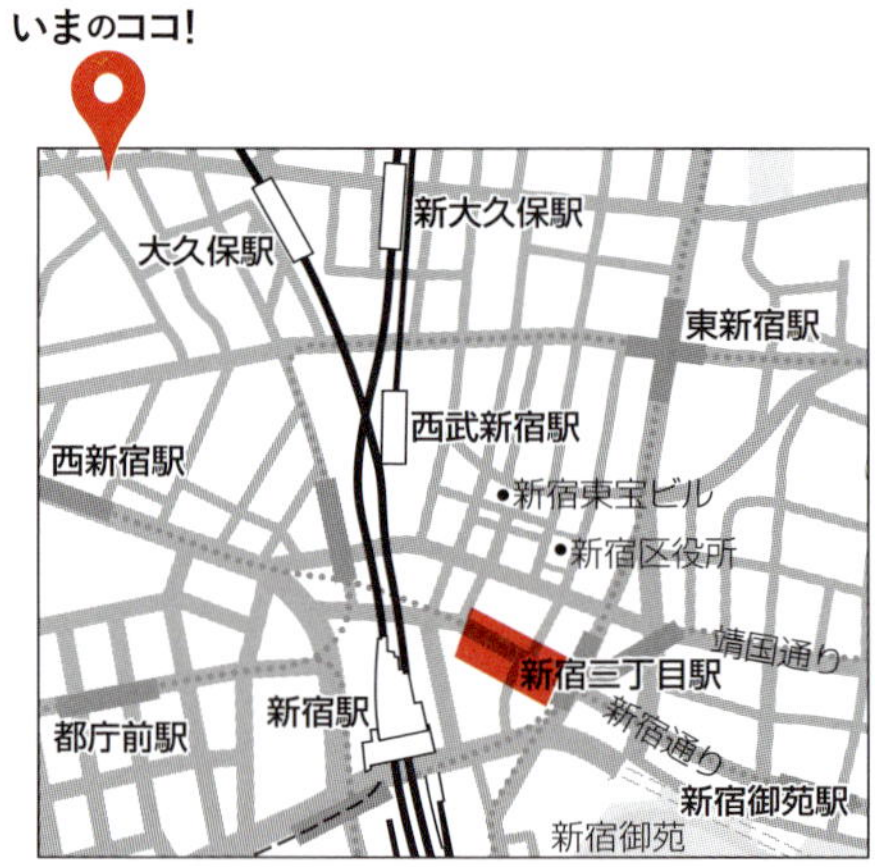

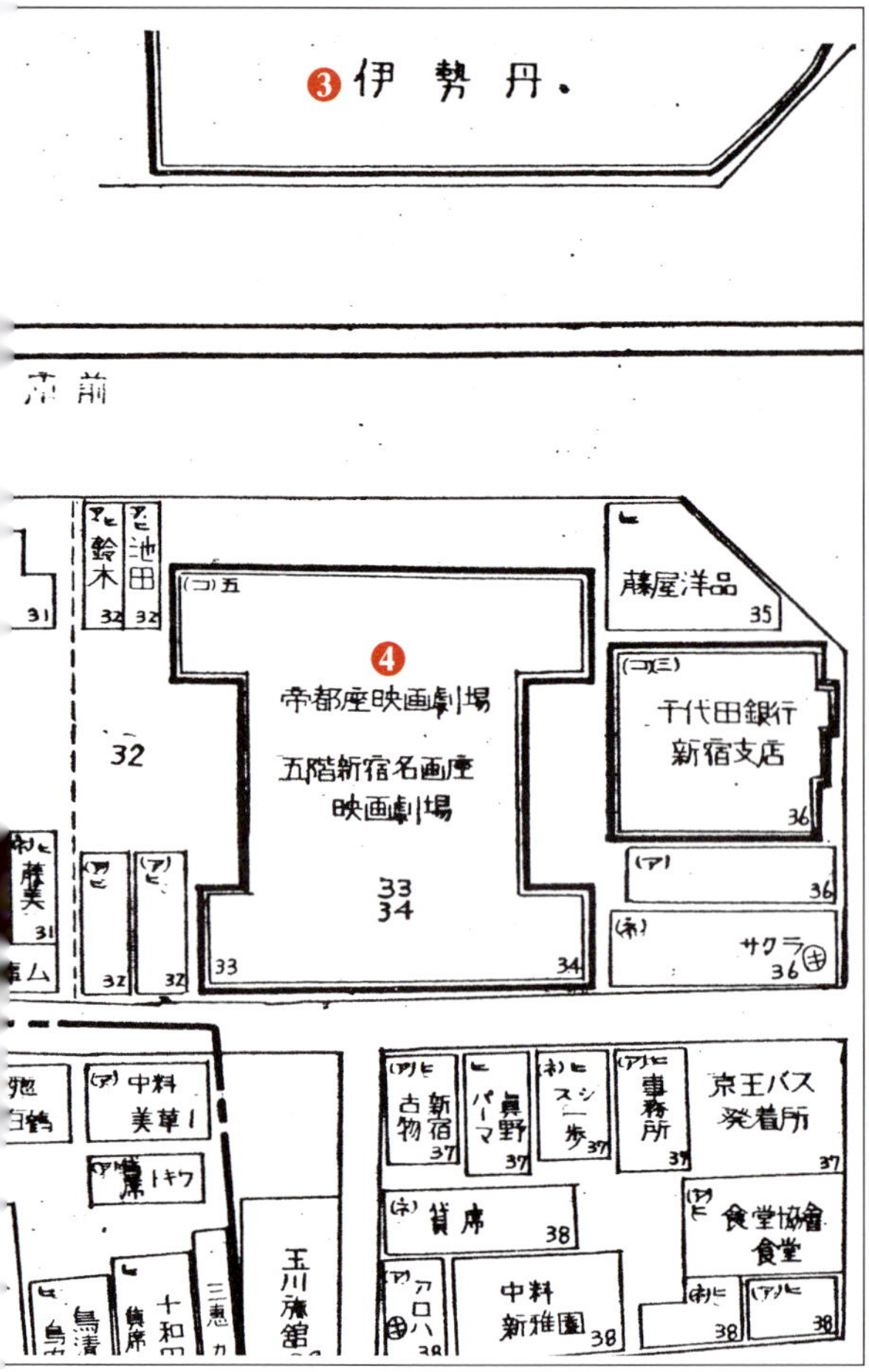

新宿通り。中央のグリーンベルトは1951年（昭和26）に設けられた。進駐軍のトラックは伊勢丹が接収中のためか。左がわ、不二家の向こうの建物が帝都座。1952年（昭和27）撮影。新宿歴史博物館蔵

前項地図に続いて、「三越」❶（現在のビックロ辺り）から明治通りまでの新宿通りⓐ、1949年（昭和24）の地図である。三越の手前同様、先にも「クツ」「カバン」など小さな店が並ぶが、ここも尾津組のマーケットだった❷。

その先、現・新宿マルイ本館辺り、「伊勢丹」❸の向かいに「帝都座映画劇場」❹。1931年（昭和6）の開館当時は日活の封切館で、5階には新宿唯一のモダンなダンスホールがあった。地下には「モナミ」という大食堂があり、戦前のアナーキズム系詩人、岡本潤・秋山清・金子光晴らが会合をかさねる場所となっていた。

1940年（昭和15）、日活の経営悪化に伴い、帝都座は東京宝塚劇場（のちに東宝）の傘下となった。また時局柄、全国のダンスホールは閉場に追い込まれていたため、5階は吉本興業の演芸場となった。指揮したのは東京宝塚創業者の小林一三である。当時、東京宝塚の取締役だったのが吉本興業社長・吉本せいの実弟・林正之助*。取締役の就任期間は1939年（昭和14）から1947年（昭和22）の8年間である。同じ頃、取締役には渋沢秀雄（実業家）、五島慶太（東京急行電鉄）、森岩雄（映画製作者）、秦豊吉らがいた。

秦豊吉は三菱商事に勤務していたが丸木佐土（マルキサド）の名で小説も書き、ゲーテ『ファウスト』やレマルク『西部戦線異常なし』の翻訳もこなす才人である。小林一三の知遇を得て、1934年（昭和9）東京宝塚劇場（有楽町）を開設、運営に関わるようになる。帝都座を吸収した1940年（昭和15）には、東京宝塚の三代目社長に就任していた。

敗戦まもない1947年（昭和22）1月、秦は焼け残った帝都座で、画期的なショウを企画する。戦前、公開の場でのストリップショウは考えられなかったが、これを初めて「帝

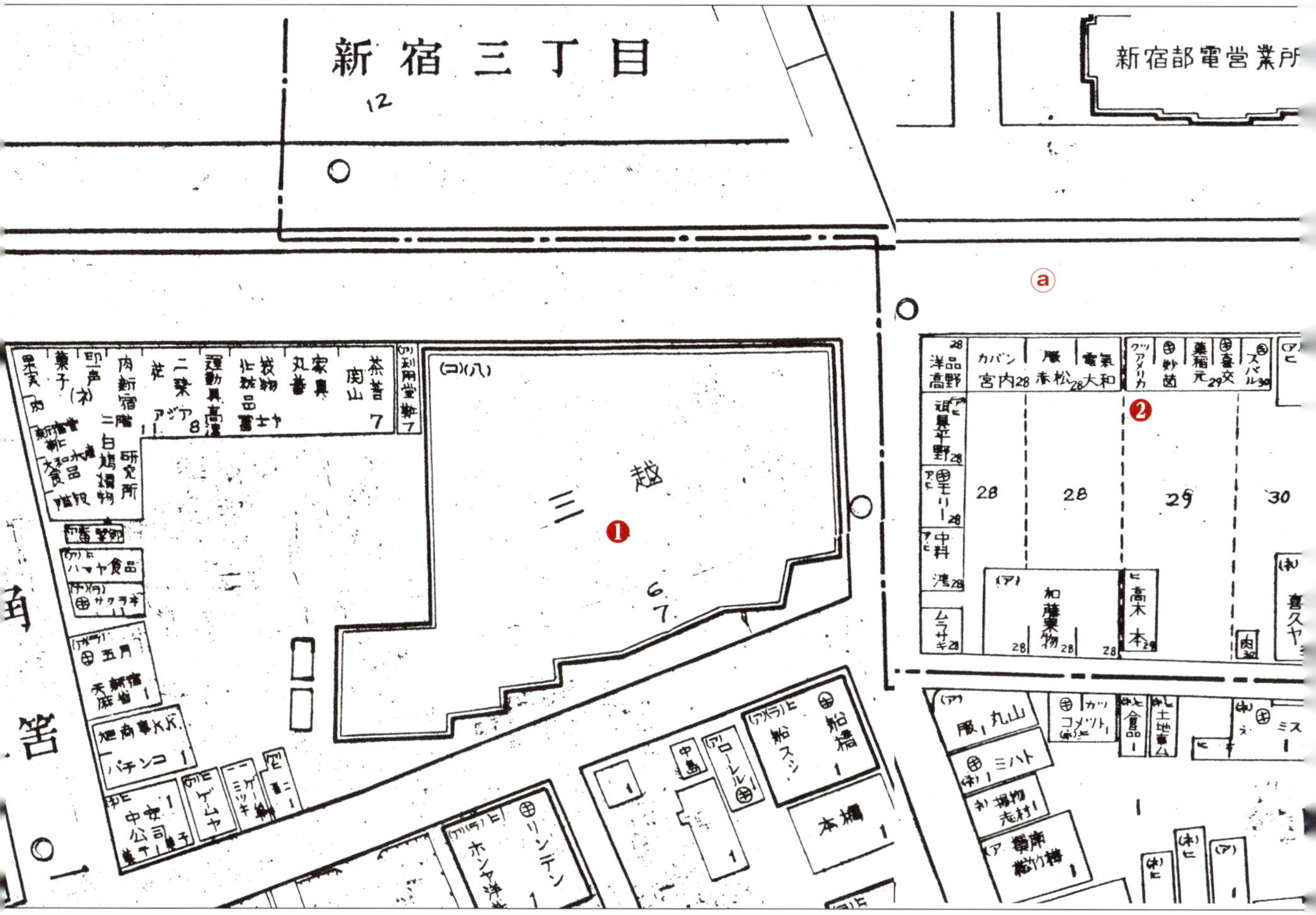

帝都座五階劇場の表記が「五階新宿名画座」となっている。戦後、経営が再び日活に移った頃と思われる。
火災保険図「新宿駅付近No.3」「新宿駅付近No.5」1949年（昭和24）5月作図を接合　都市整図社

都座五階劇場」で行った。「ヴィナスの誕生」の一幕で、舞台の真ん中に大きな額縁を立て、ボッティチェリの名画に見立てて、裸の女性がこの額におさまるという趣向だった。モデルは動くと公序良俗を乱すとされ身動き一つせず胸も手で隠したが、ショウは大評判となった。最初のモデルは中村笑子。2月公演では甲斐美和（のち美春と改名）がモデルとなり、堂々と胸を露出した。

肌の色は照明の工夫もあって実に美しく、惜しげもない豊麗な乳房は―中略―黒いカーテンを開いて、ほんの四、五秒間、再びそれを閉じた時は、場内は実にシンとして、見ている私達もほっとした次第でした。（『演劇スポットライト』秦豊吉　朋文堂）

同じ年、田村泰次郎の『肉体の門』が出版された。廃墟となった東京で懸命に生きる街娼たちを描いた小説である。これを新宿ムーランルージュ（空襲で焼失）の残党である空気座が舞台化、帝都座で上演し大ヒットとなった。この舞台を見ていた吉本興業の林弘高（正之助の娘婿）は、東京宝塚と吉本興業の提携作品「肉体の門」を製作することになる。

＊NHK朝のテレビ小説「わろてんか」（2017年9月～18年3月）では、吉本せい・林正之助・小林一三の3人は、実際とは異なる設定・人物名だが、それぞれ、葵わかな、濱田岳、高橋一生が演じた人物と思われる。

戦後

新宿三丁目

末廣亭の消滅を救った男

大正の末、東京の寄席は、場末も含めてだが約１００軒あったという。現在、定席は上野鈴本演芸場、新宿末廣亭、池袋演芸場、浅草演芸ホールの四つ（国立演芸場を除く）となった。一番古いのが上野鈴本、２番目が末廣亭である。

「末廣亭」❶は明治中期に末広亭清風という浪曲師が、浪花節の小屋「堀江亭」を買い、自分の名をつけた。最初は少し西がわ（現・明治通り方向）だったが、昭和の区画整理で現在地に移った。その後、戦争となり空襲ですべて焼けてしまう。

二代目の息子が引き継いでいたが、寄席にあまり熱意がなく、建て直す気力がない。そこで五代目柳亭左楽が懇意である北村銀太郎に話を持ちかけた。北村は建築業を営んでいたが、下谷（台東区）で六三亭という寄席を少しやった経験があった。ひと肌脱ごうということになり、１９４６年（昭和21）３月、席主・北村銀太郎の新宿末廣亭が開場する。物資のない時代だったが、集められるかぎりの材料で再建した。いまも当時のままの木造建築で残っている。

> 建築材料があって、寄席経営の経験があって、五代目の勧めがある。もうほとんど問題もなかったんだけど、当時尾津さんが掲げた「東京の光は新宿から」のスローガンに共鳴したという点もあったね。まぁ、廃墟に寄席を建ててやろうという意気込みが多少あったわけなんだ。（『席主北村銀太郎述　聞書き・寄席末広亭』冨田均　少年社）

尾津さんとは尾津喜之助のこと。当時、新宿で強大な力を誇ったテキヤの親分である。新宿駅から帝都座にかけて尾津マーケットが占めていたことは前述（ｐ54）したが、当地域も尾津組の縄張りだった。地図には、ヤミ市の名残らしき小さな店がひしめいている。北村は、平穏にやってこられたのは尾津のおかげと同書で述べている。

> それは尾津さんもいいことばかりしていたわけではない。人の弱みをついたこともあったんだろうし、いろいろありましたよ。でも、新宿の復興に一役買ったことはたしかなんだ。（『同書』）

焼け野原から出発した北村銀太郎は落語の火を、寄席の火を消すなの一心でもって、時代の雨風をしのいできた。

もう一つ、映画館について記しておこう。明治通り沿いに「新宿文化」❷「新宿大映」「新宿東宝」が並ぶ。新宿文化は戦前に「新宿映画劇場」という東宝の直営館として開館。戦争前にニュース映画専門の「文化ニュース劇場」、戦後に「新宿文化劇場」となった。脚光を浴びたのは、１９６２年（昭和37）に「アートシアター新宿文化」となったときである。総支配人・葛井《くずい》欣士郎《きんしろう》は非商業的な前衛映画を上映、製作も後押しした。大島渚監督『新宿泥棒日記』、寺山修司監督『田園に死す』、羽仁進監督『初恋・地獄編』など多くの名作を世に送り出している。映画が終了したあとはアングラ劇を上演し、夜の明治通りⓐは長蛇の列となった。

現在の末廣亭

❷新宿文化劇場

文中に説明した「アートシアター新宿文化」以降、転移があり、現在は新宿文化ビル。6・7階に「シネマート新宿」がある。

❸三福

「味のデパート」として1931年（昭和6）に開店。戦後に閉店、1951年（昭和26）の地図（下）では「BATTALION SUPPLY OFFICE」（進駐軍専用の物資供給所）と「グリル　すがぬまキッチン」となっている。現在は「京王フレンテ新宿三丁目店」。

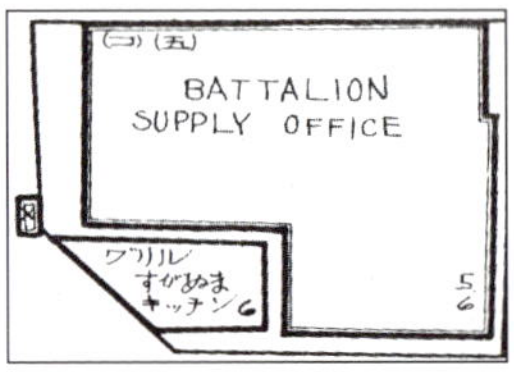

左地図❸の2年後
火災保険図「新宿通方面　No.5」1951年（昭和26）9月作図　都市製図社

火災保険図 「新宿駅付近No7」 1949年（昭和24）5月作図 都市整図社

いまのココ!

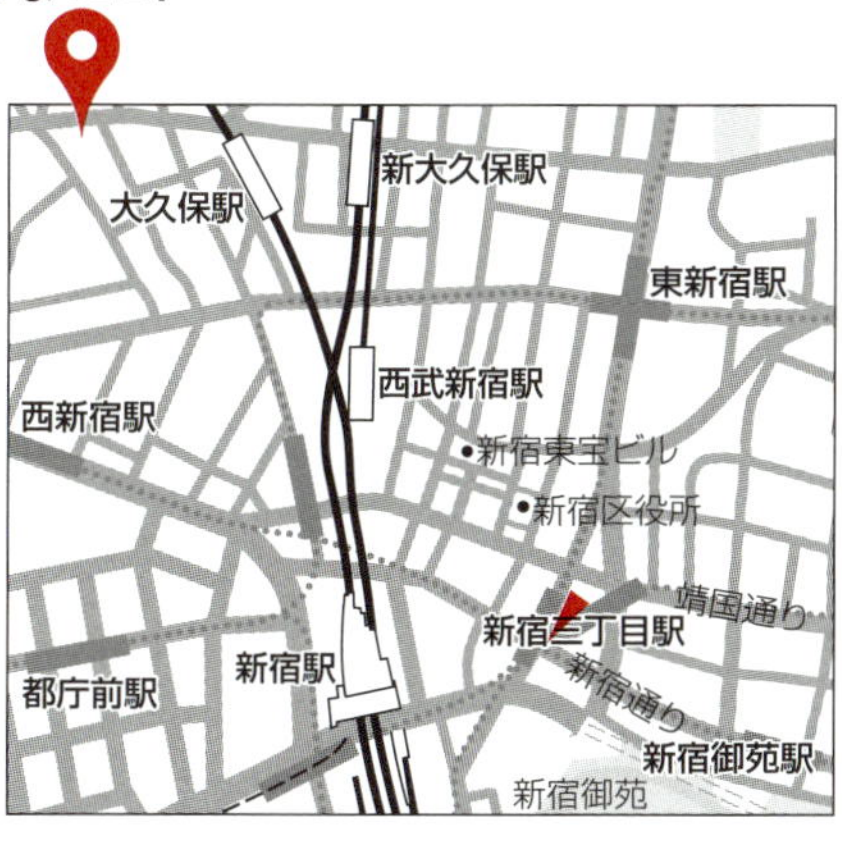

1957年（昭和32）の明治通り。新宿文化、新宿大映、新宿東宝が並ぶ。
新宿歴史博物館蔵

戦後

新宿三丁目

GHQは伊勢丹で日本地図を作っていた

敗戦後、日本の多くの建物が進駐軍に接収されたが、戦災をまぬがれた「伊勢丹」❶もその一つだった。本館は3階以上、また事務館❷にあったスケート場も接収され、ダイヤモンドホースクラブというPX（進駐軍専用の売店）になった。

1947年（昭和22）4月、14歳の少年が伊勢丹に入社する。のちにグラフィック・デザイナーとなる堀内誠一である。

表通りのショーウインドウは半分壊れたままで、壁面にはベニヤ板が張られ、新宿中の映画館が上映しているポスターが貼られていたと、堀内は著書で述べている。

三階から上は進駐軍に接収されていました。ある階は印刷工場らしくて、詳細な日本のどこかの地図のやれや裁ちくずが毎日運び出されてきます。百貨店の売場は地下と二階までですが、まだ一階の奥にはお米の配給所がありました。衣料切符がないと手拭も買えない時代で商品自体も少なかったのです。（『父の時代 私の時代 わがエディトリアルデザイン史』日本エディタースクール出版部）

GHQが占領統治を遂行するには地図が欠かせない。伊勢丹は地図の製作と印刷業務のスペースになっていた。

1階奥には米の配給所があったと堀内は証言する。

1946年（昭和21）、GHQは米の代替品として小麦粉を輸入し配給する。これを店でパンにしてもらうのだが、伊勢丹地下でもパン製造をやっていたようだ。堀内が入社する2ヵ月前、25歳の山田風太郎は小麦粉を抱えて伊勢丹へ行く。

二月十四日（金）曇

二、三日前小麦粉五日分配給あり。これをパンに造りて貰わんと三軒茶屋の三松菓子にゆくに目下営団のパン製造中にて受付けず、新宿の伊勢丹に持ちゆくに、午前九時迄に受付を終る由。（『戦中派闇市日記』小学館）

そのあと、小麦粉を持ったまま、新宿での行動については記されていないが、他の日には「一月十八日　新宿、新星館にて『スポイラース』観る」など映画館の記述が多い。

「新星館」❹は紀伊國屋書店の隣にあった。堀内もこの界隈が好きだったようで、前著で「洒落た憧れを満たしてくれる空間は、オリンピックの隣りの、仲見世のようになっていて突き当りが新星館という映画館、そこから入ったところにある紀伊國屋書店とその喫茶室」だったと記述している。

「オリンピック」❺は洋菓子と食事の店で、その隣の仲見世のようなところを地図で見ると、細い路地がある。堀内より10歳下の髙平哲郎は幼い頃、家族でたびたび新宿に訪れていた。

紀伊國屋は細い路地の突き当たりにあった。その脇のB級洋画専門の「新星館」で観た『アマゾンの半魚人』は、その後の映画の嗜好の一部を決定づけた。路地の入口の左側が模型屋、右側が犬屋だった。模型屋は鉄道模型のオイルと半田ゴテで焼けたビニール・コードの匂いがした。犬屋はペットショップを強烈にした臭いで、その中に時折混じる、生まれたての仔犬の匂いに刺激された。その二つの匂いに挟まれた場所が、いちばん好きな新宿だった。（『銀座の学校・新宿の授業』髙平哲郎スラップスティック選集①）

左に路地入口の拡大図も掲載したが、模型屋の記入はない。記載漏れか、あるいは時代が少しずれたのか。いずれにしろヤミ市の名残が想像できる空間である。

当地図発行、しばらくして伊勢丹の接収が全解除された。

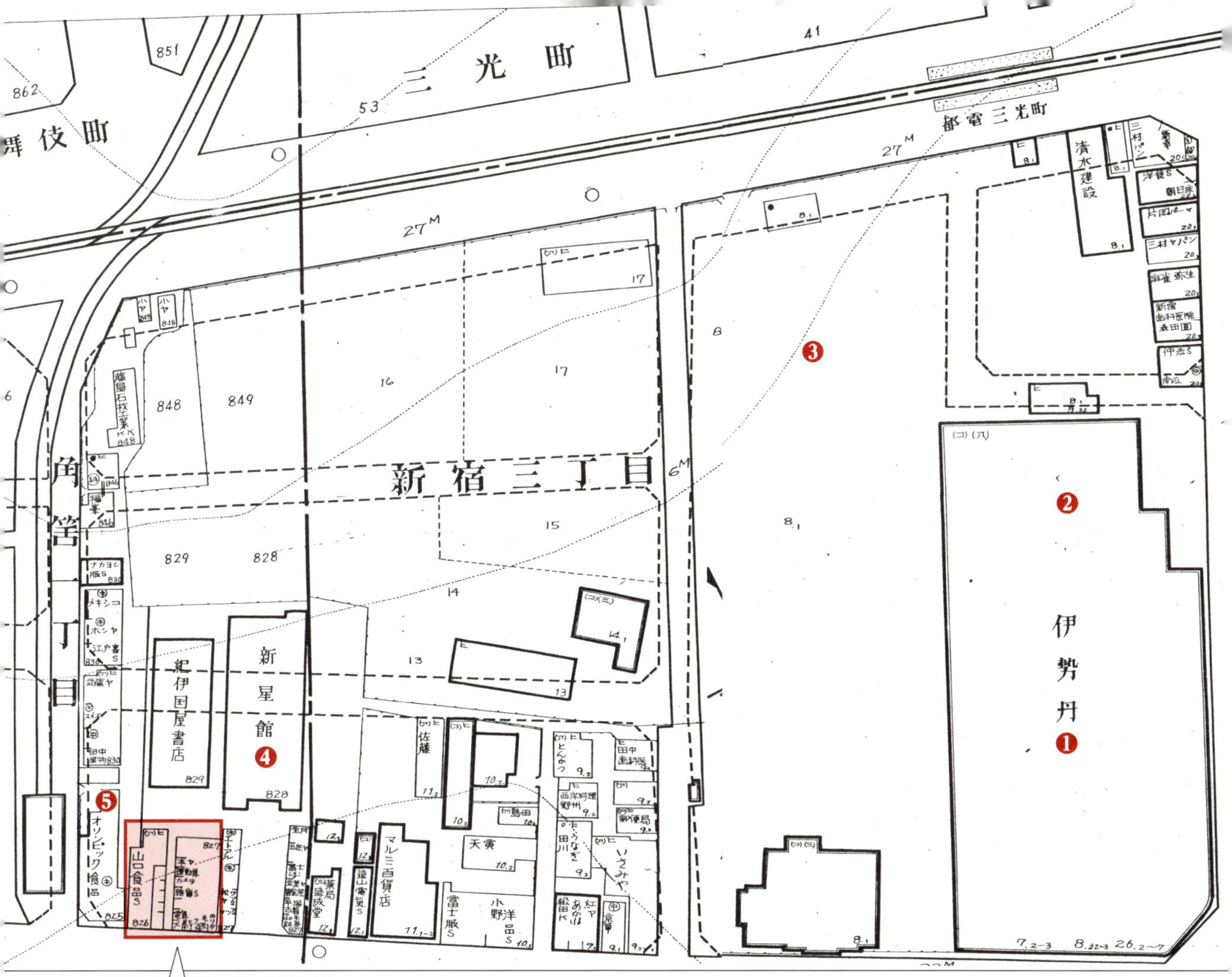

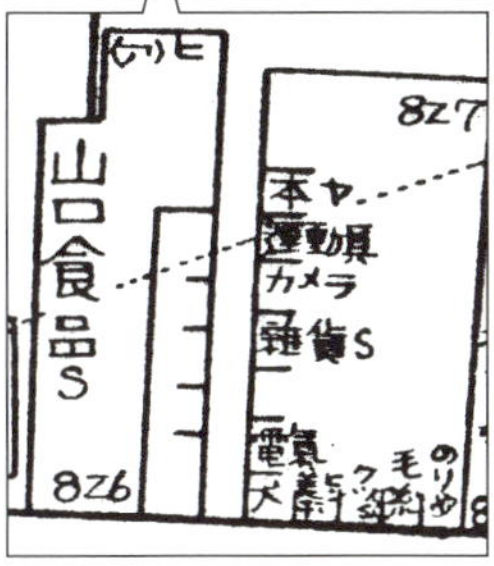

火災保険図　「新宿駅付近No6」「新宿駅付近No7」　1951年（昭和26）9月作図を接合　都市整図社

❸東京都電車庫跡

空襲で焼失したが、1951年（昭和26）12月に、
新宿サービスセンターが建設（下写真、p72参照）。

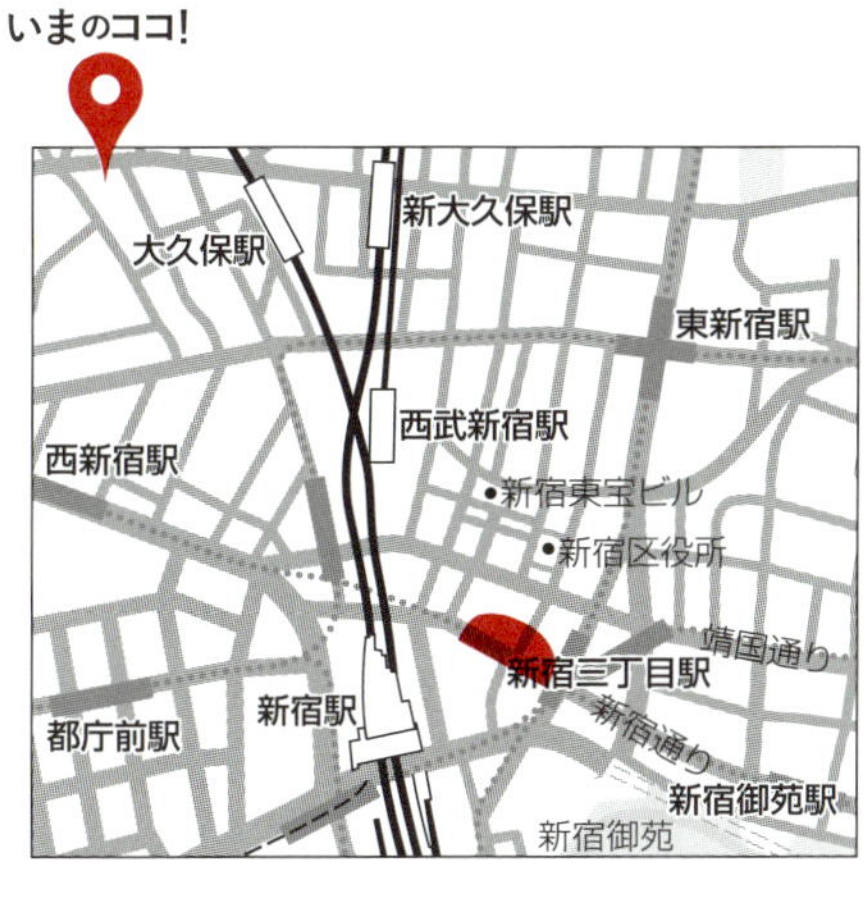

都電車庫跡にできた新宿サービスセンター。昭和20年代後半の撮影。新宿歴史博物館蔵

戦後

歌舞伎町（角筈一丁目）

敗戦四日目の決意

鈴木喜兵衛（1891-1967）

1951年（昭和26）9月の歌舞伎町周辺の地図。婦人館や生活文化館など聞きなれない名がある。その内容については後述するが、まず終戦直後の歌舞伎町へ遡ってみる。もっとも、その頃は歌舞伎町ではなく「角筈《つのはず》一丁目」だった。

「歌舞伎町をつくった男」と呼ばれる男がいた。鈴木喜兵衛、当時の角筈一丁目北の町会長である。営んでいた佃煮などの惣菜店が空襲で灰となり、敗戦後は焼け残った下北沢の娘夫婦宅を再出発の地としていた。

1945年（昭和20）8月18日の早朝、下北沢から、自転車で角筈へ駆けつけた。焼け跡の様子は変わらない。しかし、地面には青々と葉が茂り、黄色い花が咲いていた。空襲のあと、北多摩の青年団や有志たちが焼け野原となった都バス車庫裏一帯を耕して、かぼちゃの種をまいてくれたのだ。

「自分にもどれだけのことができるか、やってみよう」

焼け野原となった新宿を立派に復興させたい。喜兵衛はまず復興協力会を結成し、続けて都の都市計画課長石川栄耀《ひであき》を訪ね、相談した。そこで石川の賛同を得て、喜兵衛は具体的な計画を立案する。一帯約5000坪を健全なアミューズメントセンターにしたい。

当時、新聞やラジオで発表されていたのは銀座、浅草、新宿を娯楽地域として再建する構想だった。新宿は戸山ヶ原、代々木練兵場、新宿御苑を緑化して、この三角地の中に円を描き、円内を大新宿として復興都市計画を立てるという。喜兵衛はそれを聞き、自分の構想に確信を持つことができた。

その構想は、都バス車庫裏に映画館や大劇場、演芸場、こども劇場、社交ダンスホール、ホテル、公衆浴場などを建設することだった。地図内に大きな空白❶がある。かつて府立第五高等女学校があったところだが4月14日の空襲で周囲とともに焼失し、学校は移転した。

喜兵衛は跡地に「菊座」という歌舞伎劇場をつくる計画を立てる。吉右衛門（初代）の協力も得ることができた。また故・小山内薫を記念する「自由劇場」も計画し、有力な鉱業家が出資者となった。

新しい計画に「角筈一丁目」では語呂がよくない。町名変更が検討された。1946年（昭和21）秋、喜兵衛が石川に相談すると「歌舞伎劇場を建設するのだから歌舞伎町がよいのでは」と言う。名前に勢いがあり、目的にも合っている。占領下の日本で伝統芸能の歌舞伎を続けていく、喜兵衛はそんな熱い思いを、石川が汲んでくれたことを感じ、その命名に賛同した。翌47年に町名変更の手続きをすました。

ところが、思いがけず建築統制が発令される。娯楽のための「有閑建築」は一切禁止というものである。青天の霹靂《へきれき》だった。菊座は設計期間に時間をかけて建築許可も受けたが、建築続行は不可能となった。自由劇場は建築用材木を運ぶ船を待つ間に統制となり、菊座と同じ運命となった。

映画館の計画は4館あった。うち1館は早稲田の全線座を移築予定だったため着工していなかったが、ビジョン座（のち新宿劇場）は基礎工事が完了しており、鶏鳴館（のちグランドオデオン座）も建前寸前だったが許可は下りなかった。「地球座」❷は建前を完了、すでに柱が10本立っていたため建築は認められる。ただし、映画館としてではなく「少年文化会館」としての許可だった。

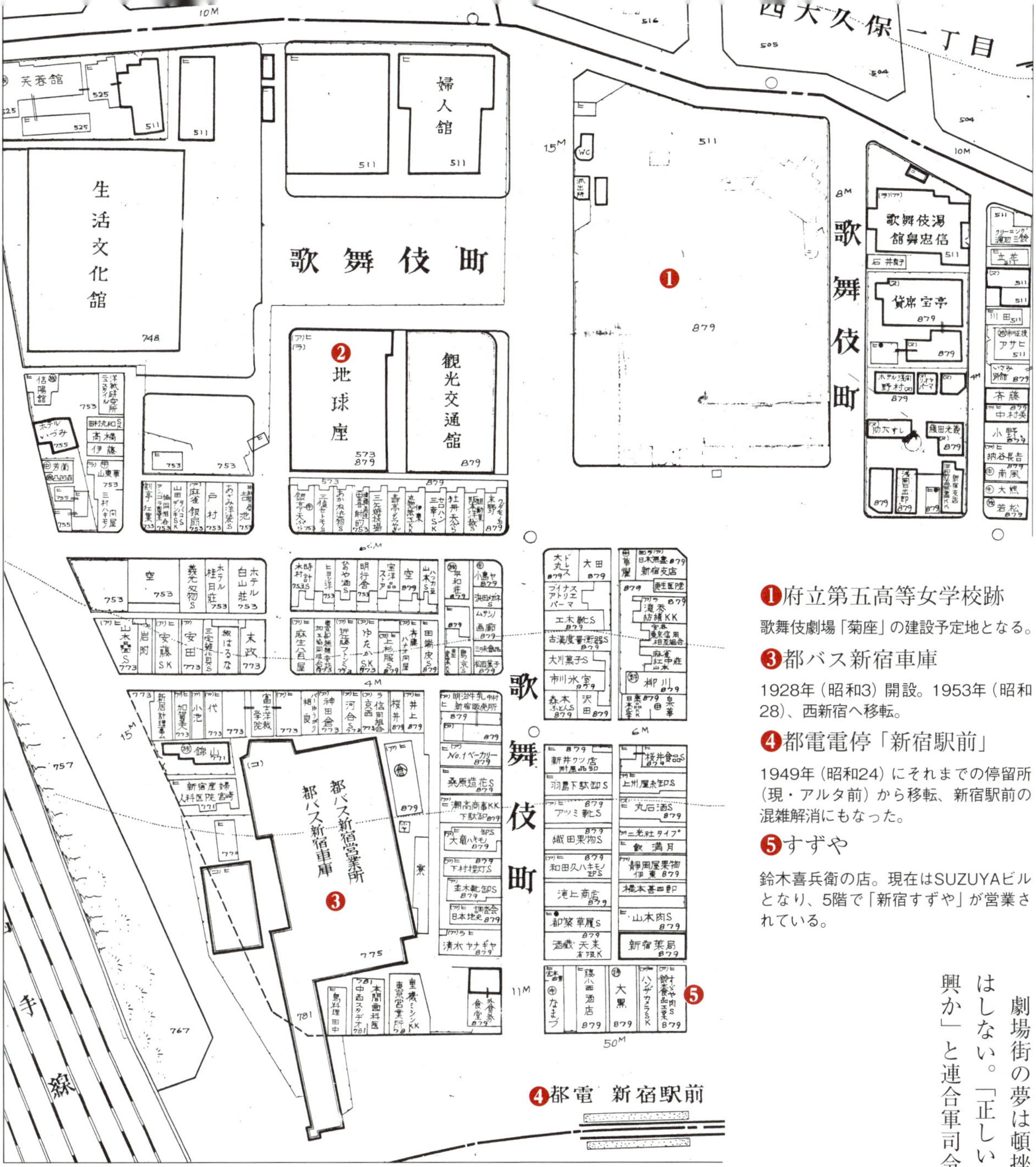

❶府立第五高等女学校跡

歌舞伎劇場「菊座」の建設予定地となる。

❸都バス新宿車庫

1928年（昭和3）開設。1953年（昭和28）、西新宿へ移転。

❹都電電停「新宿駅前」

1949年（昭和24）にそれまでの停留所（現・アルタ前）から移転、新宿駅前の混雑解消にもなった。

❺すずや

鈴木喜兵衛の店。現在はSUZUYAビルとなり、5階で「新宿すずや」が営業されている。

区画整理が進む歌舞伎町。
火災保険図「歌舞伎町方面10～13」1951年（昭和26）9月作図
4図を合成　都市整図社

いまのココ!

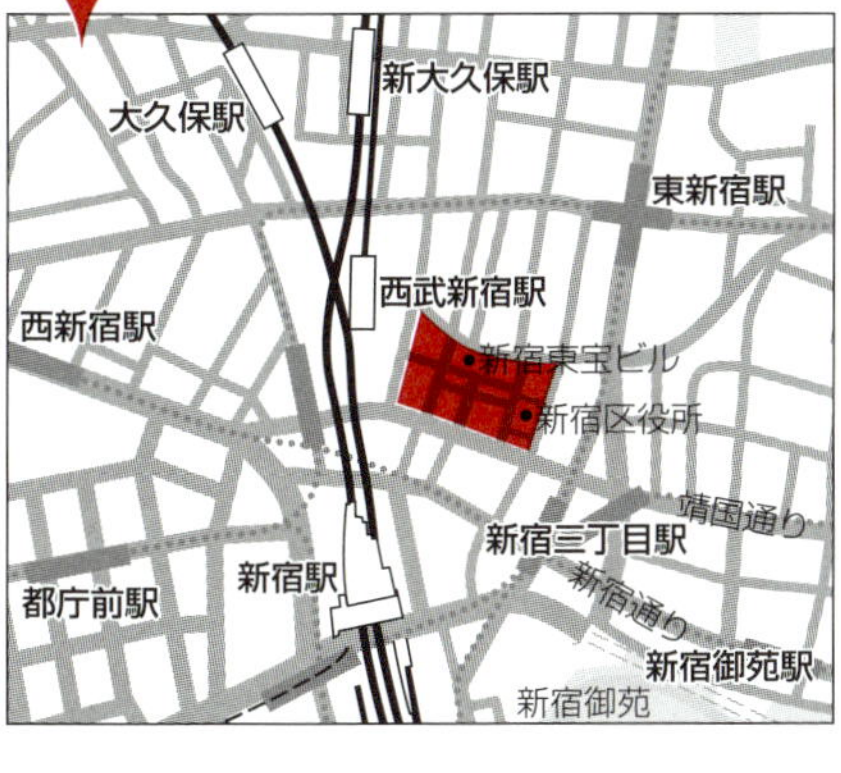

劇場街の夢は頓挫したが、もちろん喜兵衛は投げ出すことはしない。「正しい者が馬鹿をみるようでは、何が日本の復興か」と連合軍司令部に嘆願書も出している。

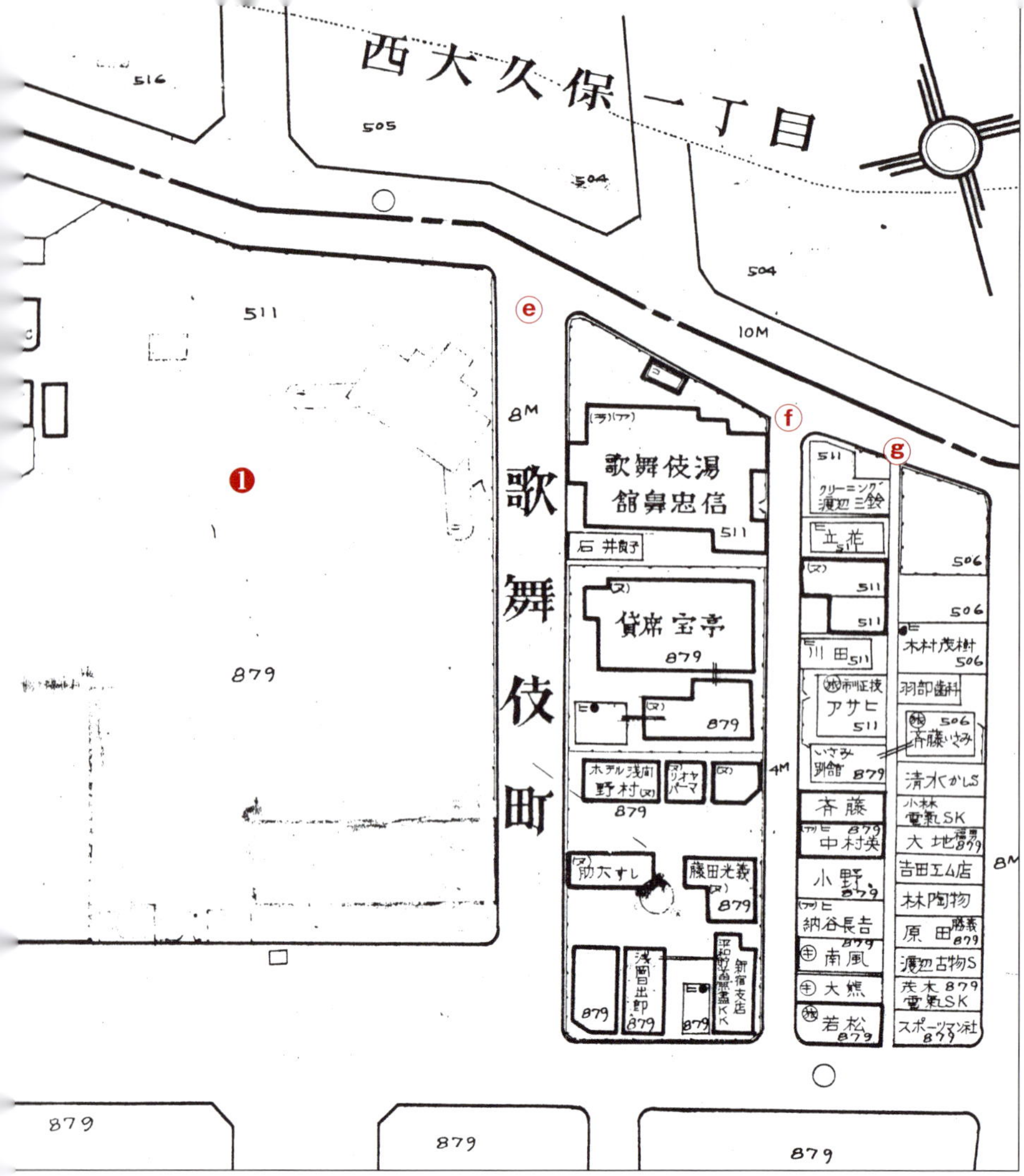

歌舞伎町の博覧会

戦後
歌舞伎町

1951年(昭和26)、歌舞伎町で博覧会が開催された。中心となったのは、前項で紹介した鈴木喜兵衛。復興協力会の会長である。歌舞伎劇場建設は頓挫したが、この町を「健全なる劇場街」とする夢は消えてはいなかった。そのためにも博覧会で建築した施設を、開催後に劇場と映画館に転用する狙いがあった。

地図でパビリオンの配置を確認しながら気づいたのは、歌舞伎町をかたちづくる道筋である。

例えば、ⓐからⓑへ進むとき、直進にはなっていない。微妙なズレがある。ⓒからⓓに入るときも同様だ。あるいは、道幅がⓔⓕⓖと順次に狭くなっていく路地。焼跡を復興するとき、この道筋は意図的に造られたという。火災に備えて、消火ホースを引き込む通路をできるだけ多く造るという考えもあっただろう。

敗戦直後、人々は必死で歩き回った。飢えを満たす食べ物を求めて、あるいは行方不明の家族を探して。そして戦後6年経ち、なんとか落ち着きを取り戻し、がむしゃらに歩くだけではなく、平和にゆっくり歩く喜びを感じたい。無意識であれ、そう思い始めていた。歌舞伎町を形成する道筋は、そんな人たちの要求に応えるものだった。

パビリオンからパビリオンへたどる博覧会は、歩く楽しさが前提となる。劇場街もその要素は欠かせない。道幅の変わる道、直進させない道。歌舞伎町は、路地歩きの楽しさを満喫できる道筋になっていた。いまでも強引なキャッチさえなければ(少なくなったようだが)、オススメの散歩コースになるだろう。

1950年(昭和25)4月2日から90日間、「東京産業文化博覧会」が開催された。会場は歌舞伎町、新宿御苑、西口特

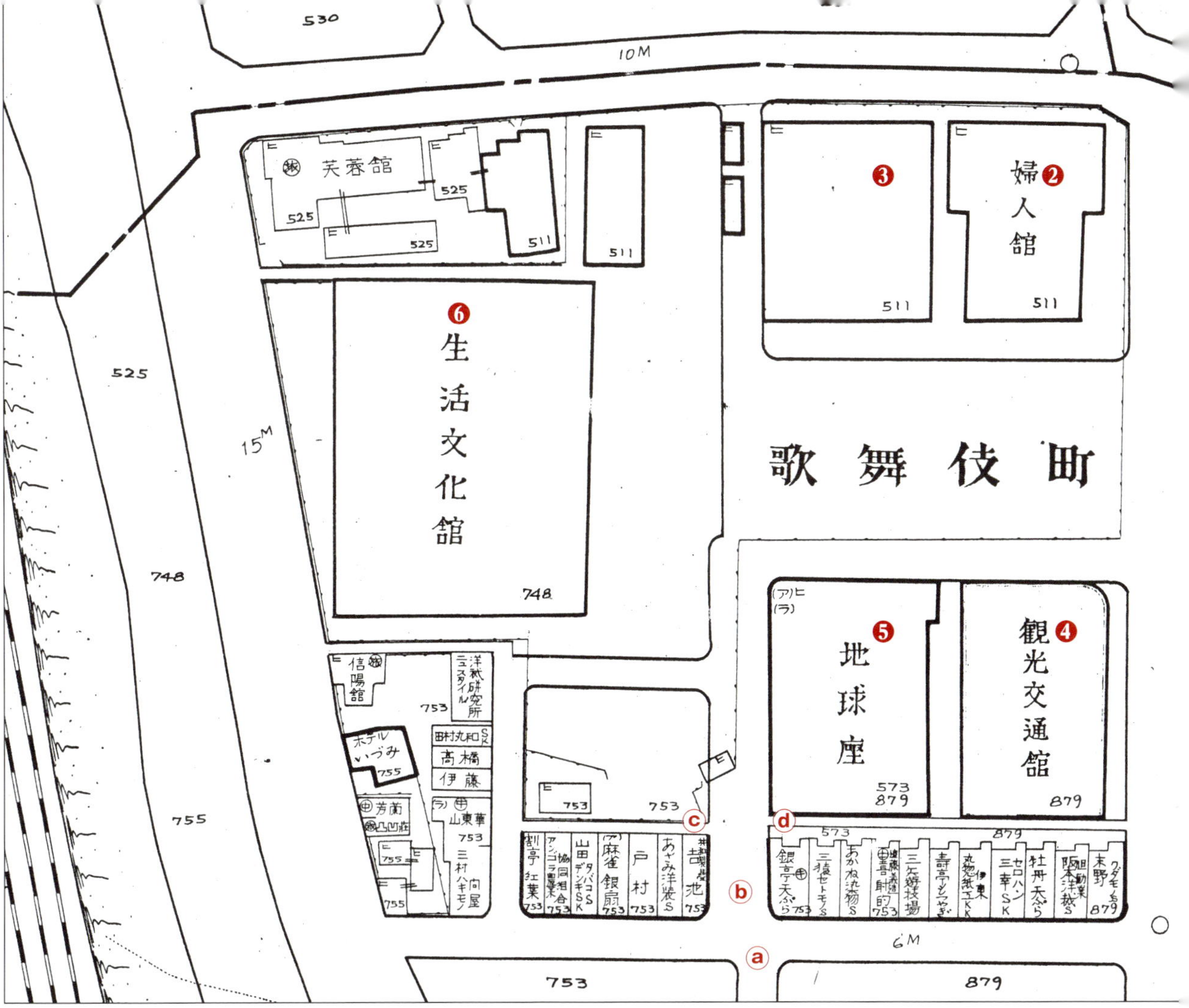

火災保険図「歌舞伎町方面11〜12」1951年（昭和26）9月作図を接合　都市整図社

設会場の3ヵ所であった。

新宿御苑は遊園地や盆栽・皐月の展示場、西口は産業特設館が設けられて販売も行われた。歌舞伎町会場には、広場❶を扇の要としてパビリオンが並んだ。興行的には失敗となった博覧会だが、将来の種は確実にまかれたのだと思う。

広場は「児童館」「野外劇場」となった。その正面には、大きな恐竜の模型が据えられ、たくさんの子供たちが集まったという。同じ場所に新宿東宝ビルが建ち、屋上にゴジラが吠えるのは66年後のことである。

❶広場（建設予定地）

博覧会では「児童館」「野外劇場」。現在の新宿東宝ビル。WCと派出所が記されている。西大久保一丁目から歌舞伎町にかけては人口も多く、今後アミューズメントセンターが完成すれば治安のための交番や公衆便所建設が必要と考え、復興協力会（会長鈴木喜兵衛）が寄付、新設された。

❷婦人館

1950年（昭和25）開催の「東京産業文化博覧会」会場の一つ。現在はヒューマックスパビリオン新宿歌舞伎町。

❸社会教育館

「都市計画と建築」「食糧問題」などを展示。現在のアパホテル〈新宿歌舞伎町タワー〉。

❹観光交通館

博覧会では「合理化生活館」。〝人生航路はたのしく愉快に働き、家庭消費を合理的に経済基盤の確立に寄与する〟とした。現在の第二東亜会館。

❺地球座

1947年（昭和22）12月、林以文による開館。のち地球会館を新築し、新宿座を開館。現在のヒューマックスパビリオン新宿アネックス。

❻生活文化館

博覧会では「産業館」。パビリオンは、敗戦でGHQから解体を命ぜられた中島飛行機の格納庫を移築したもの。現在はVR（仮想現実）体験のできる「VR ZONE Shinjuku」。

1955年（昭和30）前後

歌舞伎町

スケート場、映画館街、そして西武新宿駅

博覧会場の産業館跡に「東京スケートリンク」❶が開場したのは1952年（昭和27）のこと。同じ年に京都スケートリンクが開場するなど、アイススケートは戦後の新しいレジャーとして注目されていた。東京スケート株式会社が設立され、スケート場には「東京製氷株式会社」❷が併設された。

これと前後して、映画館の計画も実行された。合理化生活館が改装されて「新宿オデオン座」❸となり、婦人館は「新宿劇場」❹になった。1955年（昭和30）には「グランドビル」❺が新築され、「堂々とした近代様式の劇場（鈴木喜兵衛）」の「グランドオデオン座」「ニューオデオン座」が開館する。

1951年（昭和26）の地図（p63）と比べると、大きく変わったことがある。都バス車庫がなくなったこと。そして西武鉄道の歌舞伎町への乗り入れである。1952年（昭和27）のことだった。それまでは川越—高田馬場だった村山線が、西武新宿駅まで延伸して新宿線と改称した。

じつは西武鉄道は、国鉄新宿駅に西武新宿駅を設ける予定だった。ところが過密する新宿駅では受入体制が整わない。工事は途中まで進んだものの一時休止となっていた。開通の見込みも立たない。そこで鈴木喜兵衛たち組合員は、都交通局と西武鉄道に「歌舞伎町停車場」の誘致を請願した。ここを終点駅にすれば都電や都バスの連絡も便利になり、新宿駅の大混雑も緩和できると持ちかけた。

都バス車庫は都市計画で移転することは既定の事実だった。これを再整理して西武の負担で駅の敷地としてもらう。都交通局と西武鉄道への交渉を繰り返し、ようやくお互いの了承を得る。西武鉄道からは「貴組合地域に本格的駅を設置し、地元が繁栄されんことを念願」するという文書が届いた。「将来国鉄新宿駅へ乗り入れすることがあっても、駅を廃止することはない」という内容も書かれていた。現在、「西武新宿駅」❼は、ご存知のように当時の位置のままである。

西武新宿線の西武新宿駅が誕生し、人の流れは日増しに拡大した。あとは念願の大劇場を実現することだった。しかし戦後混乱期を全力で生きた喜兵衛は体力の衰えも隠せない。あとを引き継いだのが藤森作次郎（歌舞伎町商店街振興組合初代理事長）である。その功績は田辺茂一著『わが町 新宿』にくわしいが、コマ劇場の建設は藤森が東宝の小林一三に粘り強く働きかけたことが力となった。1956年（昭和31）12月28日、新宿コマ劇場は開場する。

空襲で焼け尽くした歌舞伎町。現在の賑わいなどまだ考えられなかった時代だ。映画監督の山本晋也さんから聞いた話だが、中学生だった晋也さんはできたばかりの映画館を目当てに、歌舞伎町へよく訪れた。当時、雨が降ると道は沼地になったという。歌舞伎町中央通り入口近くの酒屋で多くの人が立ち飲みをしていたが、店の前には泥を避けるための板がかけられ、客はそれを渡って店に入った。歌舞伎町の街づくりは、そんな劣悪な環境での奮闘だったのだろう。

❷東京製氷

1953年（昭和28）に東京スケートと製氷会社は合併する。主導したのは映画館など娯楽施設を経営する新日本興業株式会社（現・株式会社東急レクリエーション）。

❸新宿オデオン座

1951年（昭和26）、東亜興行株式会社が開館。のちにグランドビル地下に移転している。

❹新宿劇場

1953年（昭和28）、林以文が設立した恵通企業（現・ヒューマックス）が開館。開業の翌年、新宿ムーランルージュの名物を模した風車が屋根に取り付けられた。

❺グランドビル

1955年（昭和30）暮れに東亜興業によって落成。グランドオデオン座（1階）、ニューグランド（地下）のほか、キャバレーオデオン（5階）があった。

❻酒屋

文中で紹介した、中学生の山本晋也さんが映画館へ行く途中で目撃した立ち飲みの店と思われる。

火災保険図「歌舞伎町方面9〜12」1954年（昭和29）6月作図を接合　都市整図社

終戦直後～１９７０年代

風月堂の登場とその後

新宿三丁目（角筈一丁目）

中央通りにあった風月堂。閉店2年前（1971年）の撮影。隣は「吉野寿し」。新宿歴史博物館蔵

コーヒーの輸入が途絶えた戦時中、代用品なるものが出回った。大豆や麦を炒ったもので、味・香りとも、コーヒーとは似ても似つかない代物だった。戦後も輸入再開される１９５０年（昭和25）まで、この代用品や米軍放出品が使用された。全国的に喫茶店が増えるのは輸入再開からで、１９５４年（昭和29）発行の地図には喫茶店を示す「㋖」が多い。

「風月堂」❶の名がある。場所は現在の大塚ショールームのビル、中央通りⓐがわになる。開店はコーヒー輸入再開前の１９４７年（昭和22）夏。当初は洋菓子店だったが、翌年に大改修してクラシック音楽を流す喫茶店になる。

音楽や美術、文学を愛する人々が語り合うサロン的色彩を帯びるようになるが、１９６０年代後半には雰囲気が変わっていき、ヒッピーやフーテンの溜まり場として有名になっていく。蛇足ながらフーテンは長髪にラッパズボンといった風体の和製ヒッピーで、当時、新宿を舞台のマンガ「フーテン」（永島慎二「ＣＯＭ」「ガロ」などで連載）は人気を呼んだ。

風月堂は、米国誌「ＬＩＦＥ」にも取り上げられ、外国人も訪れるようになった。このような名所化されていく流れに、１９７３年（昭和48）、オーナー横山五郎は閉店の決意をする。

「茶房青蛾」❷の開店も、風月堂と同じ１９４７年（昭和22）である。山荘風の外観で、映画、演劇関係者の客が多かった。オーナーの五味敏郎は音楽を流さない方針で、静かな異空間を提供した。大声を出すなどマナー違反の客を叱ることもあったが、毅然としたその姿勢は、多くの客の支持を得たという。幕を閉じたのは１９８１年（昭和56）。喫茶店の総数はその翌年にピークとなるが、その後は急降下していく。

❷茶房青蛾

開店5年後に区画整理で近くに移転、1981年（昭和56）まで営業した。2017年（平成29）、店主の長女が東中野で再開店した。

❸新宿日活映画劇場

帝都座のあと、日活直営となった。日活名画座（5階）として知られ、1959年（昭和34）から和田誠さんが「チャップリンの独裁者」「太陽がいっぱい」などの映画ポスターを8年間にわたって描いている。

いまのココ！

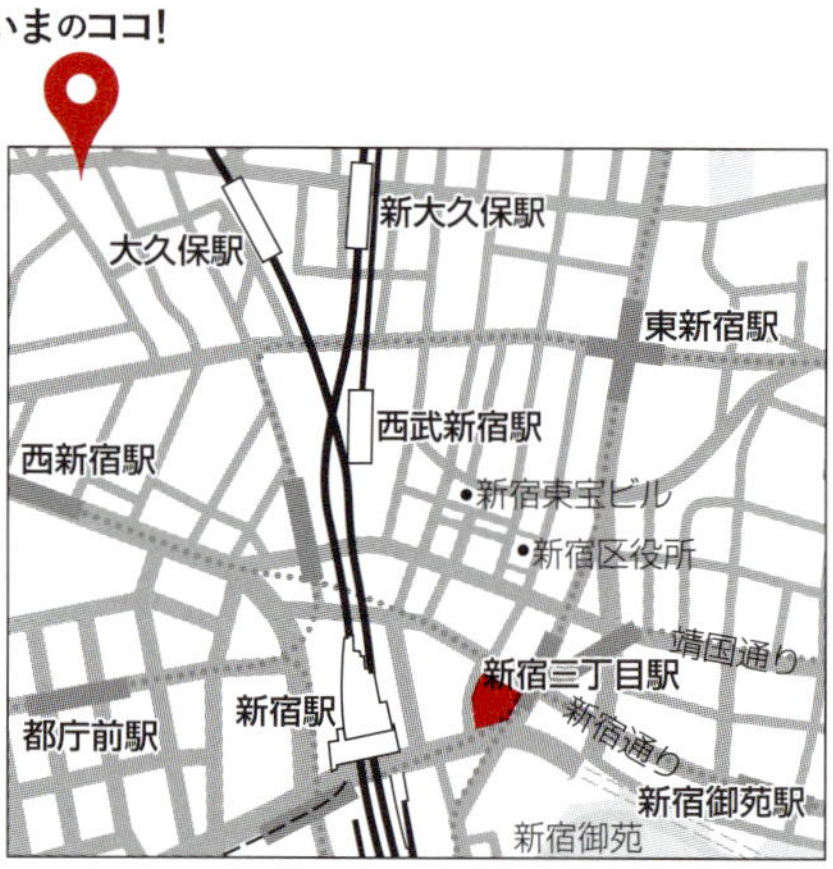

火災保険図 「歌舞伎町方面No5」 1954年（昭和29）6月作図 都市整図社

戦後

新宿駅西口

地下道抜けてラッキー・マーケットへ

地下道の入口(東口)。封切映画のポスターや手描き看板が掲げられていた。1967年(昭和42)撮影。新宿歴史博物館蔵

西口のヤミ市は、テキヤ安田組の組長安田朝信《とものぶ》が仕切った安田マーケットで、「ラッキー・マーケット」と呼ばれた。省線(現・JR)に沿って約300店に及ぶ長大な連なりで、現・小田急百貨店の半分ほどまで続いていた。いまも「思い出横丁」としてかなりの店が営業しているが、面積はヤミ市成立当時の約3分の1に過ぎない。

現在バスターミナルのエリアにもマーケットが開かれ、省線沿いと合わせて西口には約1千600店あったという。

野坂昭如は昭和20年代後半、二丁目の赤線や花園神社裏の青線に通っていた。ただし直接くり込むことはなく、たいていはまず新宿武蔵野館裏あるいはムーランルージュ近く(現・東口ビックカメラの裏辺り)で飲む。それから、体力をつけるため地下道❶を抜けて西口へ行く。

地下道をくぐり西口へ足をのばし、シルバースターなる残飯シチュー屋で大盛りいっぱい三十円。これで準備がととのった事になる。(「鉄路渡れば夢うつつ」『東京十二契』所収　野坂昭如　文藝春秋)

残飯シチュー、さすがに正式名ではないだろう。野坂より5歳上の田中小実昌は「栄養シチュー」と記している。

ぼくは、新宿西口のちいさなガードから大きなガードにおりていくあいだの安田のマーケットにミミをつれていき栄養シチューをたべた。(「ミミのこと」『香具師の旅』所収　田中小実昌　河出文庫)

それは「進駐軍の残飯だという、脂がういたどろどろの赤茶っぽいものがはいったドンブリ」(『同書』)だった。

私事だが、この横丁で初めて食事をしたのは昭和40年代半ばである。歌舞伎町でコック見習いをしていた兄が連れて行ってくれた。兄は「ここは大盛りで、廉くて旨いぞ」と教えてくれた。しょうべん横丁という俗称があることも、そのとき併せて知った。

話を戻すと、残飯シチューで栄養をつけた野坂昭如は大久保方向へだらだら坂を下って大ガード❷をくぐり抜け、二丁目方向へ向かう。現在も大ガードはもちろん、地下道も東と西を結ぶ大切な連絡路として、多くの人が利用している。

ヤミ市から生まれ、現在も営業している店をあげると、「第二宝来亭」(ホルモン・モツ焼き)、「らくがき」(焼きとん)、「鳥園」(焼き鳥・焼きとん)、「きくや」(大衆酒場)、「カブト」(ウナギ串焼き)など、いずれも昭和20年代初めの創業である。

1950年(昭和25)、西口にバスターミナルができ、駅周辺のヤミ市整理も本格的になった。終結が一番遅れたのは西口である。その経緯は74ページで述べることにする。

現在の「思い出横丁」入口

❶地下道
❷大ガード

鉄道開通時は、「地下道」の線路上を青梅街道（旧）が通り、踏切になっていた。その後、混雑緩和のために「大ガード」ができ、踏切は閉鎖された。1927年（昭和2）に小田急が開通、駅の東西を結ぶために連絡地下道が作られた。現在、東京五輪開催に向けて東西を結ぶ地下通路を建設中。また将来的には歩行者専用デッキも設置するという。

❸固定屋台店群

すべての店名が記されているわけではないが、「焼き鳥」や「串焼き」の店が多かったようだ。進駐軍からの牛や豚のモツは統制品ではなかったため、売買に制限がなく自由だった。

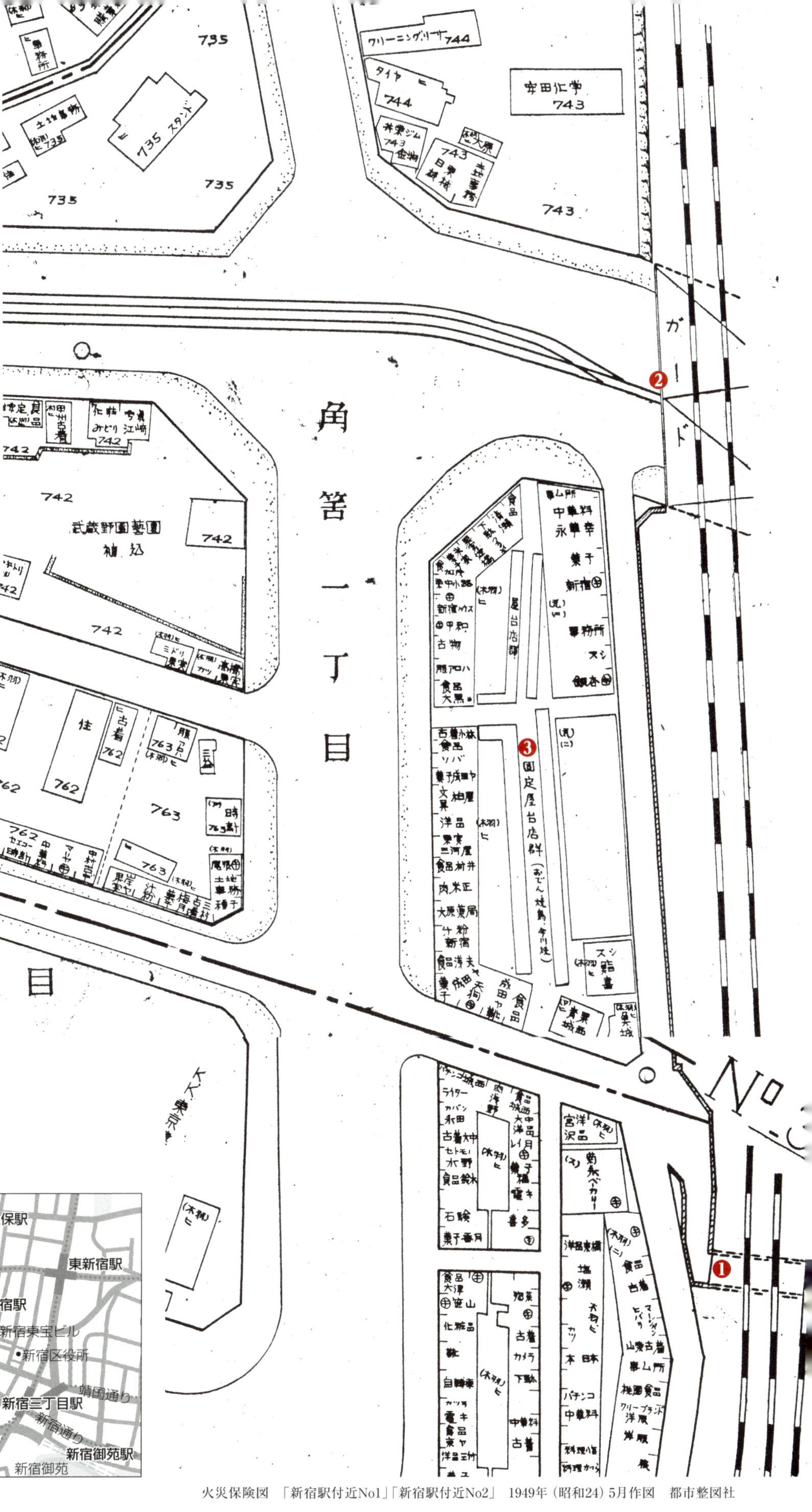

火災保険図 「新宿駅付近No1」「新宿駅付近No2」 1949年（昭和24）5月作図 都市整図社

戦後

新宿駅東口・区役所通り

GHQの露店撤去令とその後

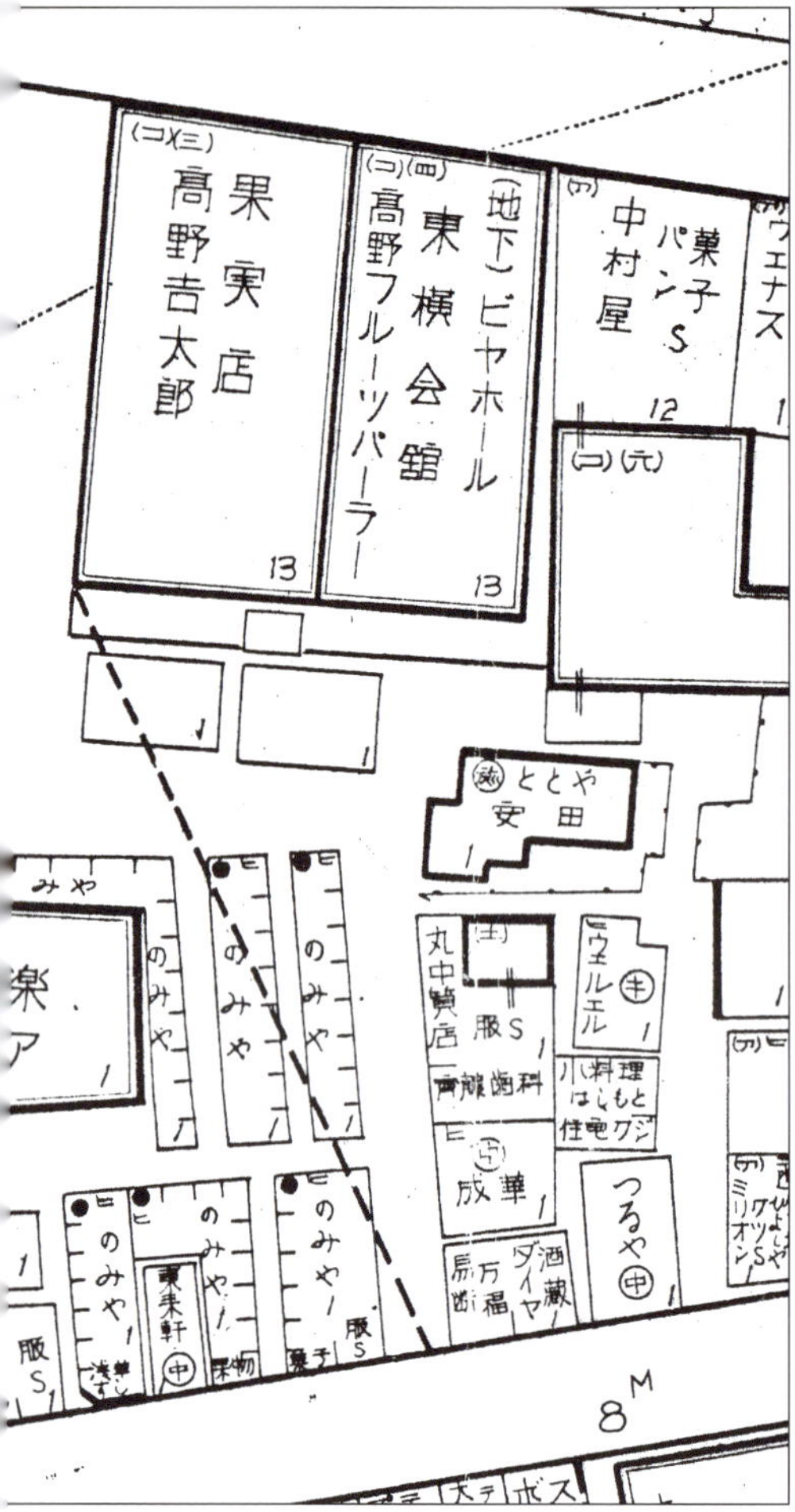

地図A　新宿駅東口

「龍宮マーケット」後方のマーケットは野原組のマーケット。

火災保険図　「歌舞伎町方面 No1」 1954年（昭和29）6月作図　都市整図社

露天商に公道からの撤去令が出たのは１９４９年（昭和24）8月だった。ＧＨＱ（占領軍司令部）から東京都に指示があり、１９５０年3月末までに撤去することが命じられた。

仮店舗も持たず、マーケットにも入っていないのが露天商である。戦前からのテキヤもいたが、多くは戦災者と引揚者、戦争未亡人だった。生きる術を奪われた露天商たちは共同で出資して、１９５１年（昭和26）、伊勢丹本館裏の都電車庫跡地に「新宿サービスセンター」を設立した。共同で仕入・販売する百貨店形式のマーケットである。

一方、露店ではない常設型マーケットはどうなったか。こちらも徐々にではあるが、区画整理事業が進められていく。

前述した尾津喜之助（p54参照）は、中村屋をはじめとした地主・借地人12名に訴訟を起こされ、その係争中、「脅迫罪」で検挙される。服役するが、１９５２年（昭和27）サンフランシスコ講和条約で恩赦となり、保釈後、「尾津商事株式会社」を設立。最初の仕事として東口に「龍宮マーケット」（地図A❶）を建設した。しかし、やがて龍宮マーケットは駅前拡張工事で撤去となり、和田組や野原組など他のマーケットも１９６０年代初めにはほぼ整理されていく。

どこへ移転したか、西口の安田組マーケットについては前項で述べたが、その他のマーケットをおおまかに言えば、尾津組は三光町（旧町名）の都電路線がわの一角（現・ゴールデン街）（地図B❶）に、和田組は甲州街道沿いが移転先となった。

歌舞伎町一丁目の区役所通り沿いに移ったグループもあり、その東がわに柳街❷、西がわに三番街❸が形成される。共同店舗やバラックの立つ横丁が並んでいたが、いまは両がわともビルとなり、通りはすっかり変貌した。ただ、三番街には最奥部新宿センター街❹に、いくつかの店が混沌としたまま往時を思わせる雰囲気で営業している。

二幸屋上から。「高野フルーツパーラー」の手前に「龍宮マーケット」。ビルの壁に記される「野村工事株式会社」は、新宿サービスセンターの工事を担当した。1959年（昭和34）撮影。新宿歴史博物館蔵

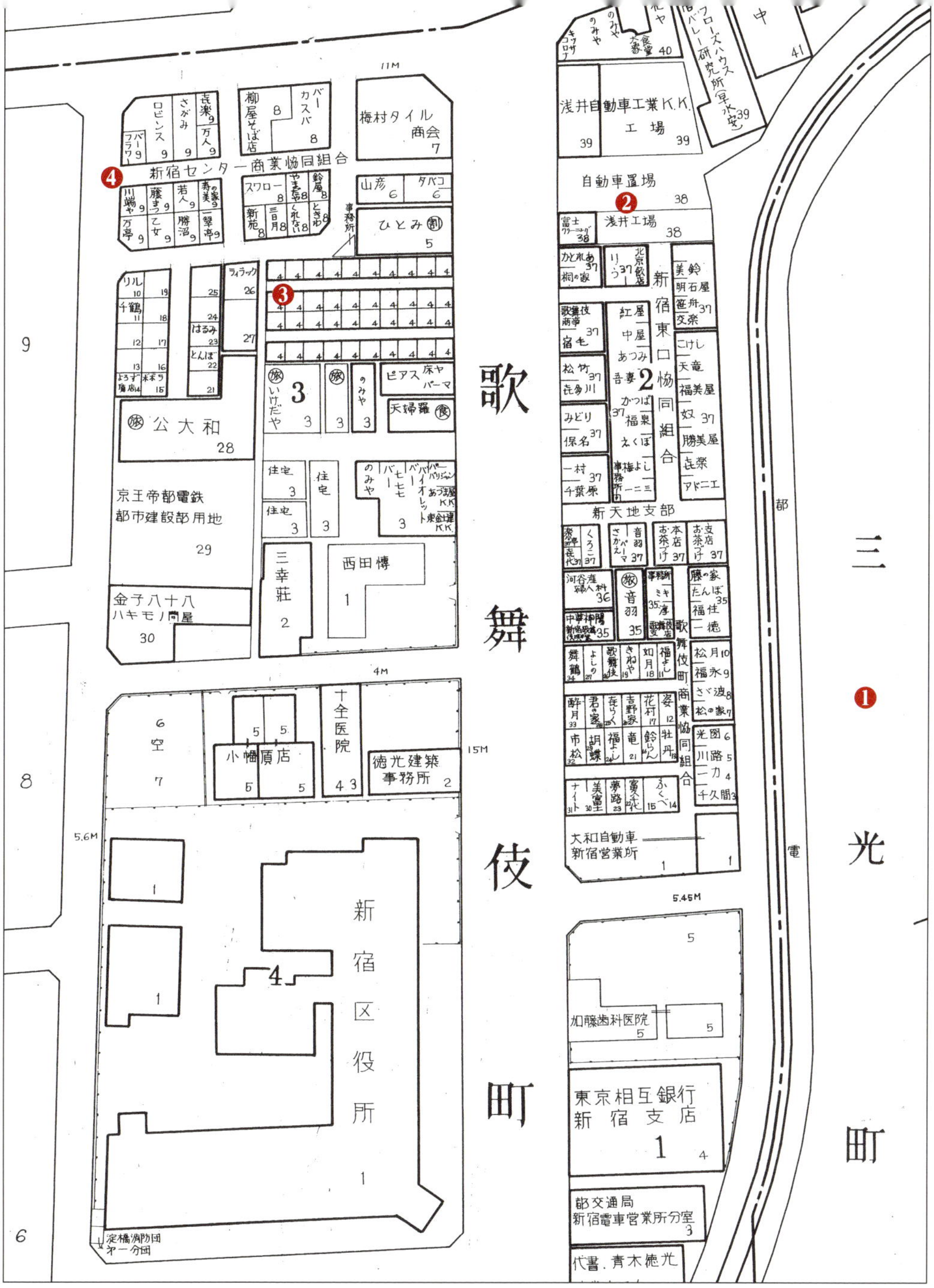

地図B　区役所通り

火災保険図　「歌舞伎町方面No13」　1957年（昭和32）6月作図　都市整図社

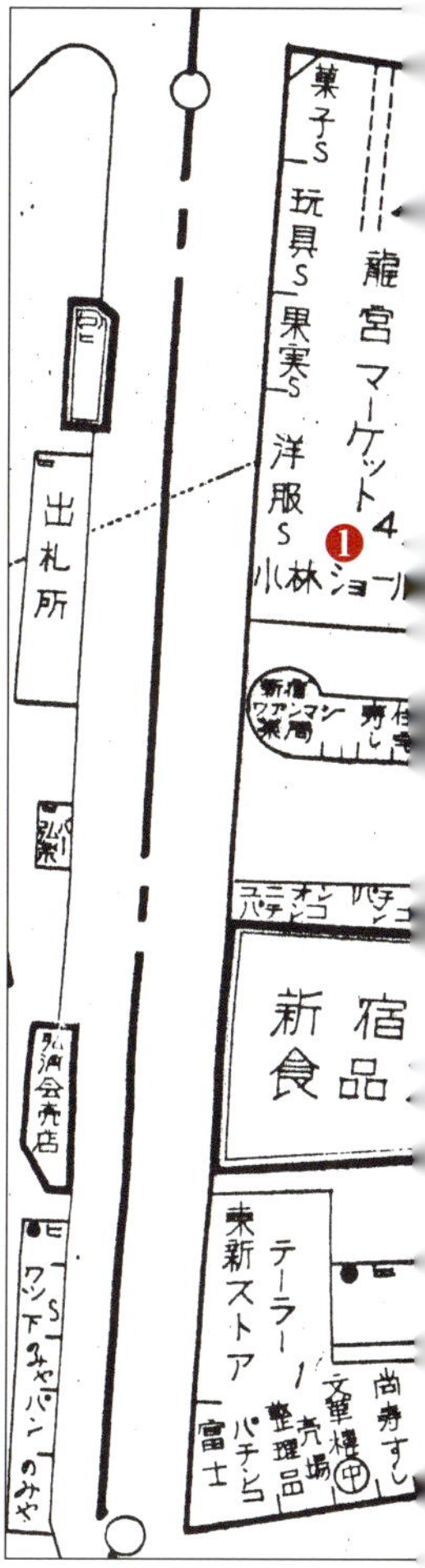

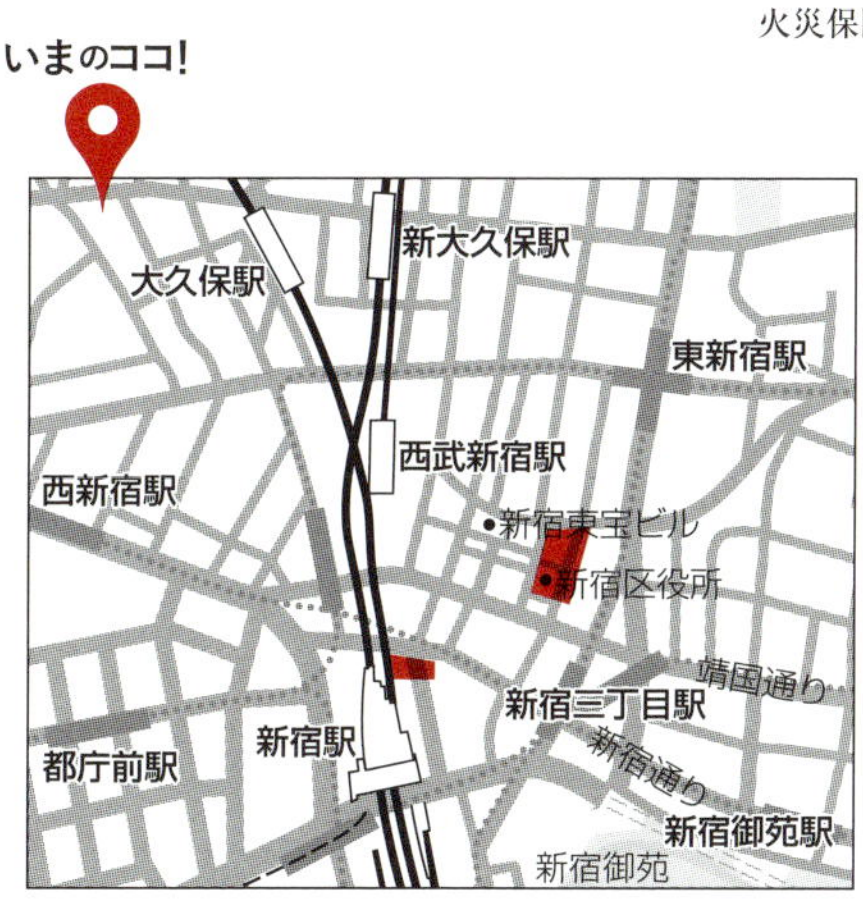

この看板を抜けると迷路のような路地が続く。

◀火災保険図「新宿駅付近No2」1949年（昭和24）5月作図　都市整図社

❶ルンバ

戦前、台湾から来日した黄進世が21歳で開業した喫茶店。立地のいい仲通りⓐにあった。

戦後

新宿駅西口

立ち退きが遅れた西口マーケット

地図は71ページに続く、西口マーケット南がわである。東口に比べて、西口が整理されるのには時間がかかった。

マーケットが続く線路沿いの細長い用地は、所有者が混在していた。出札所を出て大ガードへ向かうと「ルンバ」❶という喫茶店、ここまでが都有地。向かいの中華料理店から「パチンコ城西」❷までは営団所有地。そして現在、思い出横丁として残るエリア（p71地図❸）は民有地だった。

西口にマーケットを開いたのは安田組の安田朝信《とものぶ》だが、撤去は当人にしてみれば納得のいくものではなかった。まず、マーケットは戦後の食糧難を緩和するため、警察はじめ当局の要請で開いたものだった。さらにマーケット建設にあたって、土地使用の承認を国鉄から得ていた。

たしかに都有地は、戦後、西口駅舎建設用地として、国鉄が払い下げを受ける予定になっていた。ところが国鉄は通勤通学の輸送力増強に迫られ、駅舎の建設まで手が回らず、断念することになる。つまり、安田が得た承認は（戦後のドサクサもあり）きわめて不確かなものだった。

最初の決着は営団の土地だった。ここは1955年（昭和30）頃、安田組からバラック店を買い取っていた経営者が多かった。さらにその転売も進んでおり、そのまま立ち退くわけにはいかない。交渉の末、占有者たちの「新宿西口協同組合」は、用地の一部❸を営団から30年間の借地権で借りることとなる。丸ノ内線の工事が始まっており、営団は早期解決を要していた。組合はそこに「新宿西口会館」を建設、1963年（昭和38）にオープンする（現・新宿パレットビル）。

さて都有地だが、紆余曲折があったものの最終的に都から払い下げを受けたのは小田急だった。国鉄など各交通機関の利用者が通行できることが前提だが、もう一つ重要な条件があった。不法占拠する店舗の立ち退きを小田急が遂行することである。1962年（昭和37）、小田急は都有地で営業していた店舗に対して、協力金を渡すことと西口広場（1966年完成）の地下店舗への優先入居を提示した。しかし受け入れない経営者も多く、交渉は難航した。裁判となり、すべての立ち退きが終わったのは1964年（昭和39）の秋だった。そして12月には小田急の駅ビル建設が始まり、1967年（昭和42）に、細長い「小田急百貨店」が開店する。

これらの経緯は『台湾人の歌舞伎町—新宿、もうひとつの戦後史』（稲葉佳子、青池憲司　紀伊國屋書店）にくわしい。そこには西口マーケットに店を持っていた台湾人について書かれている。同書によれば、日本の敗戦で苦難を強いられた台湾人はヤミ市からスタートし、やがて〝解放国民〟として自由を手に入れ、統制品を扱う特権を持ち、財をなしていく。西口以外にもビルや店舗を持つようになっていった。しかし、この頃、「新宿副都心計画」が定められ、淀橋浄水場が移転（1965年）し、跡地に超高層のオフィス街が誕生することになる。これ以上、西口に進展する余地は残されていなかった。しかし、「自らの才覚でここまで築いてきた彼らにとって、新宿は原点とも言える場所である。」（『同書』）

大ガードをくぐれば、すぐ歌舞伎町である。発展途上だが、娯楽の街として躍進が期待される——次なる展開を考えたとき、西口から近い歌舞伎町は迷うことのない新天地だった。こうして、台湾人の歌舞伎町への流入が進んでいった。

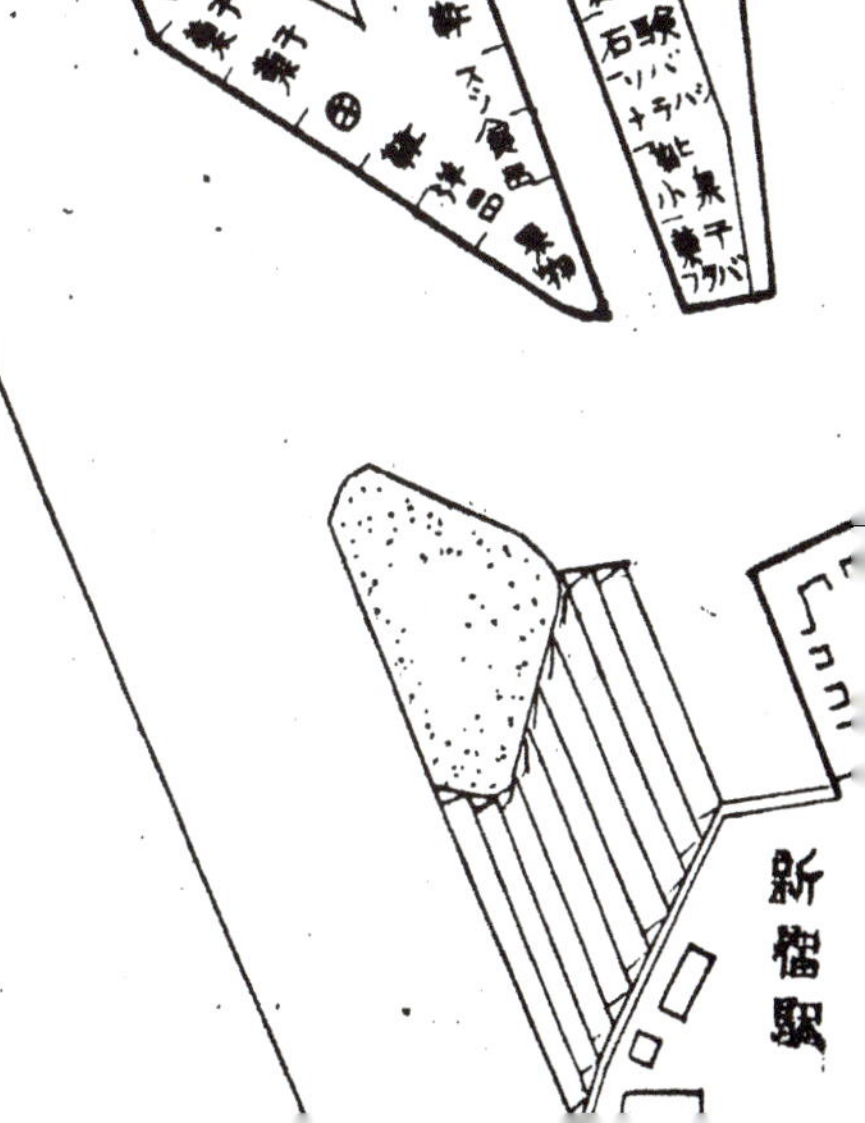

1959年（昭和34）頃の西口。小田急線乗り場はあるが、小田急百貨店はまだない。新宿歴史博物館蔵

1960年代半ば～70年代

歌舞伎町

歌舞伎町は、なぜ歓楽街となっていったか

現・新宿東宝ビル裏にある花道通りⓐ。戦後、「角筈」から改名した「歌舞伎町」にちなんで名付けられた道である。1950年代のマーケットの撤去に始まり、西口マーケットで商いをしていた台湾の人々は新天地を求めて花道通りに集まっていく。前項で紹介した『台湾人の歌舞伎町―新宿、もうひとつの戦後史』（稲葉佳子、青池憲司）には、その転移が記されていて興味深い。

台湾人の多くは花道通りの北がわに参集した。南がわはすでに「健康的な劇場街」を軸とした街づくりを鈴木喜兵衛らが進めており、例外を除いて、入る余地はほとんどなかった。戦前から実業家として活躍していた林以文《りんいぶん》は鈴木喜兵衛の構想に賛同し、すでに1947年（昭和22）に「地球座」（のち「地球会館」❶）を開館、1953年には婦人館を買収し、「新宿劇場」❷（現・ヒューマックスパビリオン新宿歌舞伎町）をオープンさせていた。また興行好きの林は東口のムーランルージュ劇場も買収していたが、こちらは赤字が続き、区画整理の話もあり、1951年（昭和26）に売却する。

さらに林以文は地球座の隣にあった観光交通館の買収を進めていた。しかし、韓国出身の高橋康友《こうゆう》の東亜興業との買収競争は高橋が獲得し、「東亜会館」❸となる。林以文、高橋康友は二人とも戦前に来日した留学生で、日本で実業家となり、戦後、歌舞伎町に進出していた。

話を戻す。花道通りに店を出した台湾の人々にとって、林以文は特別の存在だったようだ。すぐ近くに同郷の先駆者がいることは心強かっただろう。同書には彼ら台湾人華僑たちの花道通りでの躍進ぶりがくわしい。同書に解説されている「アシベ会館」、「風林会館」、「クラブ・リー」など彼らが経営したクラブや旅館、店を❹～⓬で示しておく。

土地の多くは借地だった。しかし借地権更新を迎えた20年後（1960年代）、土地購入に切り替える借地人が増加した。同書では「歌舞伎町が、鈴木喜兵衛が理想とした〝道義的繁華街〟から、風俗を中心とする歓楽街に様変わりしていった背景には、戦後二〇年を経て、土地の権利関係が変わり、資材不足の時代に建てられた建物が建て替えの時期を迎えつつあったことも影響している。」と指摘している。

1960年代後半、建て替えで古い店舗や家屋が壊されてビルになり、貸しビル業が急増する。建て替えに際し、住まいを郊外に移す所有者も多くなった。また土地が高騰したため売り払い、歌舞伎町から離れてしまう人もいた。それらの

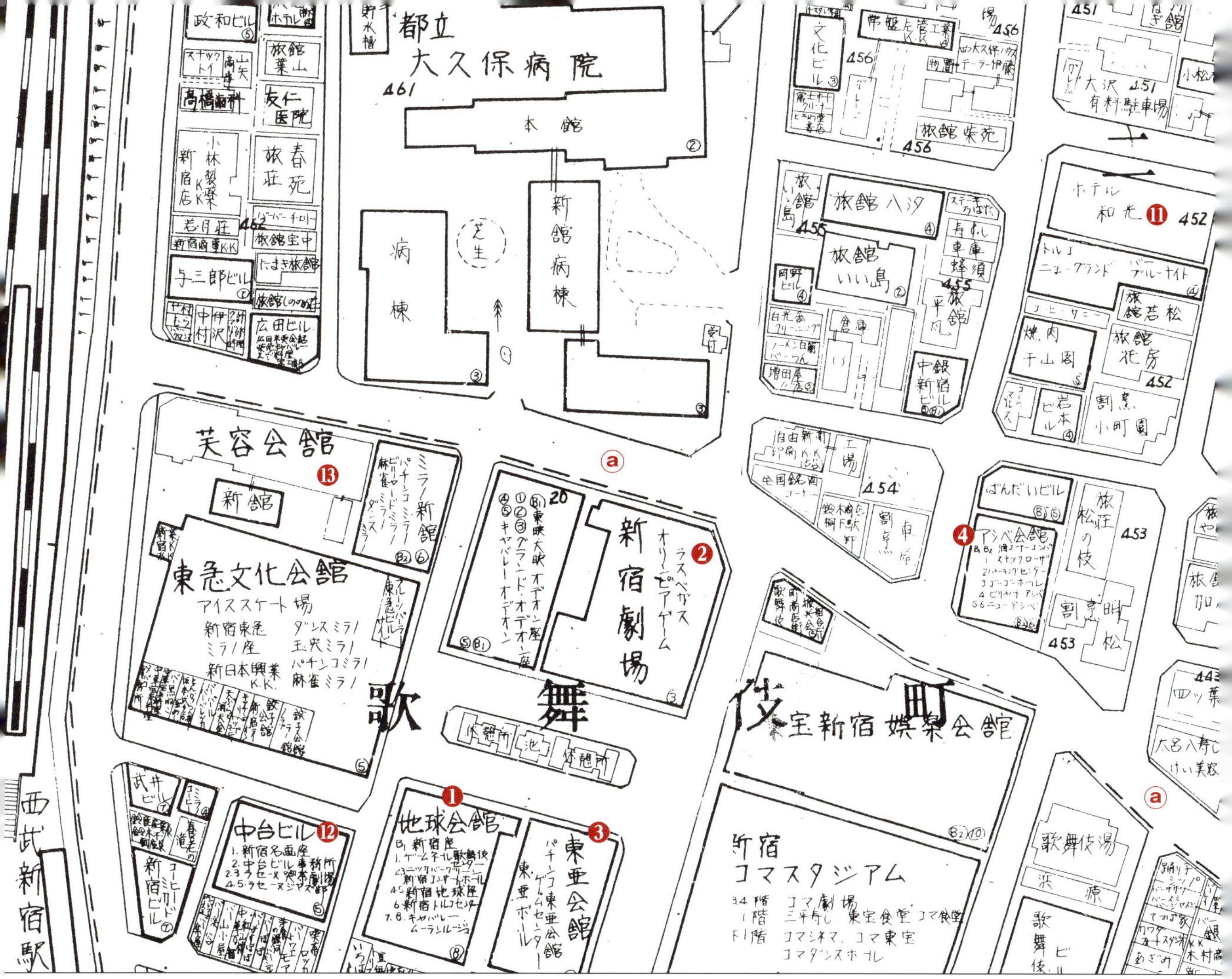

『全住宅案内地図帳　新宿区』1970年（昭和45）住宅協会地図部

跡地に建てられた貸しビルに飲食店やバー、ピンク系サロンなど風俗店が無制限に入っていくことになる。

裏社会についても述べておこう。歌舞伎町を仕切っていたのは小金井一家である。江戸末期から明治にかけて名を馳せた侠客・小金井小次郎を始祖におく。一家を引き継いだのは平松兼三郎。戦後の復興に力を注いだ人物だが、小金井同様、歌舞伎町の土地使用には関心がなく、他の組織が求めるままに縄張りを使わせた。のちに他グループとともに二率会《にびきかい》（平成13年解散）を名乗るが、組織同士、トラブルになった場合は治める力はあった。

歌舞伎町は混沌としていたが秩序はあった。おおらかさがあった。平松らが土地の利権に興味を示さないのは、自分たちは正当な博徒だという誇りがあったからという。一方、この誇りが歌舞伎町の混沌に拍車をかけたとする指摘もある。

余談だが私の友人（故人）に祖先が小金井小次郎の身内という人がいた。当時、小金井小次郎が何者かさえ知らなかったが、その身内の方が作ったという俳句を教えてもらった。

ここまでと　棒で弧《こ》をかく　花の下

うろ覚えだが、テキ屋が桜の樹の下で「ここからは入っちゃいけないよ」と啖呵売《たんかばい》をするのどかな光景である。いま思えば、小金井一家のおおらかな一面が表れているようだ。

❹アシベ会館

1968年（昭和43）、黄萬炭（こうまんたん）が開館。すでに新宿にはジャズ喫茶「ACB（アシベ）」があったため、「ニューアシベ」とした。5～6階に600規模のホールがあり、ライブハウスやゴーゴーホールとして人気だった。現在は地下2階がアシベホール。

⓬中台ビル

1956年（昭和31）、完成。留学生の李合珠（りごうしゅ）が経営。李は「中台式パチンコ」を開発し、製造販売した。

⓭芙蓉会館

鈴木喜兵衛から歌舞伎町の街づくりを引き継いだ藤森作次郎が建設。1947年（昭和22）の開業時は芙蓉館という旅館だった。

1960年〜1970年
歌舞伎町

路上でキャッチボールができた歌舞伎町

1960年代、歌舞伎町にキャバレーやダンスホールはあったが、ネオンがきらめく中、どこか落ち着きを保っていた。

「コマ劇場」❶へ向かう歌舞伎町中央通り（セントラルロード）に「にいむら」❷がある。いまはしゃぶしゃぶ店だが、当時はとんかつ店だった（現在とんかつ店は西武新宿駅寄りで営業）。創業は1961年（昭和36）、当時、新村康敏さん（現・店主）は中学生だった。

「通りには木造二階建てが並んでいた。下が店舗で、上が住まい。二階の裏には物干し場があってね。学校から帰ったら、友達と道路でキャッチボールして遊んでいました」

にいむらの近くにロシア料理店「スンガリー」❸がある。加藤登紀子さん一家が戦前に暮らした満州（中国東北部）ハルビンを流れていた川、松花江のロシア語読みが店名由来という。引き揚げ後、登紀子さんの両親、加藤幸四郎と淑子（二人とも故人）が新橋で創業するが1960年（昭和35）、歌舞伎町に移る。質店の地下倉庫で客席は20坪ほどだった。

私の兄がコック見習いをしていて、高校・大学時代、上京のたびに店に行った。加藤夫妻にも会ったが、親切でやさしいお人柄だった。ボルシチやペリメニをご馳走してくれた。

兄のアパートはやや離れた十二社《じゅうにそう》だった。泊めてもらうため、勤務が終わるまで歌舞伎町をぶらぶら歩き、噴水そばのベンチや喫茶「蘭」❹、ときには銭湯「歌舞伎湯」❺で時間を潰した。ミラノ座そばの喫茶店にも入った。

兄の本棚の中に1冊の本があった。いま読み返してみると、こんな一節があった。20歳のボクサー・新宿新次が雨に濡れたまま、歌舞伎町の喫茶店に入って行く。

新次が、ミラノ座横の喫茶店「トップ」に入ってゆくと、ボーイはまるで、殴り込みをかけられたように目を剥《む》いた。

（『あ、荒野』寺山修司　角川文庫）

もしかすると、私が入った喫茶店は「トップ」❻だったのか。いずれにしろ、17、18歳の未成年が夜ぶらついていても、被害を被ることはなかった（同じ頃、同じ場所で、草思社のKさんはカツアゲされたという）。路上での喧嘩はしばしば遭遇したが、安全な場所と感じていた。

ただ同じ時期、すでに暴力スナックバーが相次いで摘発されていたらしい。明るい新宿を取り戻そうと、「新宿明朗推進会」が設立されたのは、1970年（昭和45）1月である。

名曲喫茶「スカラ座」❼と「珈琲王城」❽。1964年（昭和39）撮影。新宿歴史博物館蔵。

❸スンガリー

歌舞伎町の店は1973年（昭和48）に西武新宿駅前に移転した。1967年には西口スバルビルに西口店をオープン、現在は新宿三丁目で営業している。

❺歌舞伎湯

広い銭湯だった。デザイナーの舘鼻則孝氏（レディ・ガガの専属シューメーカー）は、この銭湯を営む家系に育った。

❼名曲喫茶スカラ座

創業1954年（昭和29）。落ち着いた雰囲気で多くの愛好者がいたが2002年（平成14）に閉店。翌年、小田急エース地下で再オープン。2015年に惜しまれつつ閉店。

❾古書一草堂

明治物の奇書珍書、絶版書を扱っていた古書店。現在は一草堂ビル。

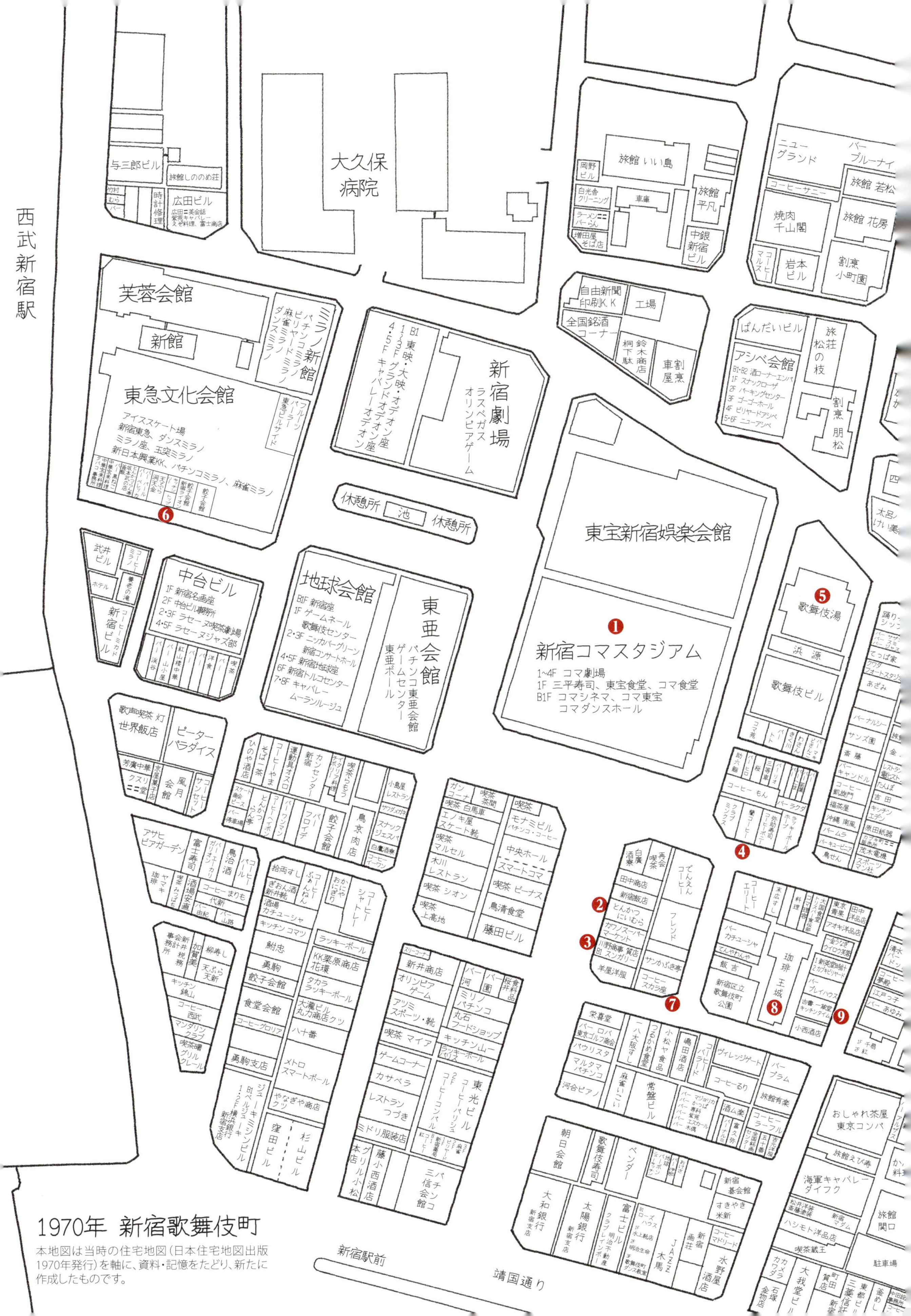

1970年 新宿歌舞伎町

本地図は当時の住宅地図（日本住宅地図出版1970年発行）を軸に、資料・記憶をたどり、新たに作成したものです。

1950年前後〜70年

バンドマンの集合場所だった新宿駅南口

新宿駅南口

1970年（昭和45）の南口（甲州街道口）周辺の地図。フーテンやヒッピーの集う「風月堂」❶（p68参照）、東映任侠映画の上映館として伝説にまでなった「新宿昭和館」❷などがある。いずれも時代を席巻した場所だが、ここでは南口のべつの面を取り上げてみよう。時代は地図より少し遡る。

歌手の小坂一也は中〜高校生の頃（1950年代）、京王線の明大前に家があった。高校生のときバンドに入っており、米軍キャンプの仕事もあった。電車で行く場合と車（幌付きの大型六輪トラックや中型トラック、バス）が迎えのときがあった。府中、立川方面は新宿の南口、甲州街道口❸周辺がピックアップ（集合場所）。木更津や習志野、白井方面のときは東京駅だった。座間や厚木の基地へは電車が多かったらしい。

> バンドボーイを兼任していた私は、集合時間より三十分は早く行って、前夜から置いてある駅前の〝手荷物一時預り所〟から楽器を受け出して置かなければならない。（『メイド・イン・オキュパイド・ジャパン』小坂一也 河出書房新社）
>
> 京王線の改札口を出ると、甲州街道ⓐが目の前に広がる。甲州街道が右へゆるやかに下りはじめるその道路っ端に、「手荷物、一時預り」と書かれた掘っ建て小屋が、四、五軒並んでいる。昨夜、定期入れにしまって置いた預り証を確かめ、一軒の店先に立つ。（『同書』）

バンドマンだけでなく、〝ショウタイム〟に出演する芸人たちも車に乗り込む。マジックショーに使うための大きな木箱や年代物のトランク、布をかぶせた鳥かごが南口に並ぶ。荷物が山積みとなり、道をふさぐほどだったという。

またバンドマンを集める〝拾い〟という仕事も同じ場所で行われていた。当時の甲州街道口は、さながらフェリーニの世界だったと小坂一也は述懐している。

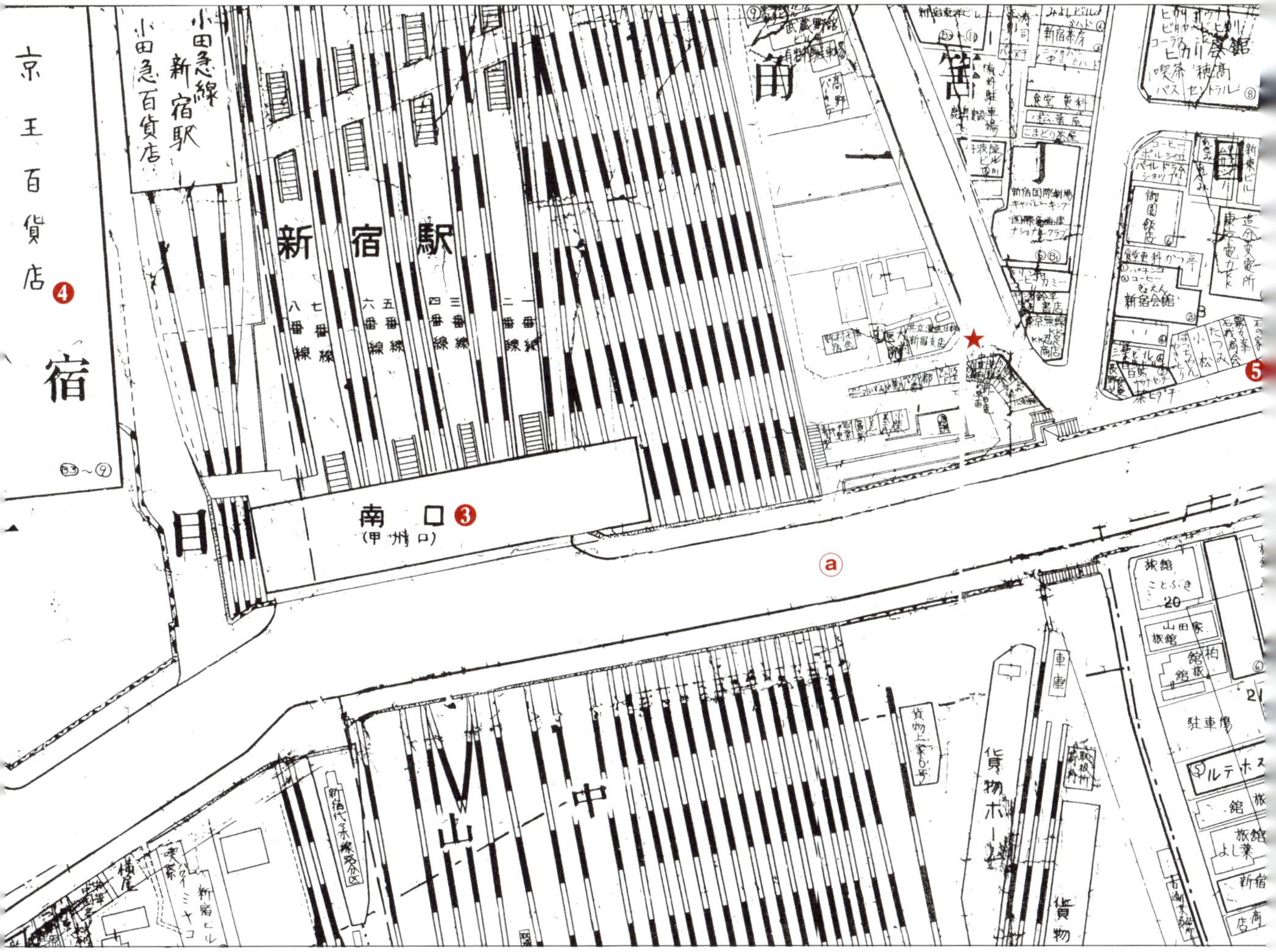

「全住宅安内地図帳」1970年(昭和45)作図　公共施設地図航空株式会社

❷新宿昭和館

1932年(昭和7)開館だが、戦時中に建物疎開で取り壊された。1951年(昭和26)再築し、当初は洋画を上映、のちに新東宝封切館になる。1965年(昭和40)から東映任侠映画の上映を始めた。昭和館地下は主に成人映画を上映していた。

❹京王百貨店

1964年(昭和39)、京王帝都電鉄新宿駅のビルに開店。1966年、全国の駅弁約30種を集めて即売会を行う。現在も「元祖有名駅弁と全国うまいもの大会」として続く。

❺石の家

1950年代創業の中華居酒屋。いまもファンが多い。

❻ACB(アシベ)

松井ビルの地下にあったジャズ喫茶(実演=ライブ店)。尾藤イサオや麻生京子、ブルージーンズらが活躍。1960年代後半にはジュリーのタイガースも出演、ファンが押し寄せた。

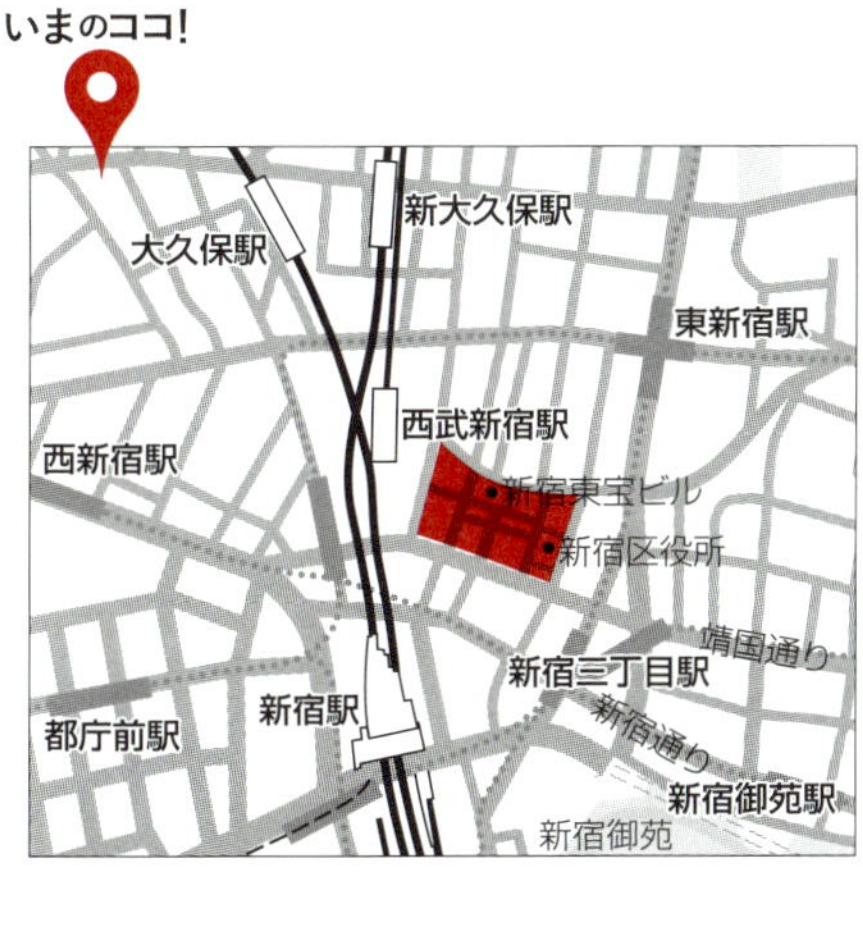

1987年(昭和62)の東南口。後方に小田急、手前に大村医院があり、撮影は地図の★地点からだろう。ここもハーモニカ横丁と呼ばれていた。写真手前に「手荷物預り所」の看板がある。文中の「手荷物、一時預り」の名残かもしれない。新宿歴史博物館蔵

1960年代後半〜70年代前半

反戦デモ、花園神社の紅テント、ジャズ喫茶

新宿東口・新宿通り・靖国通り

次ページをめくると、1968年(昭和43)の新宿地図である。新宿通り、靖国通りを南北に、西は国鉄(現・JR)山手線、東はほぼ明治通りまでを区切りとした。

この年、新宿東口駅前の3・3㎡あたりの地価(900万円)が、銀座四丁目(500万円)を抜いた。東京の賑わいの中心が新宿になったことを示す数字といえる。

同じ年、無軌条電車が廃止となった。亀戸―池袋―新宿―渋谷―品川を走るトロリーバスである。1955年(昭和30)から都民の足として親しまれて走っていたが、大型バスの登場で採算が合わなくなり、姿を消すことになった。

1968年10月21日は国際反戦デー。60年代半ば、ベトナム戦争にアメリカが積極的に介入し、世界中で若者の反戦運動が沸き起こっていた。各大学で結成された全共闘が新宿駅に集結し、線路やホームを占拠、ジグザグデモのうねりが駅を埋め尽くした。ホーム上にバリケードが築かれ、火が放たれた。デモ隊だけでなく野次馬も中に入り、暴徒は2万人を超えたという。22日深夜、騒擾《そうじょう》罪が適用され、新宿騒乱事件と名付けられた。

1960年代、新宿は様々な動きがぶつかり合っていた。映画、演劇、音楽、アート、写真――その熱が磁場を生み、磁力に引き寄せられるように新たな動きが噴出した。

1969年(昭和44)、大島渚の映画『新宿泥棒日記』が製作される。主演は横尾忠則、「紀伊國屋書店」❶での万引きシーンがある。横尾はのちのインタビューでこう語る。

僕が主役ということにはなっているけれど、本当の主役は新宿だなと思ったんですよ。新宿という都市が主役だと思ったら自分も気が楽じゃないですか。(『あ、新宿―スペクタクルとしての都市』早稲田大学演劇博物館)

『新宿泥棒日記』には、紀伊國屋書店店主・田辺茂一や状況劇場の唐十郎も出演している。状況劇場は1963年(昭和38)に旗揚げ、67年に「新宿・花園神社」❷に紅《あか》テントを立て、「腰巻お仙―義理人情いろはにほへと篇」を上演、のちに続く紅テント興行の幕開けとなった。しかし1年後、公序良俗に反するとして境内の使用が禁止される。そして69年正月、都の中止命令を無視し、新宿西口公園に紅テントを立てて上演。機動隊に包囲されながらの決行だった。

1960年代後半から70年代前半、「状況劇場」のほか、寺山修司「天井桟敷」、佐藤信、津野海太郎らの「黒テント」が街の中に演劇空間をつくっていた。「天井桟敷」は67年(昭和42)旗揚げ、同年、第3回公演には「アートシアター新宿文化」❸で『毛皮のマリー』(マリー役・丸山明宏=現・美輪明宏)を上演している。69年(昭和44)に渋谷並木橋に天井桟敷館を開館するが、この年、唐十郎および状況劇場メンバーと大喧嘩、乱闘事件となり、双方9名が現行犯で逮捕される。状況劇場公演の初日、寺山修司が祝儀の花輪を葬式用のものにしたこと(ユーモアのつもりだったらしい)がきっかけだった。ただそれ以前に、天井桟敷の旗揚げ公演で、状況劇場から中古の花輪が送られたこともあったという。

同じ69年、新宿駅西口地下広場で反戦フォーク集会が始まった。地下広場で毎週土曜日、ギターを抱えた若者が反戦歌を歌うと、通行人や学生たちも歌い出し、広場は人で埋まった。フォークゲリラと呼ばれるようになり、警察は〝広場〟

改装前の新宿武蔵野館。推理劇場の「推」の字が見える。「菓子とパン」とあるのは「食堂　明治」の菓子部⓮だろう。「オペラハウス」⓯とともに次ページ地図に記されている。1966年（昭和41）撮影。新宿歴史博物館蔵

❸アートシアター新宿文化
（p58参照）

❹新宿武蔵野館
改装以前の「武蔵野ビル」地下には「武蔵野推理劇場」があった。

❼アカシア
洋食屋とジャズ・バーが並んでいた。ロールキャベツが人気で、現在もレストランとして営業。

❽DUG
数度の移転を経て、現在は靖国通り沿い「新宿ピカデリー」隣のビル地下1階で営業。

❾びざーる
北野武が学生時代によく訪れアルバイトもした。その後、ヴィレッジ・バンガードでもアルバイト。連続射殺事件の永山則夫が、犯行後、ヴィレッジ・バンガードで働いていた。北野が早番、永山が遅番だったという。びざーるは健在だがジャズ喫茶ではなくなった。

⓬風月堂（p68参照）

⓭新宿ローヤル劇場
日本一安い劇場と称して、1本50円で上映。洋画のアクション映画専門。J・フォード監督『騎兵隊』などが上映された。

ではなく〝通路〟であるとし、機動隊とともに西口広場からの追い出しを敢行する。69年6月、抵抗する群衆は機動隊と激突するが、結局、排除されてしまう。その後、西口地下広場の正式名称は西口地下通路に変えられた。

60年代に改築された建物も多い。

1964年（昭和39）、前川國男設計で、地上9階・地下2階の紀伊國屋ビルが竣工した。紀伊國屋ホールが開場し、「1階ひろば」と呼ばれる通路ができた。

武蔵野ビルが改装され、「新宿武蔵野館」❹として再オープンしたのは1968年（昭和43）12月。学生時代、村上春樹は小さなレコード屋でアルバイトをしていた。場所は武蔵野館の向かいだったが、「当時はまだ武蔵野館はなかった。隣りのビルの地下には「OLD BLIND CAT」と言うジャズ・バーがあって、仕事のあいまによくそこで酒を飲んだ。」（『村上朝日堂』新潮文庫）と書いている。ちょうど武蔵野館は工事中だったと思われる。「THE OLD BLIND CAT」❺は65年創業のバーで、現在も営業している。

60年代、新宿はジャズ喫茶の王国だった。

1961年（昭和36）、20代の中平穂積は二幸の裏に「DIG」❻をオープンする。「アカシア」❼の3階だった。続けて67年には紀伊國屋書店の裏口そばのビル地下に「DUG」❽を開店する。そのほか「ジャズ・ヴィレッジ（歌舞伎町）」「ヴィレッジ・バンガード（歌舞伎町）」「ポニー」（コマ劇場横）、「びざーる」❾、「木馬」❿、「ヨット」（要通り）、「キーヨ」（二丁目三光町大通り）、「汀《なぎさ》」（ヒカリ会館裏）……。当時、新宿に点在したジャズ喫茶だが、いまはDUG（靖国通り）のみとなっている（ライブハウスの「新宿ピットイン」⓫は新宿二丁目に移ったが健在である）。

新宿区役所
東京相互銀行 新宿支店
都交通局 新宿電車営業所分室
平和生命 新宿支社
東京電力 角筈変電所
花園神社
2
東京大飯店
花園ビル
高島屋旅館
高島屋ビル
中田ビ
小菊ビル
神戸B
京友ビル
貿店
金剛苑
都交通局 新宿電車営業所
同栄新宿ビル
同栄信用金庫 新宿支店
日本信託銀行 新宿支店
朝日生命館
三光町
新宿地区警備派出所
同和火災海上保険 新宿支店
船越ビル
三光町ビル
KKサンスイ
読売広告社
フランスベッド 他
北陸銀行
専用車庫
常陽銀行 新宿支店
白鳳ビル
野村証券用地
レストラン
松村
神戸銀行 新宿支店
同和興業ビル
松竹センター
スカイ・リオ
新宿ピカデリー
新宿松竹名店街
喫茶新宿苑
上十ビル
明治生命 新宿支店
伊勢丹会館
日本勧業銀行 新宿支店
三光町
8
DUG（地下）
カワセビル
伊勢丹パーキングセンター
伊勢丹新館
クラブハイツ
テアトル新宿
伊勢丹別館
新華中華
江戸っ子寿司
美むら寿司
パチンコ赤玉
栗橋ブラザーズ
北海道拓殖銀行 新宿支店
3
新宿文化ビル
アートシアター新宿文化
アンダーグラウンド蠍座
丸井新宿店別館
11
ピットイン
マルミ百貨店
京王ビル
川元ビル
とんかつ
田川割烹
富士ストア洋装
盛成堂
マルミ百貨店
マルミ食堂
沢藤毛糸店
富士洋装店
アメリカ屋靴店
小野田洋品店
マツダ時計
料理松葉
あかねや
カフェ・ドレ・レストラン
モン・シェールコーヒー
紅屋婦人服
アジヤ靴店
新宿三郵便局
伊勢丹
日典証券伊勢丹店
日本交通後者伊勢丹出張所
プレイガイド伊勢丹店
清水建設事務所
三井銀行 新宿支店
新宿大映
シネマ新宿
新宿東宝
新宿スカラ座
新東地下劇場
銀座アスター
新宿東宝バッティングセンター
とかふきつる
喫茶イプセン
バーロア
旅館
文園
バー エルザ
バー マム
喫茶リイベ
みよし
バー ワン
バーホースネック
新宿末廣亭
みのるバー
わかくさバー
バー 栄屋
コーヒーダイキ
撞球ハヤシ
割烹 梯
島田青果店
船や割烹
栄寿司
新世界パチンコビリヤード
鈴木医院
永楽質店
喫茶バルマ
明治通り
高野装飾
宮内カバン
新宿モーリ
洋品三共
ローヤル靴店
村田産婦人科
アメリカ屋靴店
壮文喫茶
オリンピック靴店
文明堂カステラ
みどりや洋装店
鈴木写真機店
池田屋書店
サロン夢の園
鴻幸園中華料理
加藤果実
亀井鮨
茶房青蛾
バーランプ
こいさん
大阪屋酒店
むらさきや洋品
新宿東京会館
グリルすがぬま
第一銀行
天ぷら船橋屋
もとはし和菓子
とんかつ梅林
蓬莱薬局
とんとん亭
吉田屋
クラブシャンタン
いこい
天ぷら つな八
バースコス
バーモナミ
バーボルタ
コーヒーメトロノーム
バーグロリア
新宿ゲームセンター
日活劇場
日活名画座
三菱銀行 新宿支店
らんぶる
いずみ
高久テラー
学大棲
日本交通公社新宿ビル
不二家
江口証券 山本ビル
12
ラーメンたぬき
鉄板焼
バーエル
ツバキ
かっぱ
コーヒーリオ
風月堂
コーヒー菓子
吉野寿司
コーヒーウィーン
バー水車
喫茶プリンス
新宿三越モータープール
関亭焼肉
ふぐ松 ふぐ料理
スーパーニール
えびス

1968年 新宿駅東口周辺

靖国通り・新宿通り

本地図は当時の住宅地図(日本住宅地図出版1968年発行)を軸に、資料・記憶をたどり、新たに作成したものです。

1980年代

新宿鮫、不夜城ワールドの前後

靖国通り・区役所通り

歌舞伎町、新宿が舞台となった小説といえば、大沢在昌の『新宿鮫』、馳星周の『不夜城』のシリーズだろうか。ヤクザや中国人マフィア、外国人犯罪者などが交錯するハードボイルド、ノアール小説である。『新宿鮫』は1990年（平成2）、『不夜城』は1996年（平成8）の登場だった。

この時代、新宿はたしかに急激に変わってきていた。ニュースで、歌舞伎町での「青龍刀事件」が報じられた。1994年（平成6）、上海マフィアと北京マフィアの抗争である。

それ以前にも新宿の変化はあった。1973年（昭和48）に靖国通りの地下に「サブナード」❶ができた。翌年、都電廃線跡にできたのが遊歩道「四季の路」❷。70年代後半には西口で超高層ビル建設が始まる。そして80年代半ばからのバブル期、変化は向きを変え、その方向は決定的になる。

なかでも歌舞伎町の変貌は大きく、地上げの突き上げで昔からの店主の多くが土地を売却、立て続けに去っていった。1985年（昭和60）には新風営法が施行され、営業時間が午前0時（東京は条例により午前1時）までと定められ、その影響で廃業に追い込まれるバーや料亭が出てきた。一方、法のすき間をくぐった性風俗店が増えていき、覚醒剤や売春、暴力団がらみの事件が頻発するようになる。

ディスコブームもあった。70年代後半から巻き起こり、80年代には人気店が増大する。東京を代表するディスコの一つがテアトルビル5階の「ツバキハウス」❸だった。

街の遊戯施設として特記されるのはゲームセンター（ゲーセン）である。1978年（昭和53）、「スペースインベーダー」が社会現象になり、さらに1983年（昭和58）、任天堂が発売したファミリーコンピュータによってファミコンブームが沸騰する。新宿でも多くのゲームセンターが開業した。

これらのブームと反比例して次々と消えていったのがデパートの屋上遊園地だった。新宿伊勢丹は、1955年（昭和30）、屋上に木馬、ムーンロケットを設置、のちには小動物園もできている。それらすべてが1991年（平成3）に撤去される。全国のデパートも同様だった。消防法改正で屋上の半分を空き地（避難場所）にする義務が生じたこと、当時、テーマパークが各地にできていたこともあった。

いずれにしろこの時期を境に、新宿は大きく変貌した。

演出家・高平哲郎にはある思い出がある。小松政夫の呼びかけで雑誌の記事広告に参加した。赤塚不二夫、ケーシー高峰、小野やすし、長谷川法世、小松政夫とともにコマ劇場裏のすっぽん料理屋に招待され座談会を行う。終わってそれぞれ封筒を貰い、外に出ると、赤塚さんが聞いた。

「みんな幾ら入っている?」

全員が封筒の中身を数えた。一人十五万円が入っていた。全員、ほんとに喜んだ。赤塚先生が言った。

「よし! あんまり嬉しいからみんなでスキップして柳街まで行こう!」

中年の男たち六人は、コマ裏通りから区役所通りを右に曲がり柳街のバーまでスキップを踏んで行った。ぼくの歌舞伎町はそのあたりで終わった。まだ馳星周の歌舞伎町ではなかった頃だ。（『銀座の学校・新宿の授業』高平哲郎スラップスティック選集① ヨシモトブックス）

歌舞伎町に幸せな時間があった時代である。

文中の「スキップのコース」を→で示した。
〈ゼンリン住宅地図「新宿区」1989年（平成1）〉掲載にあたり、筆者が加工したものです。

いまのココ!

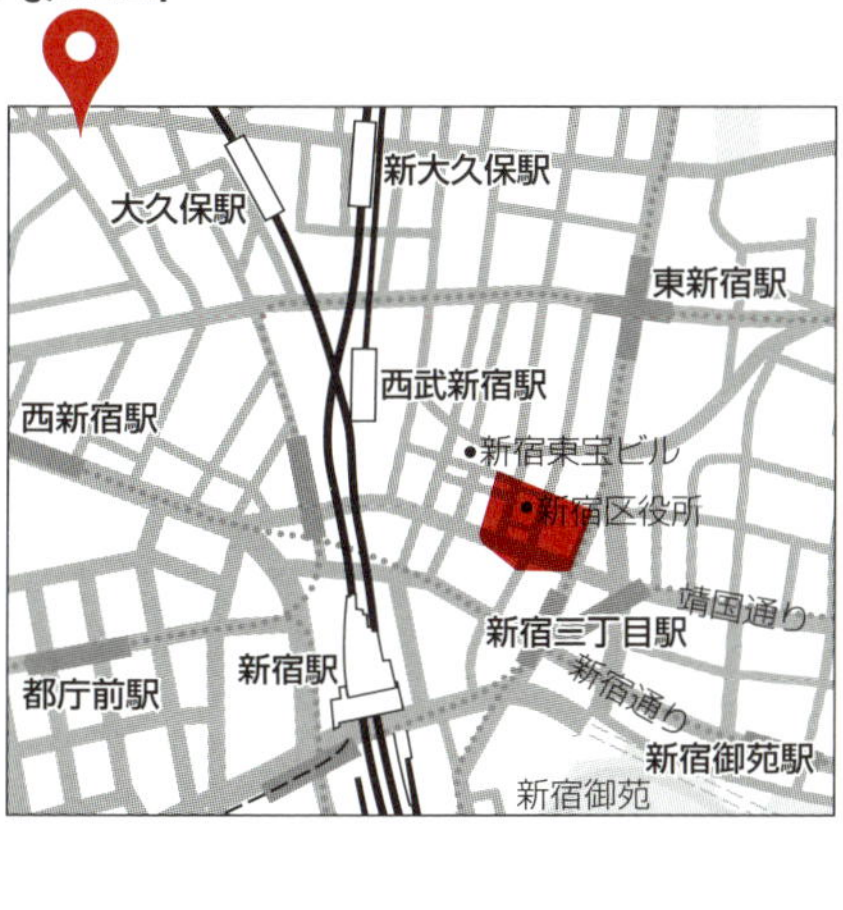

伊勢丹の屋上には、1991年（平成3）まで家族で楽しめる乗り物があった。撮影は1963年（昭和38）。新宿歴史博物館蔵

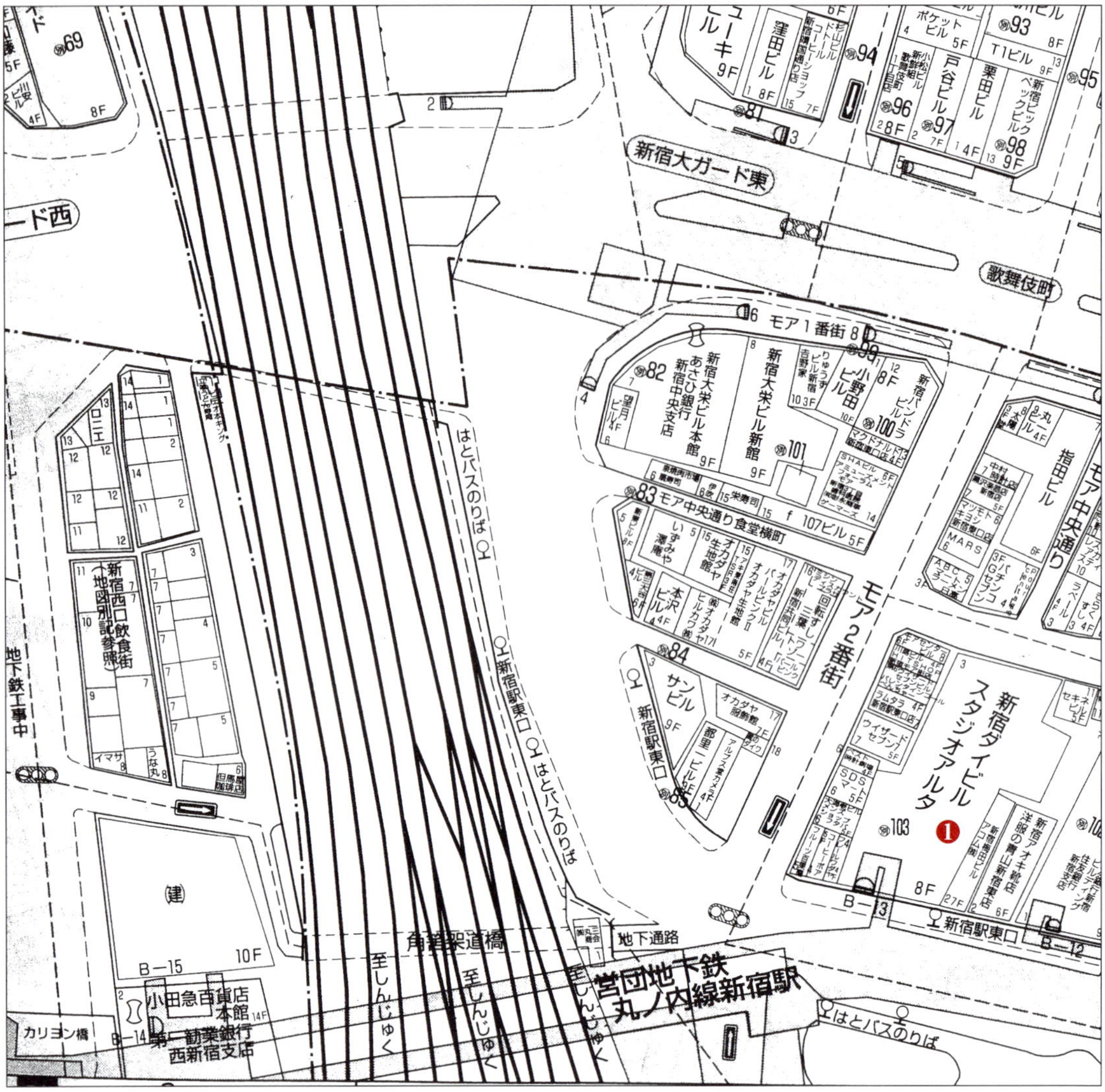

「ゼンリンの住宅地図　新宿区」2001年（平成13）の新宿駅東口エリアを筆者が加工したものです。

運送店からアルタシアターまで

「森田一義アワー 笑っていいとも！」（フジテレビ）の最終回は2014年（平成26）3月31日だった。言うまでもないが、1982年（昭和57）にスタートした公開生放送である（地図は番組が続いていた2001年発行）。収録はスタジオアルタ❶で行われ、アルタ前は待ち合わせ場所にもなった。

スタジオアルタのビル竣工は1979年（昭和54）、当時の名称は「新宿情報ビル・スタジオアルタ」だった。ビルの壁面には、日本初という大型街頭ビジョンが設置された。

どの繁華街も複雑な歴史をもっているように、スタジオアルタの場所もいくつかの変遷がある。

明治期、この場所にできたのは中西運送店だった。新宿駅ができ、貨物輸送の必要が増大することが見込まれた。店先の横には赤レンガの倉庫があったという。

関東大震災後に駅舎が新しくなると、ビルに改築。1925年（大正14）、ここへ三越百貨店が開店する。大震災で日本橋本店が燃え、すぐに新宿追分交差点近くでマーケットを開いたのちの移転だった（p16参照）。

三越はさらに1930年（昭和5）、大通りの武蔵野館（現・ビックロ）を買収し移転する。あとに移って来たのが二幸食品デパート、三越が出資していた会社だった。

その後、二幸からスタジオアルタになるのだが、さらに「笑っていいとも！」終了2年後、体感型3D上映システムなどを備えた劇場「アルタシアター」となった。

4章

東京オリンピックの前と後

渋谷・原宿　戦後篇

昭和20年代の表参道。空襲で焼失したケヤキ並木が植え直され、育っている。白根記念渋谷区郷土博物館・文学館蔵

昭和20年代

道玄坂下

ヤミ市の争いから市街戦に—渋谷事件

写真は敗戦直後、渋谷駅前広場のヤミ市❶。現在の「ビックカメラ渋谷ハチ公口店」辺りである。その向こう、三叉路正面は現在の「SHIBUYA109」、地図では❷の場所になる。この三角地帯（p92参照）や、道玄坂下北がわの「味楽街」（現・三千里薬局辺り）❸もヤミ市だった。また地図エリア外となるが、渋谷駅東口の「渋谷第一マーケット」（現・渋谷ヒカリエ辺り）、大和田町の「大和田マーケット」（現・渋谷マークシティ辺り）もヤミ市として賑わった。

地図は1949年（昭和24）作図のもので、敗戦直後に比し、やや落ち着いた頃である。なお、ヤミ市のバラックなどが不法建築物として撤去されていくのは、「渋谷駅前整備計画」が着工する1950年（昭和25）からである。

話を敗戦直後のヤミ市にもどそう。戦争直前に始まった購入割当と配給制度は、戦後も続いたが、当然、それだけでは食料は足りない。東京では新宿や新橋、上野、池袋、吉祥寺、三軒茶屋、渋谷などでヤミ市が立った。公定価格より高いヤミ値だったが、警察は黙認（むしろ、後押し）し、人々は物資を確保しようと押しかけた。

地図にある「藤田セトモノ」❹は、34ページで紹介した本好きの少女・佳代の嫁ぎ先である。1945年（昭和20）秋、佳代の家族は、瓦礫となった焼け跡の中、ボール紙や焼トタンを材料にバラックを建て、再起の第一歩とした。

藤田佳代は道玄坂下のヤミ市を、こう記述している。

> 干芋、落花生、芋あめ、石鹸、古着を仕立直した簡単服など、日用品と名のつくものは地面に敷いた荒莚《むしろ》の上に並べられて、粗野な男達の野太い声が終日騒がしかった。中でも銀めしと呼ばれた白米のお握りは禁制品であるにもかかわらずかなりの人気を呼んでいた。（『渋谷道玄坂』彌生書房）

白米やゴム製品は禁制品だったため日本人は扱うことができず、おもに台湾出身者によって売られていた。彼らは戦時中、日本兵として参戦し、戦後はGHQから日本人と同じ規制を受けていた。しかしやがて

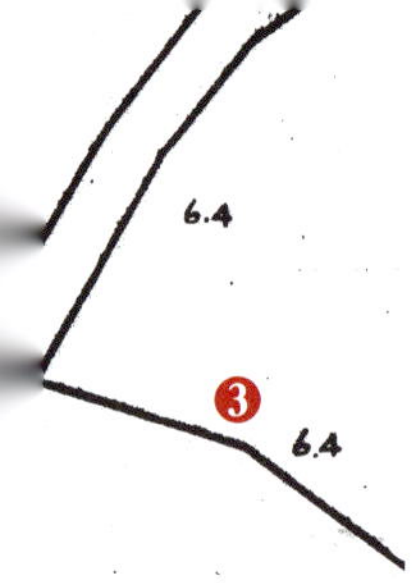

渋谷駅前広場のヤミ市。敗戦の年、1945年（昭和20）撮影。まだちゃんとした建物は少ない。一方、地図はこの4年後の作図のため、店舗などの様子がわかる。白根記念渋谷区郷土博物館・文学館蔵

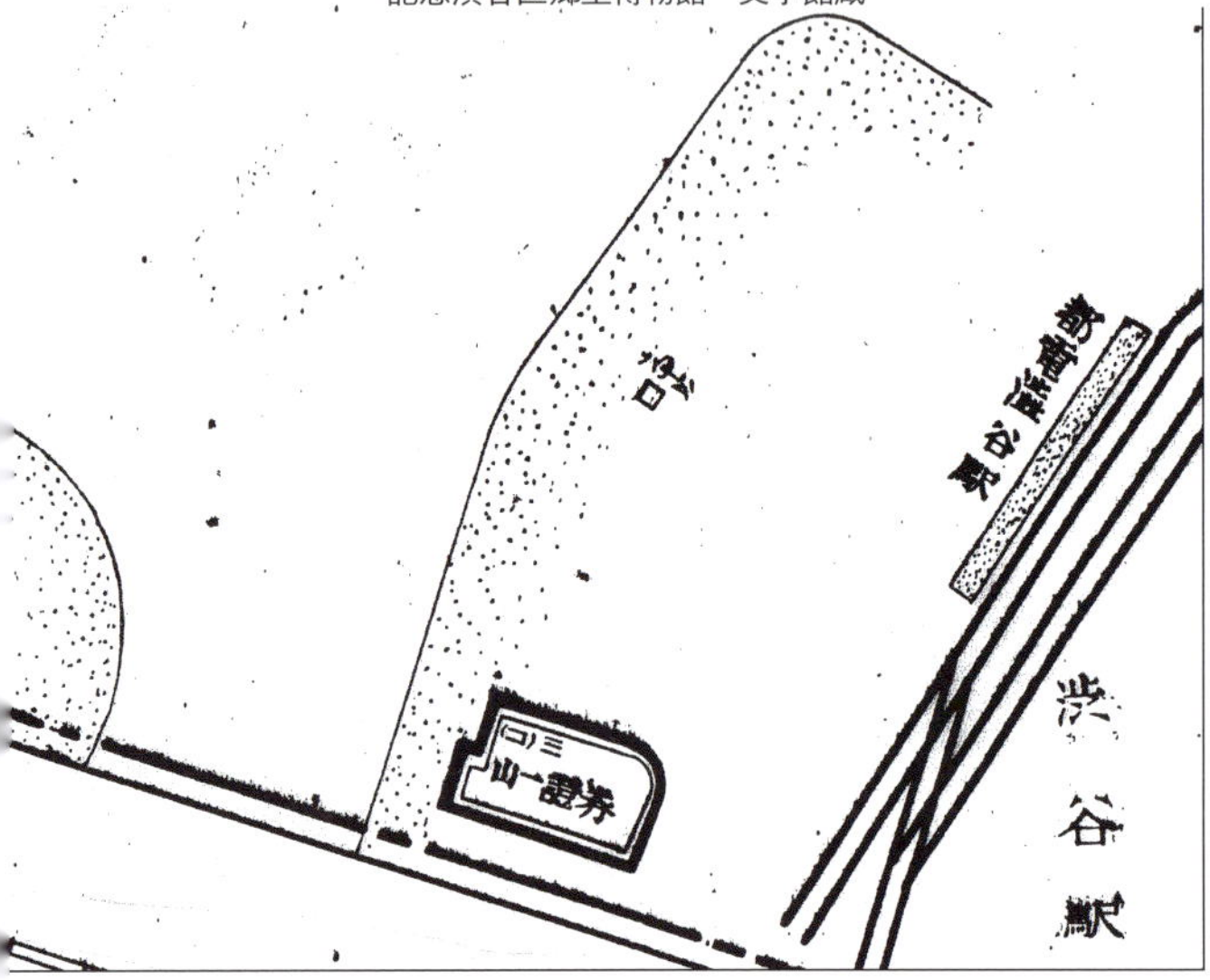

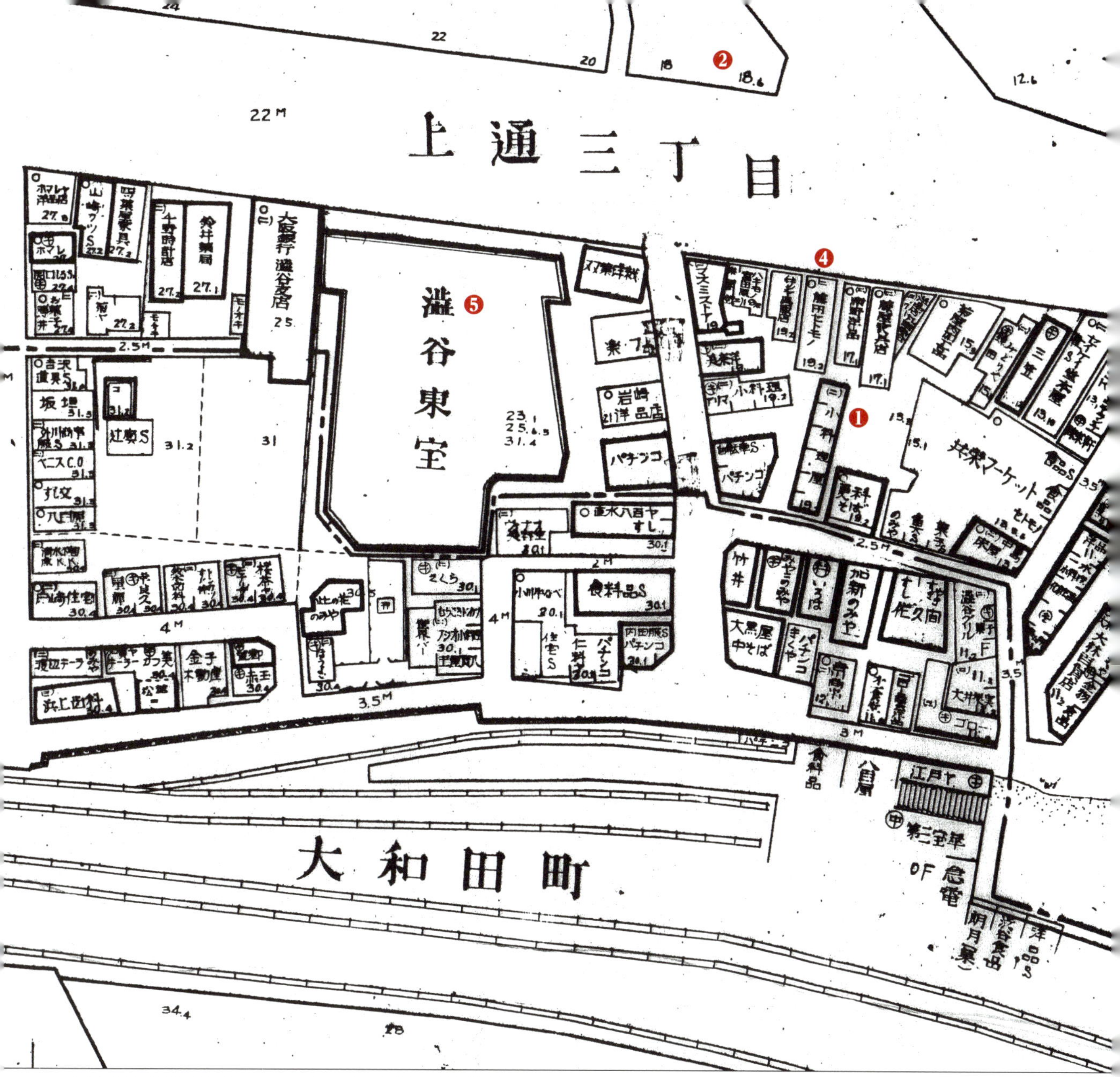

火災保険図「渋谷駅付近No.1」1949年（昭和24）10月作図　都市整図社

〝解放国民〟として統制品を扱う特権を持つようになり、力をつけていく。そして、彼ら台湾華僑と呼ばれる人々と、渋谷警察、さらにはテキヤとの軋轢《あつれき》は高まり、日に日に衝突が増していく。

そんなとき、新橋駅の「新生マーケット」をめぐる松田組と台湾華僑の利権争いが表面化し、松田組のトップが射殺される事件が起きる。これを契機に、各所で争いが起き、1946年（昭和21）7月19日、渋谷駅前と渋谷警察署前で、台湾華僑と日本の警察による市街戦が繰り広げられた。両者の銃撃で日本人警察官死者1名・重傷1名、台湾がわ死者7名・重傷34名という惨事となる。世にいう「渋谷事件」である。

この日の銃撃戦は突然始まったが、発砲のきっかけや状況など、警察と台湾人グループとの言い分は異なっており、いまも明らかになったとは言えない。

❺渋谷東宝

1936年（昭和11）に東京横浜電鉄（現・東京急行電鉄）の「東横劇場」として開場するが、すぐに東宝直営館となる。戦時下に「渋谷東宝劇場」、戦後は「渋谷東宝会館」となる。現在は「TOHOシネマズ渋谷」。

戦後

迷路の中にあった恋文横丁

道玄坂二丁目（上通三丁目）

左地図、Ａ（上）は１９４９年（昭和24）、Ｂ（右下）は１９５８年（昭和33）、Ｃ（左下）は１９６２年（昭和37）——現在、その三角形の右の頂点には、「ＳＨＩＢＵＹＡ１０９」が建つ。

１９４６年（昭和21）6月21日、医学生・山田風太郎は道玄坂を上り、道を越え、バラックの酒場や飲食店、喫茶店、菓子屋、果物屋がひしめく迷路の中へ入り込む。

　路ぬかるみなれど両側に気をとられて、茫然夢うつつのごとく歩めば右の細路左の路地ぐるぐるぐるぐる同じ場所を再び通るも気がつかず、—後略—（『戦中派焼け跡日記　昭和21年』山田風太郎　小学館）

どの店も2、3坪のバラックである。地図Ａに「焼けビルの中をマーケットに使用」❶の記述があるなど、その無秩序な道筋は想像できる。「ぐるぐるぐるぐる同じ場所を再び通るも気がつかず」のも無理はない。ただし、風太郎さん、続けて「灯、匂い、蒸気、——このラビリンスは、めまぐるしくて、下品で、そうして子供じみていて、無性に面白い。」（『同書』）とその喧騒、熱気ぶりを楽しんでいる。まだ医学生だが、雑誌に推理小説などを書き始めた頃である。

地図Ｂは山田風太郎が訪れた約10年後のもの。「碁会所」❷らしき場所もあり、少しは落ち着いた様子だが、のみや、ロシア料理、古着屋、すし屋、トンカツ屋、八百屋と雑然さは変わらない。その中に「恋文横丁」❸の文字がある。

１９５０年（昭和25）に始まった朝鮮戦争は１９５３年に休戦となり、日本配属の米兵は本国へ帰る。別れを惜しんだオンリーと呼ばれる女性たちが、米兵宛の手紙を代筆屋に頼んだ。横丁の名はその代筆屋から生まれたものである。地図ＢＣとも代筆屋はないが、場所は写真から推測できる。

地図Ｃに「かっぱ大王」❹「大黄何」（地図では大黄河）・❺があり、写真にも両店の看板が見える。その手前に掛かる「手紙の店」❻（当地図に記入なし）の看板。手紙の店は複数あったともいうが、米兵へのラブレターはここで代筆された。これをモデルに丹羽文雄が小説を書き、映画『恋文』（監督・田中絹代　新東宝　１９５３）がつくられた。ちなみにこの映画、恋文横丁のほか、当時の渋谷駅周辺が撮影されており、貴重な作品となっている。

大黄何の向かい「羊肉　珉珉」❼は、１９４９年（昭和24）創業という日本初の餃子専門店。餃子文化はここから広まったことになる。また「麗郷」❽は１９５５年（昭和30）創業の台湾食堂。１９６５年（昭和40）の再開発で道玄坂近くに移転したが、この味に親しんできた人は少なくない。

1958年（昭和33）の恋文横丁。「英仏文 手紙の店」の看板がある。白根記念渋谷区郷土博物館・文学館蔵

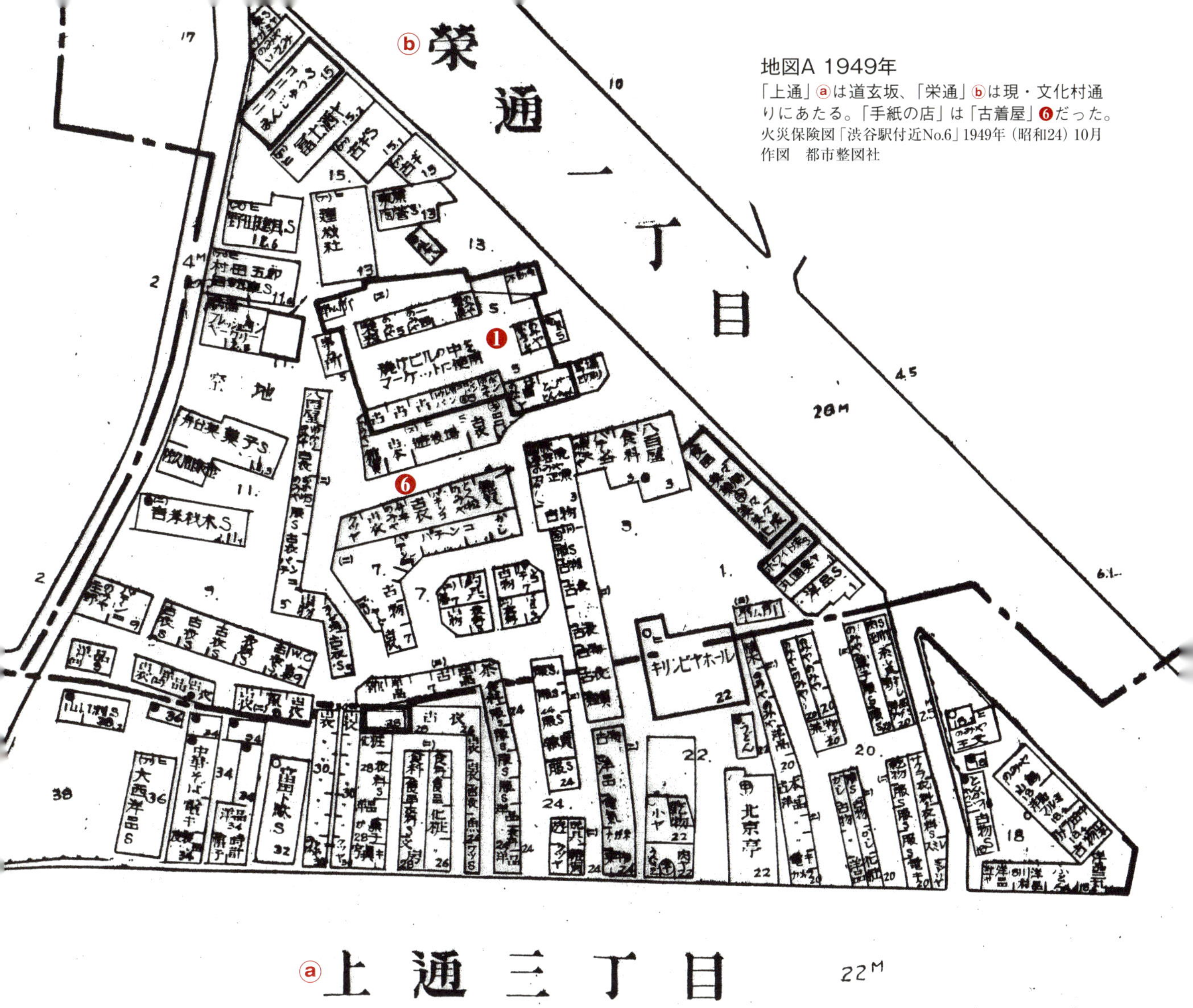

地図A 1949年

「上通」ⓐは道玄坂、「栄通」ⓑは現・文化村通りにあたる。「手紙の店」は「古着屋」❻だった。

火災保険図「渋谷駅付近No.6」1949年（昭和24）10月作図　都市整図社

地図C 1962年

「みどりや」❾は月賦販売の緑屋の前身。全住宅地図案内図帳　「上通三、栄通一・二、大和田町」　1962年（昭和37）作図　住宅協会

地図B 1958年

火災保険図「渋谷坂方面No.5」1955年（昭和30）作図　1958年（昭和33）5月補正　都市整図社

1945年（昭和20）

戦後すぐに造られた米軍居住地

代々木公園（代々木練兵場→ワシントンハイツ）

1945年（昭和20）5月25日の「山の手大空襲」によって、渋谷、新宿一帯は焼け野原となり、表参道ⓐは炎の川となった。翌朝になっても、表参道のケヤキは音を立てて燃えていたという。

左端は1945年（昭和20）の地形図である。米国陸軍の空中写真をもとに、戦災復興院が作成した。建物は8月～9月の状態を表しており、終戦直後の記録となる。

空襲によって、渋谷区は総面積の77パーセントに及ぶ被災となった。「明治神宮」❶にも集中的に焼夷弾が落とされ、本殿、拝殿などことごとく被弾。その惨状は戦前の地図と比べるとあきらかである。

9月2日、アメリカ戦艦ミズーリ号で無条件降伏をした日本は、連合国軍の占領下に置かれることとなり、40万人の米軍兵士が日本全国（東京は4万人）に送り込まれることになった。当時の状況を、ジャーナリストの秋尾沙戸子は著書でこうあきらかにする。

> 職場もさることながら、何よりも宿舎の確保が第一命題だった。接収した建物のうち宿舎については、将官用、士官用、兵隊用の三種からなっていた。東京では百五十名の将官用に適当な設備・家具付のホテルもしくはアパート、五千二百五十名の士官用（女子三百五十名）のホテルもしくは宿舎、二万二千名の兵舎または宿舎を用意しろという命令が下っていた。（『ワシントンハイツ GHQが東京に刻んだ戦後』秋尾沙戸子 新潮文庫）

占領軍は皇居の向かいがわにGHQ本部を置き、明治神宮に隣接した広大な「代々木練兵場跡」❷を占拠した。そして、あっという間にキャンプを設営し、大キャンプシティを作り上げた。テントは半円柱の広い空間のもので、日本人は「かまぼこハウス」と呼ぶようになった。

練兵場跡にキャンプを張った占領軍は、すぐに接収地やオフィスを周りに広げていった。格好の建物が、近くに焼け残っていた。「渋谷区役所」❸である。地図にあるように、区役所は練兵場の目と鼻

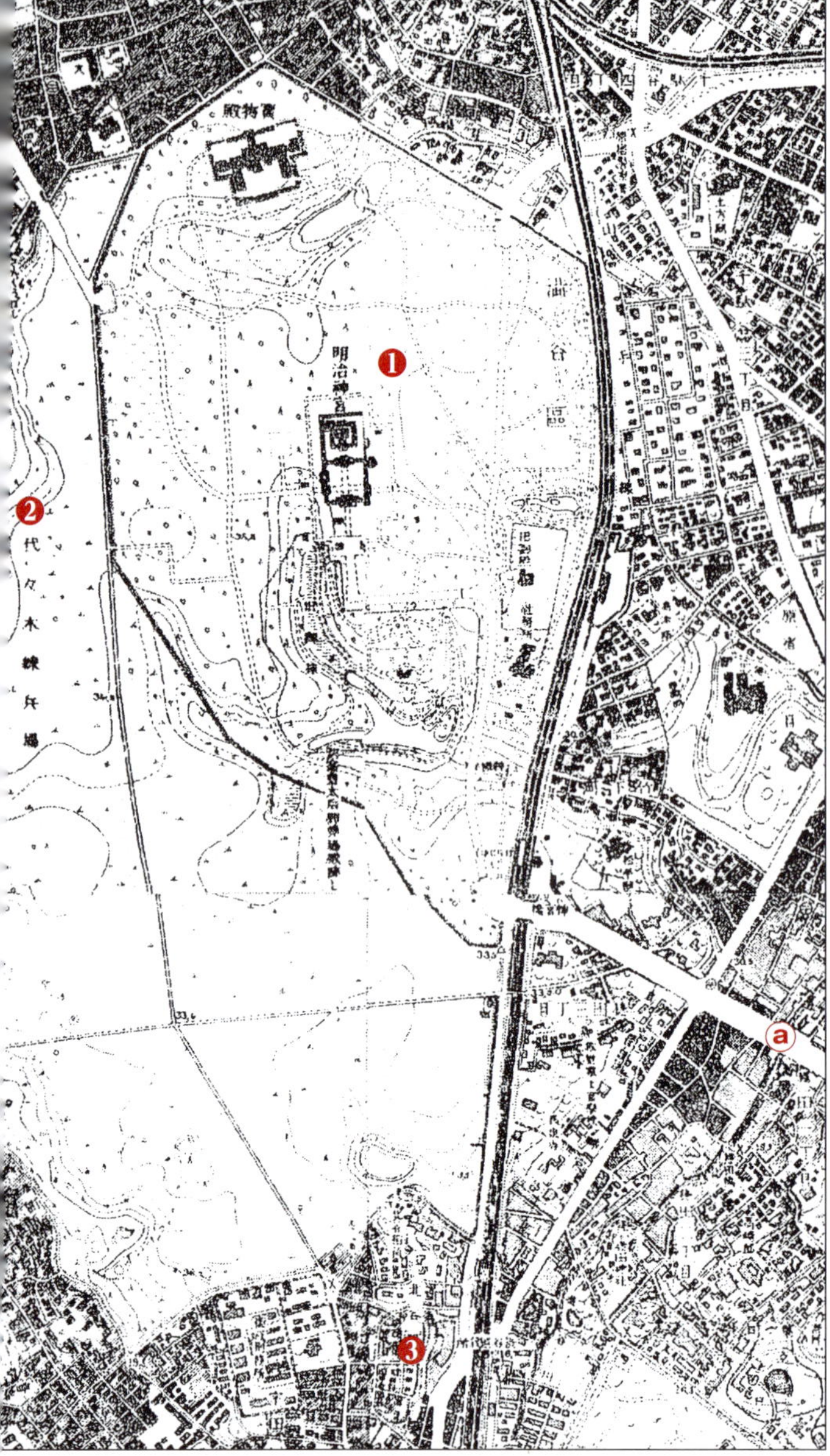

戦前1937年（昭和12）
「1万分の1地形図」 縮小 1909年（明治42）測図 1937年（昭和12）修正 陸地測量部発行 国土地理院提供

終戦直後1945年（昭和20）
空襲で明治神宮の本殿や社務所は焼失したが、森はほとんど延焼していない。建物は1945年（昭和20）8～9月の頃であり、まだキャンプシティの状態と思われる。
「1万分の1地形図」 縮小 戦災復興院作成 日本地形社発行

の先であった。

区役所2階の応接室が、米軍の連絡事務所となった。同時に、一般住宅の接収も強引に行われた。占領軍に命じられた東京都の職員が、その任にあたることを余儀なくされた。焼け跡の中、焼失をまぬがれた、おもに洋館の立ち入り調査が行われ、米軍の要望にかなった住宅は、ことごとく接収されていった。

当然、練兵場跡の住宅は、いつまでも「かまぼこハウス」でよいわけではない。1946年（昭和21）夏に工事が始まり、翌年9月、芝生の中に「米軍家族居住地」が完成した。その東京の中のアメリカは、米軍により「ワシントンハイツ」と名づけられた。

❶明治神宮
1920年（大正9）11月創建。明治天皇、昭憲皇太后を祀る。「永遠の森」という壮大な計画のもと、大正4年から植樹が始まる。全国から樹々が集まり植林された。

❷代々木練兵場
現・代々木公園。1909年（明治42）、陸軍の訓練場である代々木練兵場開設。翌年、ここで徳川好敏大尉が日本初の国内飛行に成功した。上の地図は占領軍の占拠時代。

戦後

代々木公園（ワシントンハイツ）

ジャニーズがスタートした ワシントンハイツ

キャンプシティを住宅地「ワシントンハイツ」にする設計図が出来上がったのは、１９４６年（昭和21）秋。左はその配置を示した図である。住宅エリアのまわりに、様々な施設がある。

ゴルフ練習場❶にプール❷、将校クラブ❸、図書館もある。宿泊施設や診療所も完備している。敷地の中央には劇場❹、ミニスーパーそして教会❺が建てられ、北がわには米軍家族向け小学校「ヨヨギスクール」❻が竣工した。

小学校建設の地は、敗戦後の１９４５年（昭和20）８月25日に、天皇に敗戦を申し訳ないとした大東塾の塾長代行・影山庄平以下、塾生13名が割腹自殺したところである。日本がわはこの話を米軍に伝えたが、返答は「アメリカ人はそんなことは気にしない。設計通りにやれ」だった。

ワシントンハイツへの入居が始まったのは１９４７年（昭和22）春のこと。現在、国立代々木競技場、代々木公園、ＮＨＫ放送センターのある広大なエリアに、８００世帯の米軍兵士とその家族が暮らすことになる。

ワシントンハイツの生活はどんなふうだったのか。

ワシントンハイツの沿革や内実は『ワシントンハイツ　ＧＨＱが東京に刻んだ戦後』（秋尾沙戸子　新潮文庫）にくわしいが、その中で、兵士の妻たちの暮らしぶりが紹介されている。それによると、子供たちを学校へ送り出すと、ほぼ毎日、誰かの家に集まってコーヒーブレイク。あるいはプールでスイミング。将校クラブで食事をすることもしばしばだった。

将校クラブにはダンスホール、談話室、食堂やバーがあった。外に出ることも多く、原宿駅から電車に乗って銀座や新宿のデパートに出かけ、あるいは原宿のオリエンタルバザールで買い物を楽しんだ。日曜日はチャペルで礼拝に出るが、ほとんどの週末は日本各地を旅行するという優雅さだった。

このワシントンハイツに、一人の日系人が住んでいた。ジャニー・ヒロム・キタガワ、のちにジャニーズ事務所を創業するジャニー喜多川氏である。氏はロサンゼルス生まれで、当時、米軍関係の仕事についていたと思われる。父・喜多川諦《たい》道《どう》は高野山の導師だったが、戦後はプロ野球球団「ゴールドスターズ（のち金星スターズ）」のマネージャーとなっている。

野球が大好きだったジャニーは、ワシントンハイツで少年野球チームを率いることになる。建設当初は日本人がワシントンハイツ内に入ることは厳禁だったが、近隣住民との交流を考えた米軍は、ハイツの住民が保証人となれば、日本の少年が野球することを認めるようになっていた。

１９６０年（昭和35）頃、代々木西原にある代々木中学の４人組が少年野球チームに入ることになった。飯野修實、真家弘俊、青井輝彦、中谷良三。ワシントンハイツのグラウンドが練習場となった。それぞれの家はワシントンハイツから比較的近くにあった。ちなみに後掲の地図（ｐ１１３❺）にある喫茶店「中谷」は中谷良三の実家だったらしい。

ある日、雨で練習が休みになったため、４人はジャニーに映画館（「渋谷松竹」だろうか）へ連れて行かれ、『ウエストサイド物語』を見る。感動した４人は、のちに飯野おさみ、真家ひろみ、あおい輝彦、中谷良と名乗り、「ジャニーズ」を結成することになる。デビューは１９６２年（昭和37）、

ワシントンハイツの配置図
原田弘氏提供

NHK総合の『夢であいましょう』。この2年後、1964年にワシントンハイツが立ち退いた跡地の一角に、NHK放送センターが建設される。

ワシントンハイツのゲート付近。1955年（昭和30）頃　白根記念渋谷区郷土博物館・文学館蔵

◀東横百貨店（のち東急百貨店東横店）の屋上から見た現在のスクランブル交差点付近。写真上部は住宅地が目立つ。区画整理前であり、センター街はできていない。1954年（昭和29）撮影。白根記念渋谷区郷土博物館・文学館蔵

1955年（昭和30）頃～区画整理前

渋谷駅前

大小の店がひしめく道玄坂下

写真は1954年（昭和29）の渋谷駅前交差点付近。現在のスクランブル交差点だが、渡る人の数はさほど多くはない。ただ車は東西南北を往来し、バスも数台連なって走っている。地図を見れば駅前に「都電渋谷駅前停留所」❶があり、交通の混雑は増しているようだ。その対応が求められ、地図が発行された1955年には駅前などの区画整理事業が始まっている。

そして、トロリーバスが走行することになる。レール不要で、建設費も低くできるため京都などで開業していたが、東京では戦前に計画があったのみで実現はされていなかった。

戦後、1952年（昭和27）6月に都営交通初のトロリーバスが「今井橋―上野公園」を開業した。その後、1955年（昭和30）6月に「池袋駅―千駄ヶ谷四丁目」を開業、12月に渋谷駅まで延伸することになる。地図はその年の発行だが、運行前のものである。

区画整理で駅前広場は大きく変貌する。例えばセンター街（現・バスケット通り）を探してみるが、写真にも地図にもそれらしきものは見られない。写真の「山崎毛糸店」❷の位置が現在、TSUTAYAが入るQFRONTにあたる。そうすると、その先「大盛堂書店」❸の手前にセンター街入口があるはずだが、入る道はない。しかし区画整理が進んだ次項の地図（p101）では道筋が大きく変わり、センター街も通っている。その様子は次項で見ることにして、ここでは1955年（昭和30）頃の道玄坂下周辺を確認してみたい。

写真右端から、まず「富士屋」❹。地図には洋品店とある。その先に「レインコート 洋傘専門店 扇屋」❺。写真でもわかるが、当時、雨具専門の店でこれだけの規模の大きさに驚かされる。もしかして『シェルブールの雨傘』がヒットした頃かと思ったが、映画公開は9年後の1964年。植木等の「何であるアイデアル」という傘のCMは1963年である。

時代的に合うのは、1952年公開のミュージカル映画『雨に唄えば』か。あるいは1954年3月にマグロ漁船・第五福竜丸がアメリカの水爆実験で被爆したことだろうか。当時は「雨に濡れると髪の毛が抜ける」と言われていた。アメリカだけでなく、ソ連、イギリスも核実験を太平洋中央部（ソ連はカザフ共和国の核実験場）で行っており、実際、日本本土に相当量の放射能雨の記録が観測された。水爆実験で生まれたとされるゴジラが暴れまわる『ゴジラ』（監督・本田猪四郎　特撮監督・円谷英二　東宝）の公開は1954年11月だった。

洋傘店の推測が長くなったが、その隣は「菊屋」「広田」と続く。「山崎毛糸店」も大きな店だ。「エーカーベーカリー」「服地 希望」、それから「大盛堂書店」。看板には〝モーム全集〟の広告。サマセット・モーム全集が刊行中だった。「千野時計店」や「西村果実店」❻が続き、これらは大盛堂とともに、現在も営業している。

❻西村果実店（現・渋谷西村フルーツパーラー）

創業1910年（明治43）。1935年（昭和10）、渋谷に高級果実店開設。1951年（昭和26）、店舗改装し、フルーツパーラーを増設。

◀裏通りには小さな飲食店が立ち並んでいる。
火災保険図「道玄坂方面7」1955年（昭和30）5月作図　都市整図社

山崎毛糸店
山崎毛糸店
菊屋
富士屋
モーム

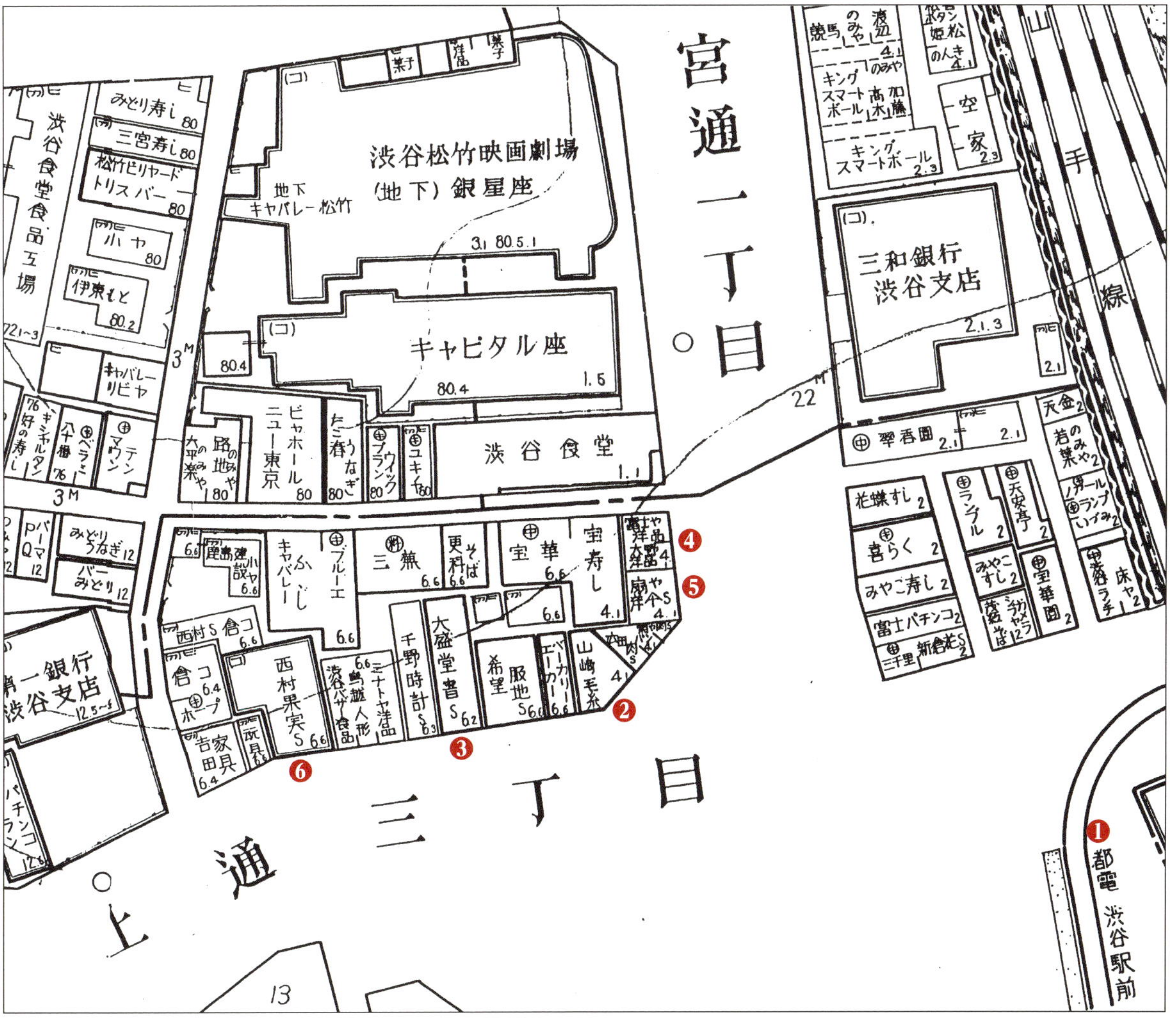
宮通一丁目
上通三丁目
渋谷松竹映画劇場
(地下)銀星座
地下
キャバレー松竹
キャピタル座
渋谷食堂
三和銀行
渋谷支店
第一銀行
渋谷支店
渋谷食堂食品工場
みどり寿し
三宮寿し
松竹ビリヤード
トリスバー
伊東もと
キャバレー
リビヤ
ビヤホール
ニュー東京
うなぎ
ブラウン
ユキ
キャバレー
ふじ
ブルーエ
三無
更科そば
宝華
宝寿し
西村果実
千野時計
大盛堂書
希望
服地
ベーカリー
山崎毛糸
渋谷バザー食品
鳥越人形
ミナトヤ洋品
家具
吉田
みどりうなぎ
バーみどり
パチンコ
キング
スマートボール
空家
翠香園
花蝶すし
喜らく
みやこ寿し
富士パチンコ
三千里
新倉花
ランブル
天安亭
みやこすし
宝華園
若のみ
ランプ
いずみ
手線
都電 渋谷駅前

1957年（昭和32）頃～区画整理後

駅前の整備とセンター街の誕生

渋谷駅前・センター街（上通三丁目・宇田川町）

左は1957年（昭和32）の道玄坂下の地図。前項（p99）の1955年地図と大きく変わっている。変貌ぶりを見てみよう。

まず都電停留所がなくなり、駅前広場❶が広くなっている。新停留所は東口の東急文化会館（1956年開館）前となった。

店舗の変化を見ると、山手線側では「渋谷ランチ」❷「若葉」「いづみ」「のあーる」「らんぶる」などがジグソーパズルのように少しずつ配置替えされたようだ。また、キャピタル座が「渋谷日活」❸となり、洋傘の扇屋や山崎毛糸店があった一角に「峯岸ビル」❹が新築中である。ここへ東海銀行、喫茶カトレア、キャバレー・チャイナタウンなどが入り、渋谷宝塚劇場が開場することになる。

以前と大きく変わったのは、峯岸ビルと「大盛堂書店」❺を隔てて、新たに道路が開かれたことだ。「センター街」ⓐである。名称の由来ははっきりしないが、井の頭通り（現・ハンズ通り）ⓑと栄通り（現・文化村通り）の真ん中を通ったからだろうか。このセンター街、かつては宇田川（すでに暗渠《あんきょ》となっていた）の川筋だった。

示した地図範囲ではすべてはわからないが、センター街には井の頭通り、そして栄通りへ抜ける狭い路地がいく筋もある。写真は右手前に「マウンテン」❻、左奥に「白馬車」❼の看板が見え、センター街の2ブロック目であることがわかる。ちなみに白馬車のあった場所は、現在は白馬ビルとして、ウエンディーズなどの飲食店が入っている。

地図の「たんぽぽコーヒー」❽「渋谷会館」❾は、現在、アスビー渋谷センター街店の手前、アヴァランチ渋谷店辺りである。

渋谷会館は、のちに（1978年～）ゲームセンターとして名を馳せるが、それまではビリヤード場、トリスバー、さらには釣り堀としても使われていた。センター街は、その誕生期から若者の集まる場所としての方向性を表していた。白馬車の向かい側には「グランドキャバレー」❿。しかしセンター街に多かったキャバレーも、その後、若者相手の飲食店などに様変わりすることになる。

❹峯岸ビル

1958年（昭和33）に竣工。地図発行時は建築中。ここへ渋谷宝塚劇場が入ったが、1997年（平成9）に閉館となる。峯岸ビル跡地にQFRONTが建設され、渋谷シネフロントが映画館を引き継いだ。現在、旗艦店は「渋谷TSUTAYA」。

❼白馬車

白馬車のあった場所は、現在は白馬ビル。ウエンディーズなどの飲食店が入っている。

ⓐセンター街

2011年（平成23）に「バスケットボールストリート」と改められたが、いまなお「センター街」の名が馴染んでいるようだ。

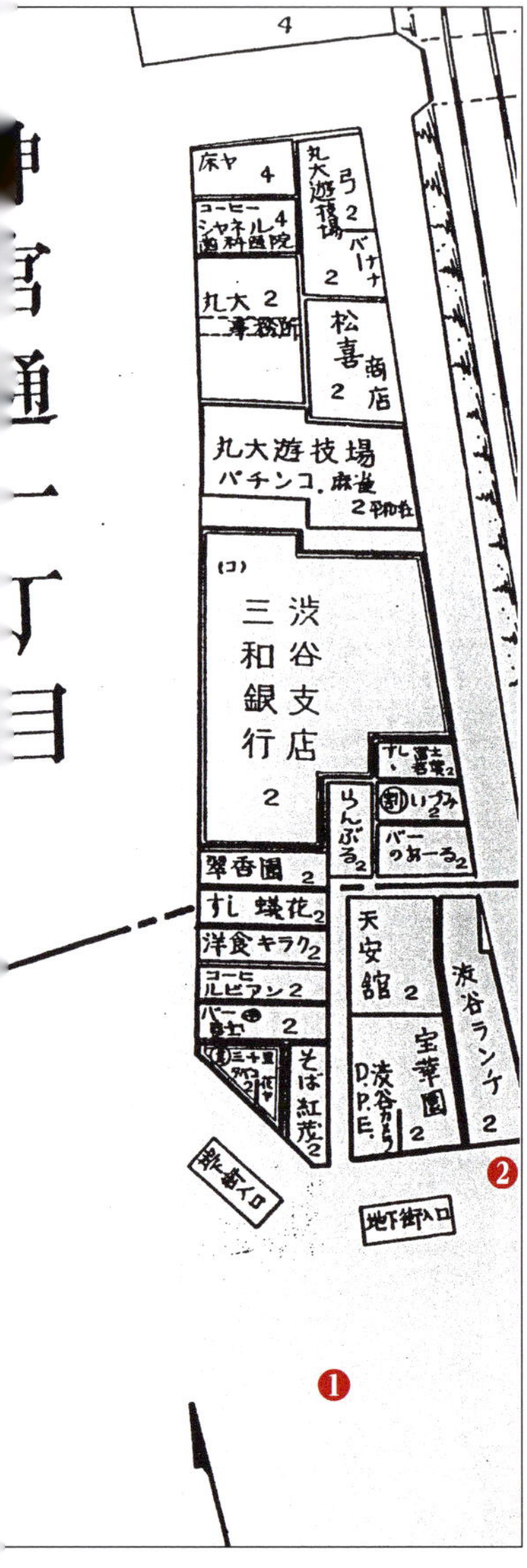

1958年（昭和33）、センター街の入口付近。かつては宇田川の暗渠（あんきょ）となった小路だったが、区画整理で道路は大きく広がった。 白根記念渋谷区郷土博物館・文学館蔵

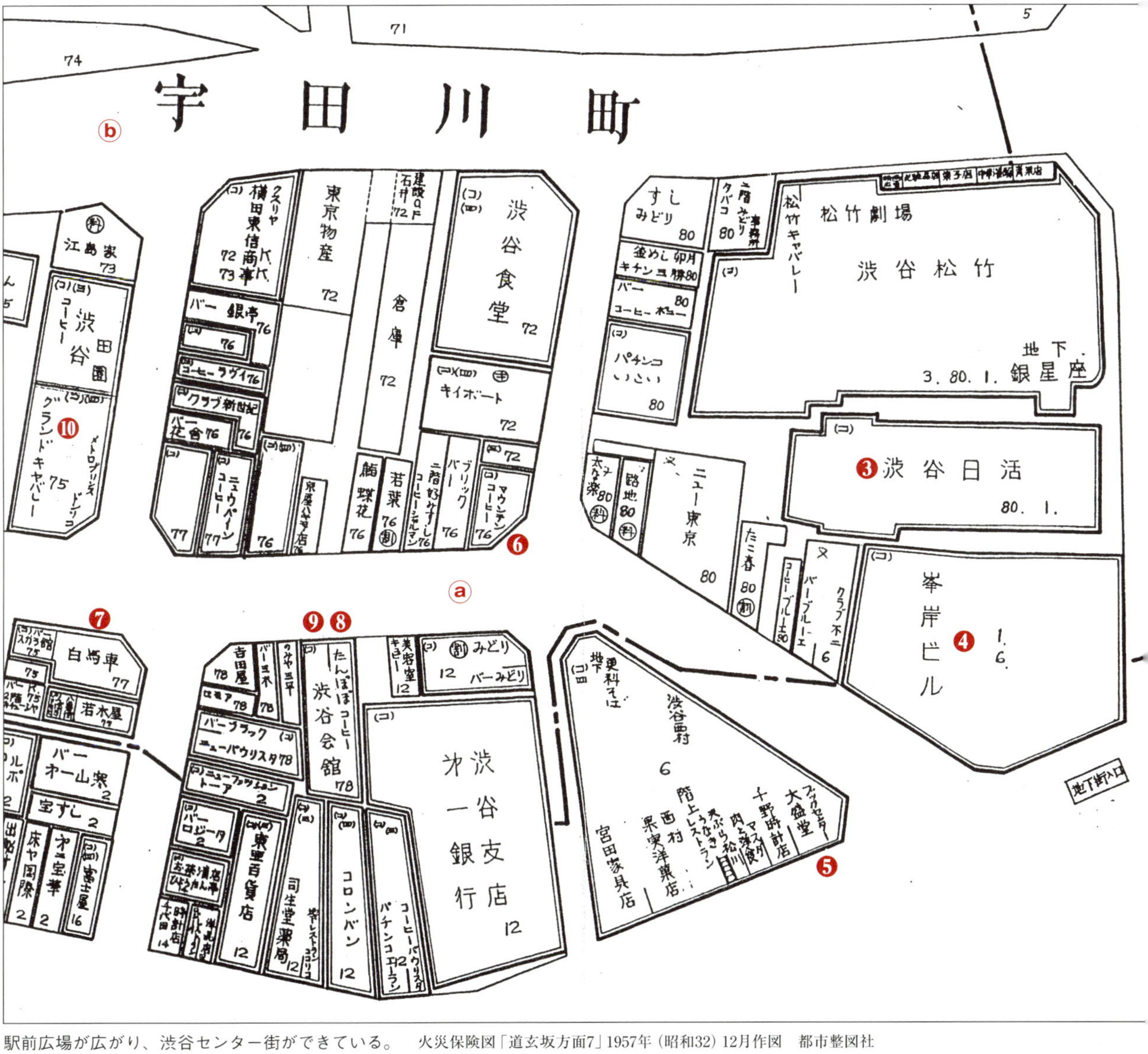

駅前広場が広がり、渋谷センター街ができている。　火災保険図「道玄坂方面7」1957年（昭和32）12月作図　都市整図社

1950年代〜60年代

青山通り

藩屋敷の庭に敷かれた運転士の教習コース

地図手前に「青山学院」❶。青山通りⓐを挟んで「東京都交通局青山車庫」❷とある。青山車庫は現在の国連大学、こどもの城（閉館）、さらにその後方を含む広大な敷地だった。明治後期、三宅坂から赤坂見附まで走っていた電車は、1906年（明治39）、青山七丁目（青山車庫前）まで延伸する。渋谷（東口宮益坂下）まで延びたのは、1911年（明治44）である（のちハチ公前駅前広場に移動）。

車庫の場所は江戸時代、山城国の淀藩・稲葉家の下屋敷だった。地図の左に池❸がある。稲葉氏の庭園にあったもので「琵琶池」という。昔より小さくなったようだが、いまも水鳥が訪れ、緑が水面に映る、憩いの場所となっている。

池に沿って軌道が2方向に分かれ、途中で切れている。錯覚しそうだが、もちろん神宮前の住宅街へ向かう路線ではない。じつは軌道は池の周りを循環している。全体が把握できるように別図を下に添えておこう。

この軌道、運転士の教習コースだった。藩屋敷の庭園だったため、池もあれば築山もあった。鉄道ジオラマのようで、想像しただけで笑みがこぼれてくる。

車庫は渋谷から宮益坂を上り、坂上から数分のところにあった。1950年代半ば、野坂昭如は青山の先輩宅に居候をしていた。いつも金欠で、切羽詰まると中野の友人宅で空腹を満たしてから渋谷に戻る。そして夜の宮益坂を上った。

都電はまだ走っているが、電車賃が惜しい。坂を登り切れば、左に詩集を多く置いている古本屋、都電の車庫、向いは服専門の月賦屋、ここで道は二つに分かれ、右へのカーブを辿ると、高樹町を経て、（後略）」（「青山南町の鮭缶」『東京十二契』所収　野坂昭如　文藝春秋）

地図は1962年（昭和37）発行のためか、月賦屋は見当たらない。古本屋は❹だろうか。文字がかすれているが「巽堂書店」と読める。野坂さんはそのあと、この街は昼に歩くと雑然とした眺めのため気づかないが、夜は深閑と落ち着いていて、以前、屋敷町だったことがよくわかると続けている。

なお、「右へのカーブ」は骨董通りⓑに入る道のことで、曲がってそのまま進めば高樹町交差点に至る。

青山通りには最終的に「⑥新橋—渋谷駅前」「⑨渋谷駅前—浜町中ノ橋」「⑩渋谷駅前—須田町」の都電が走っていたが、⑥系統は1967年（昭和42）、⑨⑩系統は1968年に廃線、同時に電車車庫と教習所も廃止*となった。

*廃止後、跡地は「国連大学本部」「こどもの城」「青山病院」などになる。1985年（昭和60）に「青山円形劇場」がオープン。こどもの城は2008年（平成20）に閉館。青山病院も同じ年に閉院。青山円形劇場は2015年に閉館となった。

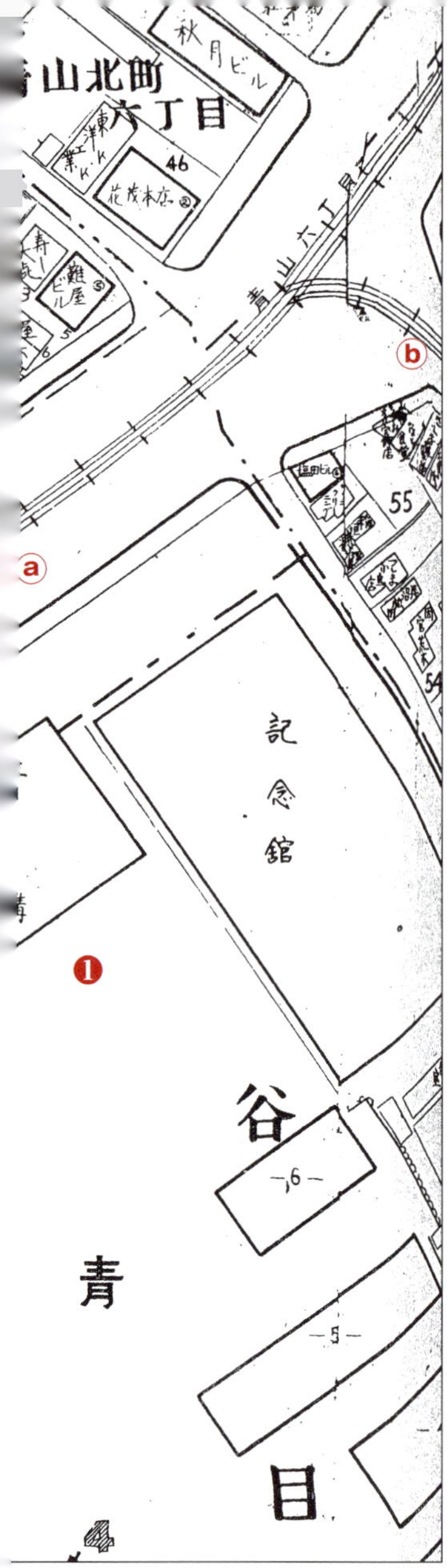

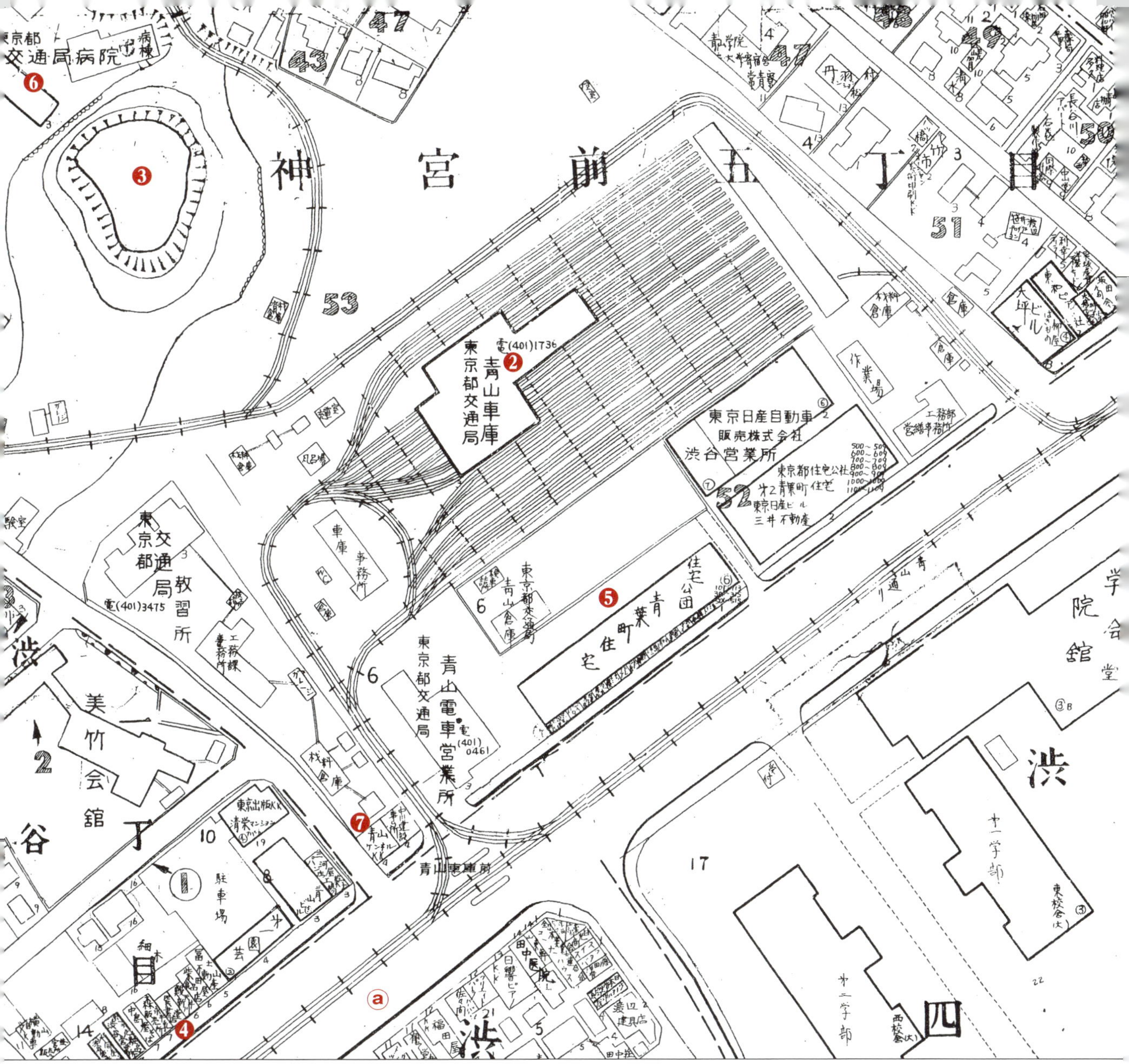

「航空住宅地図帳 渋谷区」 1962年（昭和37） 日本住宅地図出版株式会社

❶青山学院大学

江戸時代は伊予西条藩の松平家の上屋敷。1874年（明治7）設立。当地に校舎を構えたのは1883年（明治16）。

❺住宅公団　青葉町住宅

かつて、この神宮前五丁目の一部は青葉町といった。

❻東京都交通局病院

路線・車庫廃止時に、この「都交通局病院」と都共済組合運営の「飯田橋病院」および都健康保険組合運営の「明石病院」が統合、「都職員共済組合青山病院」となる。

❼青山ケンネル

1956年（昭和31）創業。ペットショップの先駆的存在。

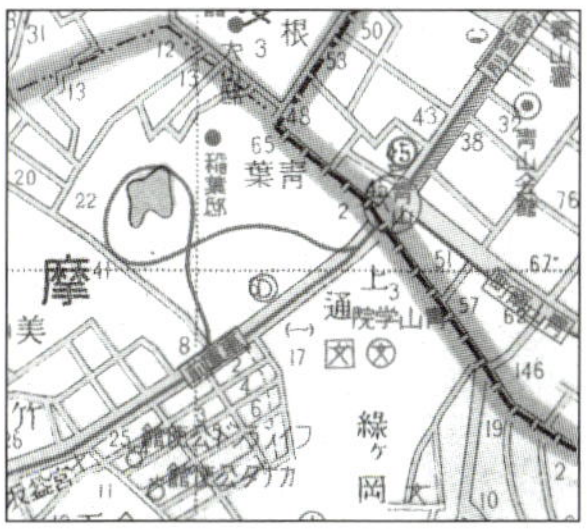

上図❸の範囲を広げるために示す。1931年（昭和6）の地図。この地に電車が通った当初から、教習コースはあった。「ポケット大東京案内」 著作者・綱島定治

プラネタリウムと落語会とプロレス

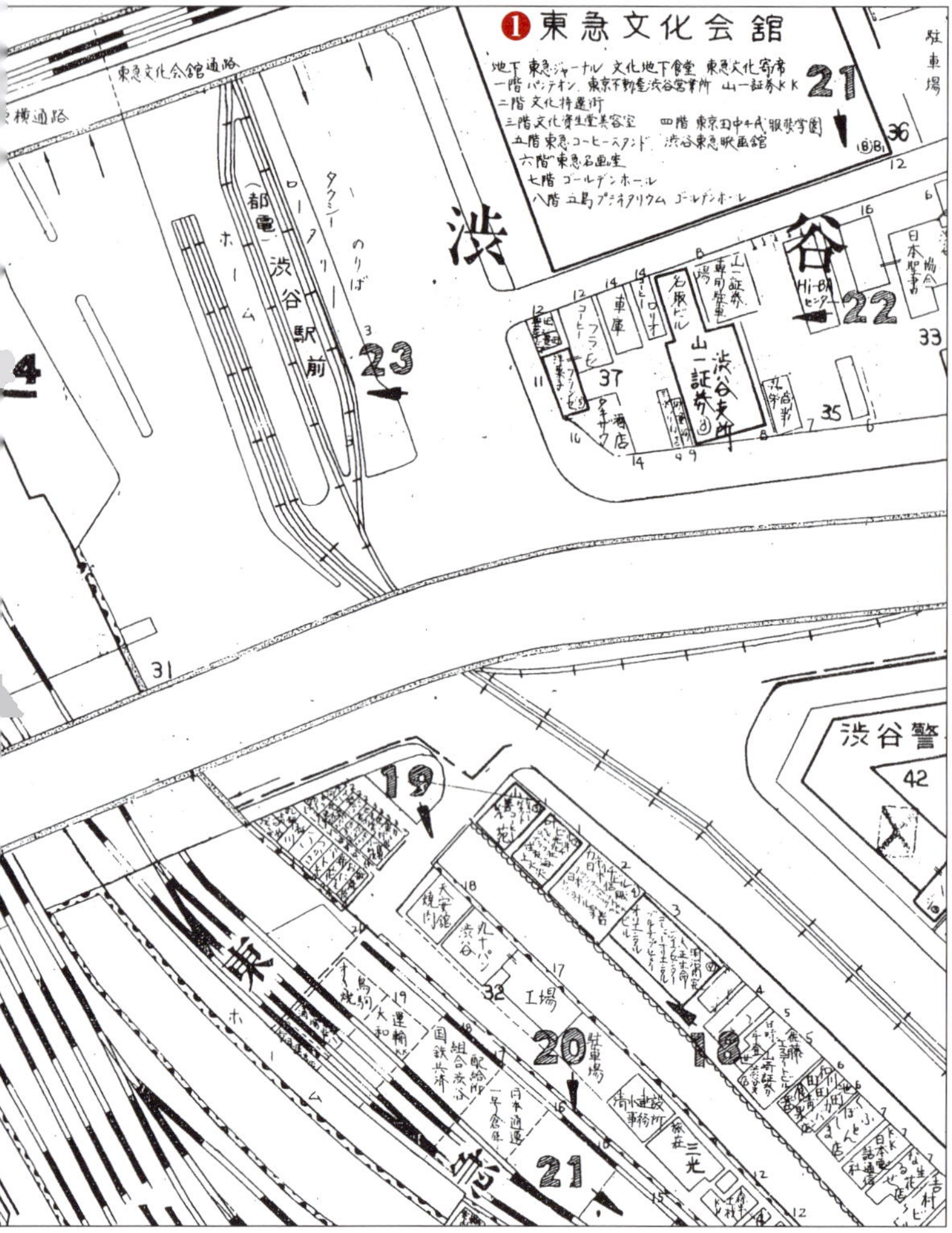

左端が渋谷駅。左上の路線は地下鉄銀座線。『全住宅案内地図帳 渋谷区』 1962年（昭和37） 住宅協会

国鉄（現・JR）山手線をはさんで東（右ページ）と西（左ページ）の地図、東がわは1962年（昭和37）、西がわは1965年（昭和40）のものである。

東がわの地図、左端が渋谷駅。現在、渋谷ヒカリエが建つところに「東急文化会館」❶がある。1956年（昭和31）開館で、翌年、五島プラネタリウムが設けられた。〝五島〟の名は、当時の東京急行電鉄会長・五島慶太にちなむ。最上階の8階にあったが、ドイツのツァイス4型投影機が設置され、このドームに多くの天文ファンが通い詰めた。

また渋谷パンテオン、渋谷東急、東急名画座があり、60年代では『眠れる森の美女』『大脱走』が大ヒット。なお最大のヒットは1982年（昭和57）の『E.T.』。空飛ぶ自転車をこぐ少年のシルエットの巨大看板が長く掲げられていた。『E.T.』を見て、8階へ行った人もいたのではないか。

左地図、「東横百貨店」❷は1934年（昭和9）創業で、現在の東急百貨店東横店である。4年後に西館が完成し、戦後の1954年（昭和29）、西館9・10階に「東横ホール」が誕生する。歌舞伎や文学座公演が催されたが、1959年（昭和34）、ここで〝東横落語会〟がスタートした。プロデュースしたのは、湯浅喜久治という落語好きの青年だった。

〝東横落語会〟はスタートしてしばらくすると、出演メンバーを固定する。桂文楽、古今亭志ん生、三遊亭圓生、桂三木助、柳家小さんの5人である。当初はそのやり方に批判もあったが、人気も実力もある落語家5人がお互い競うようになる。その熱演ぶりが客を呼び、千人ほど入る大ホールだったが、いつも切符が取れないほどの活況となった。

成功に乗り、続いて湯浅は〝東横寄席〟を始める。「西洋舶来寄席」と称して、徳川夢声の西洋辻講釈や越路吹雪のシャンソン、ダークダックスのコーラスなど、ボードビル・ショーのような構成で、観客を楽しませた。しかし、湯浅は睡眠薬の飲み過ぎで、29歳の若さで世を去ってしまう。

左の地図左端に、「RIKI SPORTS PALACE」❸とある。プロレスラー力道山が築いた〝プロレスの殿堂〟、リキ・スポーツパレス（通称リキパレス）である。それまで力

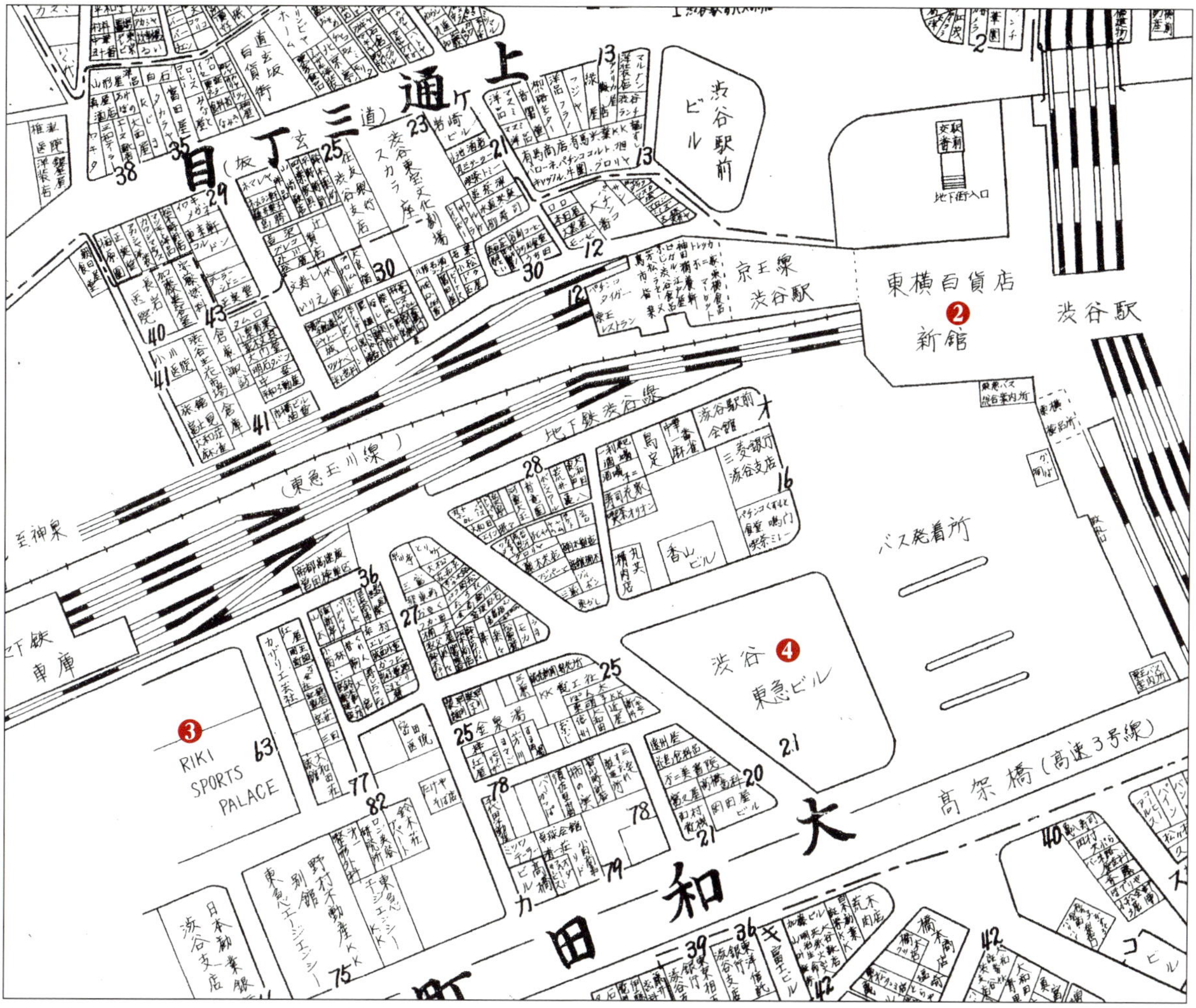

『全住宅案内地図帳 渋谷区』 1965年（昭和40） 住宅協会

❹渋谷東急ビル（東急プラザ渋谷）

1965年（昭和40）にオープン。4年後に「東急プラザ渋谷」と名称変更した。再開発のため、2015年（平成27）に閉館。

道山は後援者であり明治座社長・新田新作の援助で別の土地を譲り受け、日本プロレス・センターとしていたが、観客収容数に限度があり、「プロレスの常設会場」は力道山の熱い思いだった。

1961年（昭和36）、ドーム型の屋根をもつ8階建てのビルが完成する。3階から5階は吹き抜けでプロレス常設会場となった。そのほかボウリング場、スチームバス、レストラン、喫茶店、ボディビル・ジム（女性向けも）、それに女性対象のチャーム・スクールなどが設けられた。

しかし、1963年（昭和38）の暮れ、赤坂のホテルニュージャパン地下「ニュー・ラテンクォーター」で、泥酔状態で暴力団員と些細なことで喧嘩となり、ナイフで刺された傷がもとで、1週間後にあっけなく世を去ってしまう。

力道山の死後は事業を続けることが難しく、リキパレスは人手に渡る。プロレス会場はキャバレー「エムパイア」となったが、やがてキャバレー界自体の衰退もあり、取り壊された。現在、跡地には「ヒューマックス渋谷ビル」が建つ。

ほかの建物はどうなっていったか。

東急文化会館が閉館（2003年）し、渋谷ヒカリエになったのは2012年（平成24）のこと。館内にあった五島プラネタリウムは、東急文化会館に先立ち、惜しまれながらその幕を閉じている（2001年）。現在、投影機は「渋谷区文化センター大和田」に展示保存されている。

東横ホール（東横劇場）は、1985年（昭和60）に閉場となった。それと同時に〝東横落語会〟も終了した。

1960年代前半

路地を縫ってジャズ喫茶へ

円山町・百軒店

荒木一郎に渋谷を舞台にした青春小説がある。俳優、歌手、作曲家、マジック研究家と様々な貌《かお》をもつ荒木さんだが、この小説の中に不良少年・荒木一郎の源流を見ることができる。オリンピック前の渋谷百軒店。その拠点は、「ありんこ」❶というジャズ喫茶だった。

　百軒店のアーチをくぐり、浅井に教えられた通り「ふじやま」という喫茶店の前を左に折れ、その路地の奥まったところにある壊れかかった生垣の前まで来て立ち止まった。（中略）うねりには二つの異なった音色が絡み合っていた。ひとつは、路地の左手にある「スイング」と書かれた看板の奥から聞こえてくるうらぶれたニューオリンズジャズの響きで、もうひとつの、塞《ふさ》がれた口から漏れてくるような籠った音は、路地をさらに突っ込んだところにある白壁を塗った箱型の建物の中から流れて来ていた。（『ありんこアフター・ダーク』荒木一郎 小学館文庫）

1962年（昭和37）と1964年（昭和39）、2枚の地図を左ページに載せた。上図に「ふじやま（地図ではフジヤマ）」❷、下図に「スイング」❸が記されている。

路地の奥まったところにある店が「ありんこ」で、主人公の「僕」は、ここでマスターとママそれに仲間となる男や女と出会い、そこがアジトのようになっていく。その後、ありんこと対照的なジャズ喫茶が開店する。広いスペースの店内、馬鹿でかいスピーカー、前向きに左右に置かれた長椅子……。

　「オスカー」は、浅井のいうとおり、すぐそこだった。ありんことは、ちょうど背中合わせの位置関係にあった。（『同書』）

「オスカー」❹は1964年（昭和39）地図に記されている。1962年（昭和37）地図には見当たらないがすでに開店していたようだ（「ボング」の位置）。ありんこの背中側、「テアトルハイツ」❺の隣である。

荒木一郎はあるインタビューの中で、渋谷のジャズ喫茶について聞かれ、こう答えている。

　モダン・ジャズの喫茶店としては、渋谷に三軒大きいのがあったね。「ありんこ」っていうのがいちばん小さいけども、でかい「オスカー」があって、もう一つ、なんだっけ、恋文横丁のところに一個あったなあ……。（『まわり舞台の上で』荒木一郎 文遊社）

もう一つは、「デュエット」❻だろう。「渋谷大映」❼から栄通り（大映通り＝現・文化村通り）を渡ったところにある小路を入って2、3軒目。作家の河野典生は小説の中で、こう描写している。

　三十人入るか入らないかの〈デュエット〉は、三分の一ほどが低くなりバーになっていた。その天井が薄暗い中二階だった。店内にはジャズが満ち、ほとんど満員の若い客たちは、おれたちの小さな事件にはほとんど無関心だった。（『狂熱のデュエット』河野典生 角川書店）

デュエットは1954年（昭和29）開店、ありんこやオスカーよりも先達となる。

他にも数軒のジャズ喫茶が渋谷にあった。若者たちは路地を縫ってそれぞれのアジトへたどり着き、コーヒー一杯で長時間ジャズに浸り、再び街へ向かって行った。

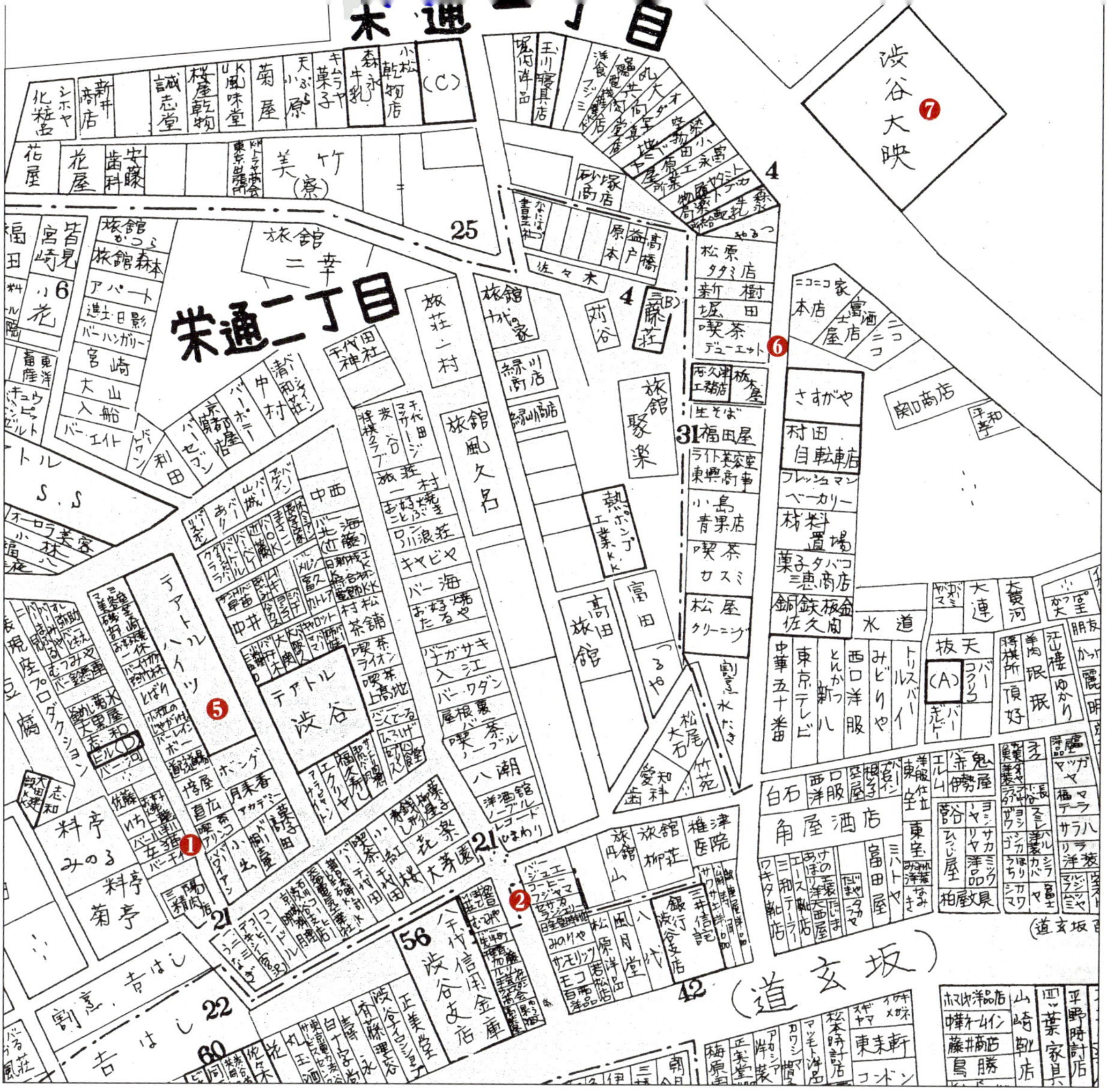

1962年（昭和37）
全住宅宅地図案内図帳「上通、栄通一・二、大和田町」 住宅協会

❽ムルギー

1951年（昭和26）創業のカレー店。池波正太郎が愛した店。盛り付けが楽しい。

いまのココ!

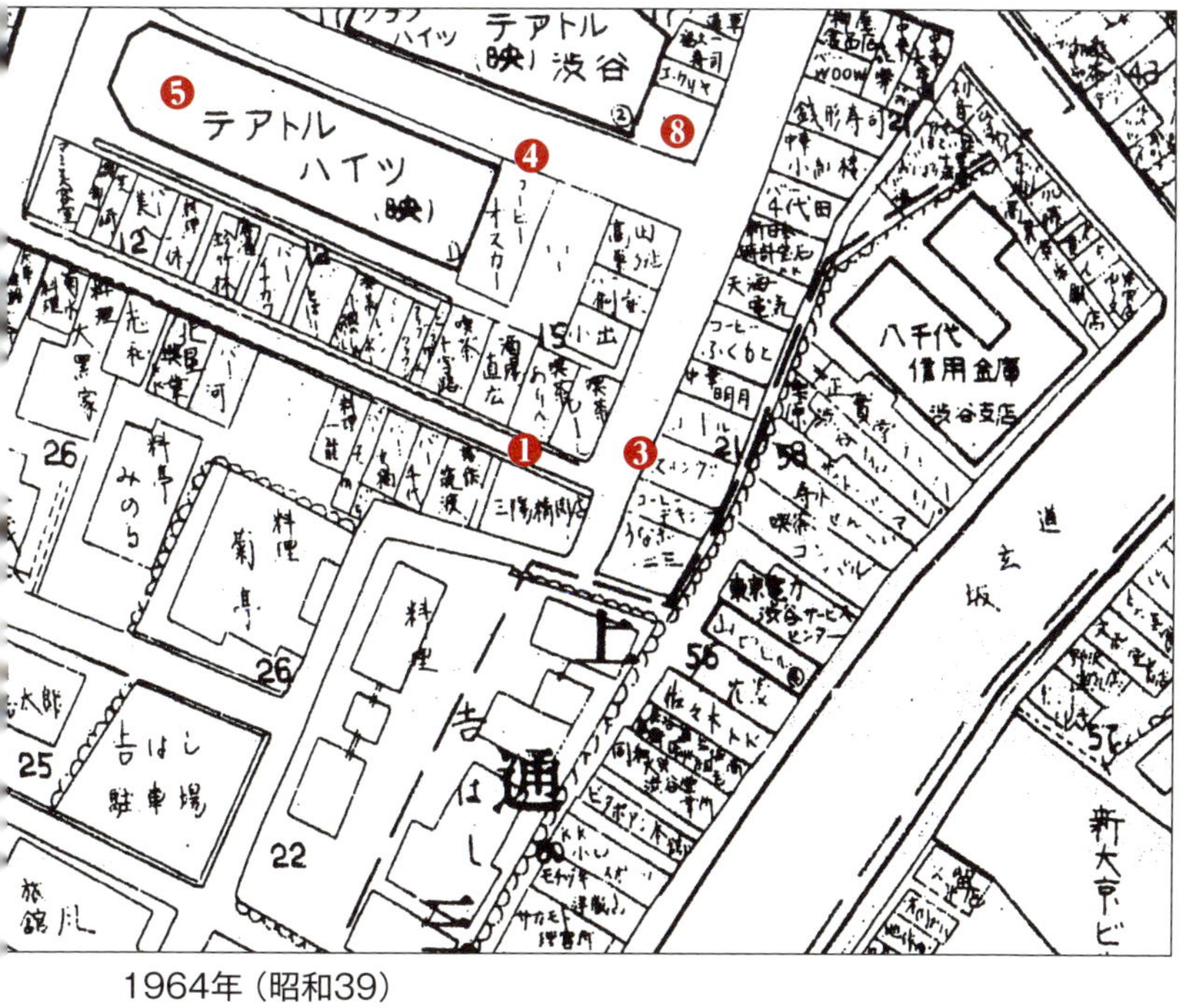

1964年（昭和39）
全住宅宅地図案内図帳「円山町、大和田町、上通」テアトルハイツ周辺を拡大　住宅協会

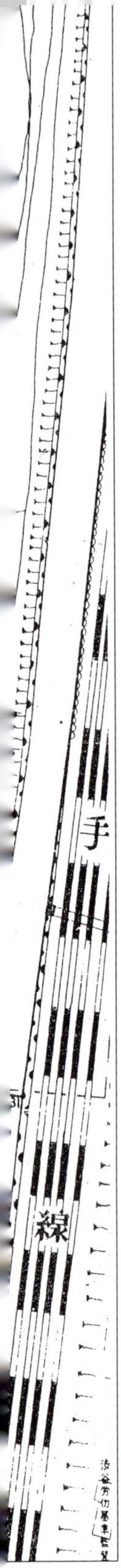

1960年（昭和35）

ワシントンハイツがオリンピック選手村に

代々木公園（ワシントンハイツ）

１９５８年（昭和33）、青山にあった桑沢デザイン研究所が、ワシントンハイツの南に新校舎❶を建設する。

学校の前がワシントンハイツとなり、白いペンキ塗りのハウスが目の前に並んでいた。中は芝生が敷かれ、まわりは鉄条網が張り巡らされ、「無断で入ると〝射殺する〟」と注意書きがあったという。講師だった高松太郎は、ある日、許可を得てワシントンハイツに入る。かつてここは、高松がきびしい軍事教練を受けた代々木練兵場だった。

アメリカン・スクールの大食堂では、子供たちが大きな盆（トレイ）をもってならび、見るからに栄養たっぷりの美味そうなご馳走の給食をうけていた。昼休、校庭で元気いっぱいに走りまわる子供たちを女の先生が見守っていた。先生は、アイシャドー、口紅、マニキュアをし、小脇にハンドバックをかかえて、銀座でデートの待ち合わせのような風情であった。（「《桑沢デザイン研究所》高松太郎」『文化の仕掛け人　現代文化の磁場と透視図』所収　青土社）

まさに東京の中のアメリカである。転機となったのは、翌年、第18回オリンピック開催が東京に決定したことである。

開催にまず必要な施設といえば、競技場と選手村である。すでにオリンピック誘致のために、千駄ヶ谷の神宮外苑に国立競技場を完成させていた。サブ会場の駒沢競技場、ボートレース会場となる戸田漕艇場の整備も決定していた。

選手村はどうするか。朝鮮戦争休戦（１９５３年）で、アメリカは在日米軍地上戦闘部隊の撤退を発表、その規模を徐々に縮小していた。しかし、米軍は首都にあるワシントンハイツを簡単には引き払わないだろう、そう考えた日本政府は選手村を埼玉県朝霞の「キャンプドレイク」に想定していた。ワシントンハイツは敷地の一部のみを返還要求し、室内体育館にしようという考えである。すでに朝霞へ通じるオリンピック道路建設も進められていた。

ところが１９６１年（昭和36）５月、突然、米軍からワシントンハイツを返還してもよいという文書が、東京都へ届く。ただし条件があり、代替地を用意すれば全面返還するという内容である。当時のライシャワー大使は、「日本人、日米友好のためにも望ましい」と、新聞や雑誌などで機会あるごとに話し、跡地への選手村誘致を提言した。

前年の１９６０年（昭和35）は日米新安保への抗議デモが連日のように国会を取り囲んだ年だった。その影響でアイゼンハワー大統領が来日できなくなった経緯もあった。従順と思っていた日本人の予想以上の抵抗である。そんな流れの中にワシントンハイツ返還があった。一見、もの分かりのよい提言のようだが、もちろん米軍再編の狙いもあった。

結局、移転費用を日本が全額負担することで敷地は返還された。代替地は調布となり、「カントウ村」と呼ばれる米軍家族住宅の建設がこれも日本がわの負担で進められることになった。

「東京都1/1000精密地図（渋谷区　1962年改訂版」1962年（昭和37）　住宅協会地図部

❶桑沢デザイン研究所

1954年（昭和29）、桑澤洋子によって設立されたデザイン学校。58年、ここ渋谷区北谷町に新校舎を落成。

❷北谷稲荷神社

戦国時代の文明年間に創建。江戸時代は渋谷付近の鎮守社だった。

❸ガールスカウト・オブUSA

現在は渋谷公会堂（改築中。2019年完成予定）。

❹選手村の一部

現在はNHKスタジオパーク辺り。

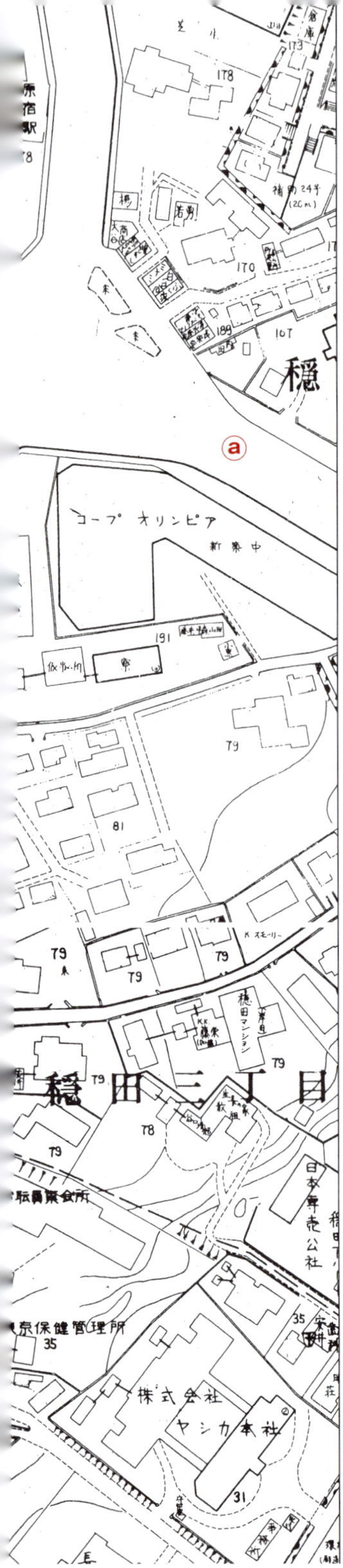

当時のまま残るオランダ選手宿舎

昭和30年代

１９６４東京オリンピックの選手村と会場

代々木公園（東京オリンピック会場、選手村）

１９６２年（昭和37）秋、ワシントンハイツの取り壊し工事が始まった。翌６３年12月10日、接収は解除となる。

現在、表参道ⓐを原宿駅に向かい、山手線上の神宮橋❶を渡ると明治神宮。神宮橋ではなく、その左（南がわ）の五輪橋❷を渡れば、代々木公園を抜ける道ⓑになる。表参道から続く道路だが、戦後、一般の日本人の自由な通行が認められたのは、この接収解除の日からである。

ワシントンハイツはこの道によって二つに分けられた。左（南がわ）は、「国立屋内総合競技場（国立代々木競技場）」❸と「ＮＨＫ」❹、右（北がわ）はオリンピック選手村となり、「代々木選手村」❺と名づけられた。

国立屋内総合競技場は第一体育館（競泳競技）、第二体育館（バスケットボール競技）などからなり、オリンピック開催の１９６４年（昭和39）に完成した。

いま代々木公園を原宿門から入りすぐ右に行くと、平屋の木造住宅１戸がひっそりとたたずんでいる。１９６４年（昭和39）の東京オリンピック選手宿舎の一つである。左地図の❻あたりになる。ここはオランダ選手の宿舎だった。

選手村宿舎は、ワシントンハイツ時代の建物を修築して転用した。独身用であったアパート14棟、木造宿舎２４９棟５４３戸が修築され、各国選手・役員の宿舎となった。東西８００メートル、南北１４００メートル、総面積は66万平方メートルの敷地に、５９００人の選手たちが11日間の生活をともにした（このほか、八王子・相模湖・大磯・軽井沢に分村が建設されている）。

オランダ選手宿舎跡の左手奥に、様々な樹木が立つ。オリンピックの際、各国選手たちが持ち寄ったタネを林業試験場で育て、１９６７年（昭和42）にその苗木をここに植樹したものである。セイヨウカシカエデ（旧東ドイツ）、セイヨウミズキ（ルーマニア）、オウシュウブナ（英国）、マルバトネリコ（イラク）、ヒマラヤゴヨウ（アフガニスタン）など22ヵ国からタネが届けられた。50年後の現在、樹々は後方の明治神宮の森と溶け合い、空へ伸びている。

選手村の開村式は9月15日だった。オリンピック終了後、選手村があった場所は再整備され、１９６７年（昭和42）に代々木公園として開園する。現在、公園内には選手村があったことを示す「ＴＯＫＹＯ１９６４」と五輪マークの記念碑が残されている。

❷五輪橋

1964東京オリンピックで、当会場と国立霞ヶ丘競技場、東京体育館などを結ぶ道路整備が行われ、山手線を越える橋が架けられた。

❹NHK放送センター

1964年（昭和39）に五輪放送センターとして建設・運用開始。

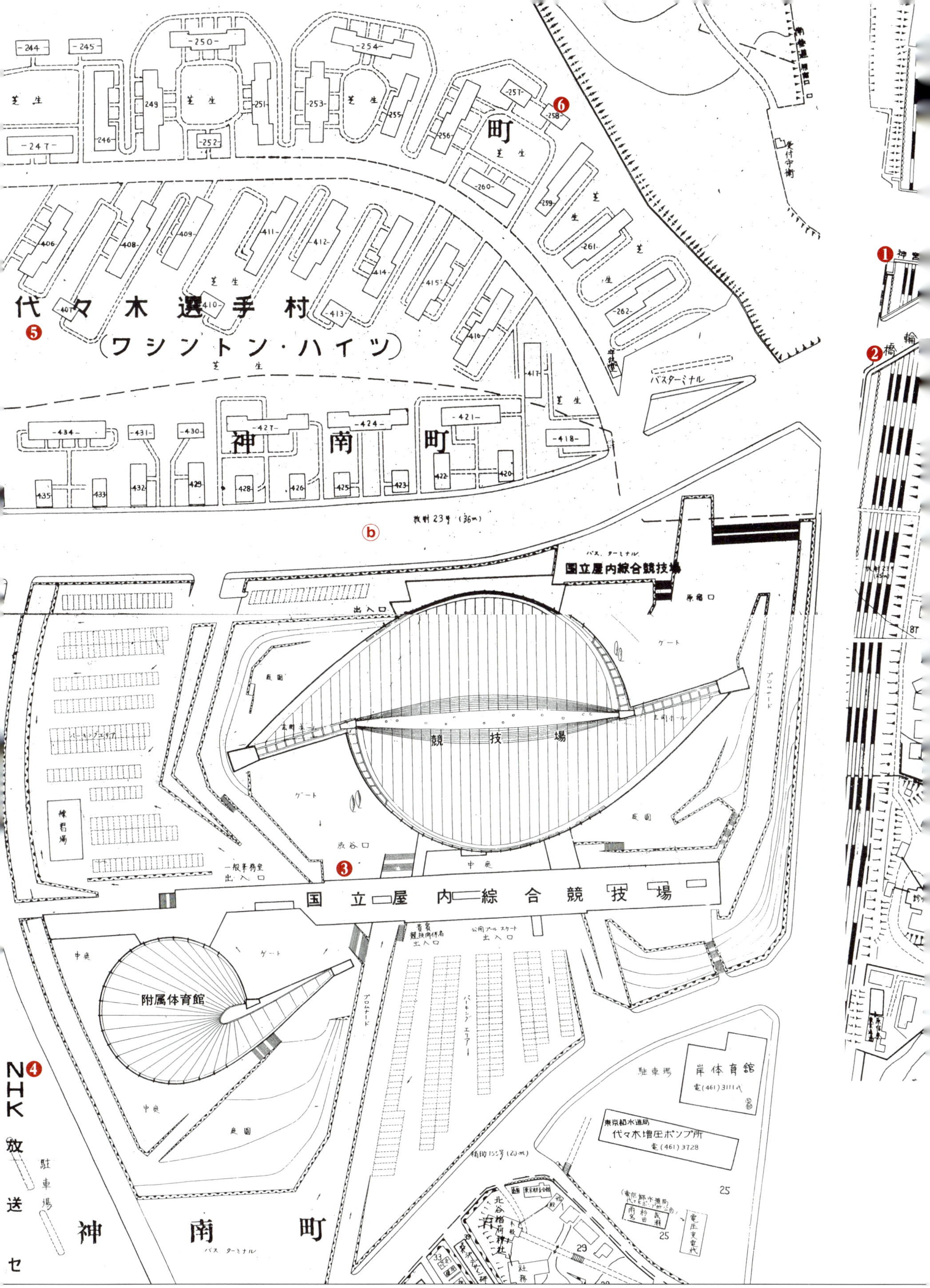

「東京都1/1000精密地図（渋谷区）1962年（昭和37）発行　1964年改訂版」を4図接合　住宅協会地図部

1960年代〜70年代後半

閑散としていたオリンピック開催前の坂道

公園通り（区役所通り）

渋谷は東京オリンピックで激しく変化する。

左地図は東京オリンピック開催の2年前、1962年（昭和37）の公園通り周辺。エリアは前項の南がわである。じつは公園通りの名はまだなく、区役所通りⓐといった。渋谷駅から「総合庁舎（渋谷区役所）」❶へ至る坂道である。西武百貨店もパルコもなく、東武ホテルも建築されていない。

次項にはオリンピック後の同エリア地図を掲げるが、両図の違いが随所に見られる。まずは左地図の公園通りを区役所から渋谷駅方面へ降りてみよう。

競技場の工事のためか、「清水建設材料置場」❷や「鹿島建設出張所」❸が目につく。周りは住宅地のようだ。そのはざまに散在するホテル。

ふと、先日この通りにある居酒屋で、ぼくに練兵場通りという坂道の昔の呼び名を教えてくれた年配の男性の言葉が甦った。

「ほら、この通りには曖昧宿、要するにきみらの言うどころの連れ込みホテルが今もいっぱい建ってるだろう？ 昭和三一年に売春防止法が施行されるまでは、アメリカ兵相手のパンパンがこのあたりにはたくさんいて、みんなそこを利用してたんだ。」

五〇歳はとうに過ぎていると思われるその男性は、とても懐かしそうにその話をした。（『渋谷公園通り』中川五郎 KSS出版）

主人公・高根沢作は、1971年（昭和46）初秋に関西から東京へ移って来る。中川五郎氏の自伝的小説と思われるが、この居酒屋での話は引っ越してすぐの頃。ちなみに主人公も後述しているが当時は連れ込みホテルなどと言わず、ラヴ・ホテルと呼ぶようになっていた。

小説の記述は、左図の約10年後。坂の下の方に西武百貨店（1968年開店）ができることになる。とはいえ、坂上エリアの地味で閑散とした街並みは、左図の時代とそれほど変わってはいないようだ。

反対側は「日本住宅公団 宇田川団地」❹、そのまま坂を下っていくと「東京山手教会 建築工事」❻とある。その先が「丸安百貨店 臨時店舗」❼。川島雄三監督の『女は二度生まれる』（主演・若尾文子 大映 1961）では、看板とともに店先の様子を俯瞰できるが、大きなマーケットのようだった。坂下突き当たりに本来の「丸安百貨店」❽があり、のちに月賦販売を掲げる「丸井」❾がここを渋谷店本館（現・渋谷マルイ）とする。続いて「S・Kビル」（松竹国際ビル）❿⓫。この数年後、西武百貨店が「有料駐車場」⓬の位置に開店し、さらにこの一角を占めることになる。公園通りの名が定着していくのは、その頃からだ。

次項では、オリンピック終了後の公園通りを歩いてみる。

❹宇田川団地

1956年（昭和31）完成の分譲住宅。現在は渋谷ホームズ。

❺中谷喫茶

初代ジャニーズの中谷良（p96参照）の父が経営した店と聞く。喫茶とあるがレストランでもあり、自動車評論家の徳大寺有恒は、ここでよくカレーやオムライスを食べたという。

❻東京山手教会

建築工事中となっている。1948年（昭和23）に赤坂の霊南坂教会より独立して、1966年（昭和41）に山手教会が建てられた。

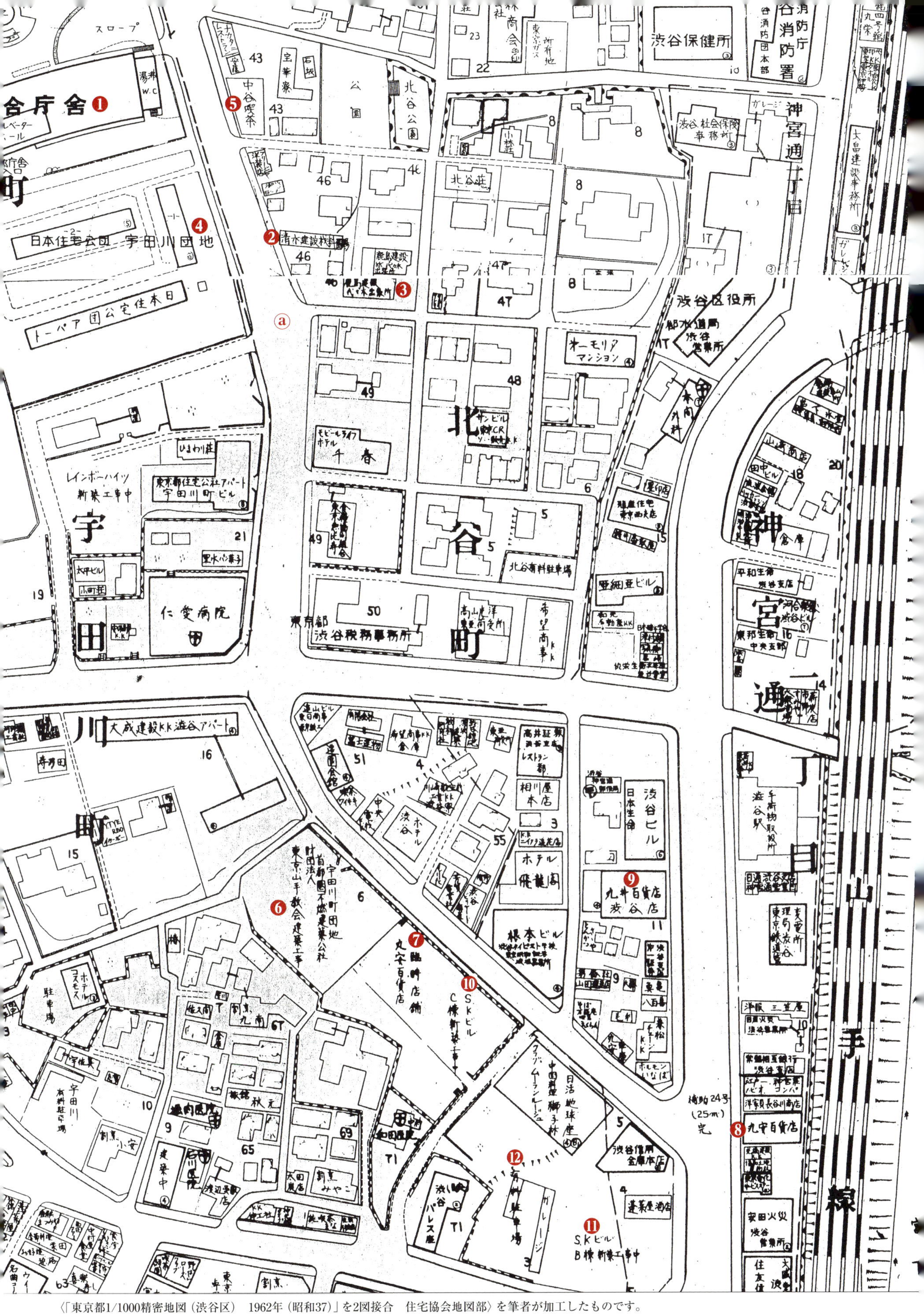

〈「東京都1/1000精密地図（渋谷区） 1962年（昭和37）」を2図接合 住宅協会地図部〉を筆者が加工したものです。

1960年代末期～80年代初頭

公園通り

パルコとジァン・ジァンが大きく変えた坂道

1968年（昭和43）、「西武百貨店A館」❶「B館」❷がオープンする。

堤康次郎率いる箱根土地株式会社が渋谷に来たのは、関東大震災後の1924年（大正13）だった。百軒店の街づくりを終え、数年で渋谷を引き上げたが、40数年後、箱根土地を主軸とした西武流通グループが再び渋谷へ進出して来た。率いるは康次郎を父にもつ、グループ代表の堤清二である。

そして1973年（昭和48）、渋谷の雰囲気を一変させる商業施設が誕生する。「渋谷PARCO」❸である。ファッションビルではあるが、パルコ劇場やソーシャルTV局「2・5D」のスタジオ、パルコミュージアムなどを備えていた。オープンのキャッチコピーは「すれちがう人が美しい 渋谷公園通り」。坂道を意識したコピーで、実際、オープン以降、人の流れは活発になっていく。百貨店は大人を対象に、パルコは若者向けとした西武の渋谷進出は本格化し、多くの若者が坂道を往き来するようになる。坂は公園通りⓐと名づけられた。代々木公園に至る通りであり、PARCOはスペイン語で「公園」を意味している。

街自体を激変させたパルコだが、これは綿密な文化戦略によるものだった。仕掛けたのは堤清二と増田通二。二人は府立第十中学校（現・都立西高等学校）の同級生で、堤が1969年（昭和44）、増田を池袋の丸物デパート（現・池袋パルコ）の社長に抜擢していた。渋谷パルコの戦略を実践していったのは増田で、デザイナー、イラストレーター、コピーライター、写真家、編集者など様々なジャンルの才能を融合させ、「パルコ文化」を花開かせた。その後「パルコPart2」❹、「パルコPart3」（地図「駐車場」の位置❺）が開業する。

公園通りで、もう一つ忘れてならない場所がある。「ジァン・ジァン」である。前項地図では工事中だった「東京山手教会」❻は、1969年（昭和44）に完成、左図には「ジャンジャン」（正表記は「ジァン・ジァン」）が併記されている。小劇場ジァン・ジァンが、山手教会の地下に開場したのは1969年（昭和44）のこと。パルコができる4年前で、公園通りはまだ街灯もなく殺風景な坂道だった。劇場主は高嶋進。音楽と演劇と詩の朗読の空間を目指していたという。運営は楽ではなかったようだが、ジァン・ジァンをステップに多くの才能がはばたいていった。ユーミン、中島みゆき、忌野清志郎、六文銭、高橋竹山、矢野顕子、イッセー尾形……。私は主に東京乾電池、シティボーイズなどの笑い、それにマルセ太郎など芸人のステージに魅かれてジァン・ジァン通いをしたが、手を伸ばせば触れてしまうほど近い舞台は、いつも熱気にあふれていた。

ジァン・ジァンは、サブカルチャーの聖地として30年以上活動を続け、2000年（平成12）に閉館となった。

ⓑⓒⓓ

公園通りとなったとき、パルコ周辺の坂はそれぞれスペイン坂ⓑ、ペンギン坂ⓒ、オルガン坂ⓓと名づけられた。スペイン坂の愛称はパルコ進出以前からすでに呼ばれていたもので、作家の早川暁は『公園通りの猫たち』の中で、「ひそかにスペイン坂と言っているぶんには愛嬌もあってよかったのだが」と皮肉を混じえて辛口の文を書いている。

❶❷西武百貨店

A館B館間の道路下には暗渠があるため、難工事になったという。

❸渋谷PARCO

2017年（平成29）8月、建替えに伴う一時休業に入った。

❼大盛堂書店

1970年代後半だったか、ここに大盛堂書店本店が移転した（現在は道玄坂下）。5階に地図売場があり、担当書店員が客の希望する地図を取り出し、カウンターに広げる動きに目を見張らされたことがある。

❽coffee時間割

前項で紹介した中川五郎の『渋谷公園通り』には「余裕を持ったレイアウトで席が作られ、インテリアもすっきりしている。いかにもおしゃれな喫茶店といった時間割の客は、僕と同じように一人で本を読んでいる者やデート中のカップルが多かった。」とある。

◀「東京都1/1000精密地図（渋谷区）1979年」を2図接合　住宅協会地図部

Coffee 時間割
鹿島建設
渋谷分室
東武鉄道開発事業
管理地
電力
支社
渋谷
ホームズ
シェーキーズ
PAONDOR、ころく、Harares Zon、
DIPPERDAN、MONPAIN、ALFIO
たばこと塩の
博物館
神山ビル
ホテル
ロイヤル
ブルヴァードビル
川合ビル
駐車場
サン
ホテル美苑
井上ビル
マックスファクター
星ビル
公園通り
渋谷東武ホテル
宇田川町ビル
宇田川町住宅
渋谷
セントラル
ビル
RICA
大平ビルディング
渋谷
PARCO
新館
小町荘
安保ビル
神南ビル
丸恵ビル
ホテル
仙亭
ホテル
虹
ホテル
モンブラン
有料駐車場
アジアビル
渋谷神南郵便局
東京都渋谷勤労福祉会館
東京都渋谷労政事務所
都営神南1丁目アパート
ハイマンテン
駐車場
渋谷区
宇田川町
渋谷 PARCO
本館
5F マップハウス
駐車場
パルコゴルフクラブ
Kビル
東京印章
遠山ビル
第一工業ビル
第二工業ビル
コルザ
和田ビル
高山ランドビル
川津ビル
相川屋豆腐店
第一清水ビル
パーキングタワー
丸井渋谷店 新館
ホテル龍龍園
根本ビル
日本キリスト教団
東京山手教会
山手マンション
公園通り小さな店
山手幼稚園
神南1丁目
西武渋谷パーキングセンター
渋谷信用金庫
ホテル
オリエント
ホテル石庭
渋谷国際ビル
アパート
東急ハンズパーキング
熊谷酒店
堀内医院
今村敏夫
旅館
秋元
緑荘
伸エビル
焼肉冷麺
CIAO
PARCO
渋谷センタービル
西武百貨店前
近藤アパート
伸工社
社員寮
渋谷パレス座
駐車場
西武百貨店
渋谷店
1F 三井銀行渋谷支店
日本信託銀行渋谷支店
ラブリーザ
大石ビル
刀葉会館
宇田川町
西武百貨店・渋谷店 A館
西武百貨店渋谷店
三井銀行渋谷支店
B館
東京鉄道荷物
メッセンジャー
渋谷駅
手荷物取扱所
小荷物事務所
倉庫
皆川ビル
ニュー徳川
渋谷西武前店
日産火災海上保険
渋谷支店
丸井
渋谷店
本館
安田火災海上保険
渋谷ビル
大盛堂書店
渋谷住友
信託ビル
住友
信託銀行
渋谷支店
河合グランドシテ
渋谷
丸井
パーキングタワー
日本長期信用銀行
渋谷支店
すみや

終戦〜1980年代

玉電が走っていた坂の上

道玄坂上

写真は1968年（昭和43）、玉電（東急玉川線）が廃止（一部路線を除く）となる前年のものだ。電車は渋谷駅を発車、専用軌道を上って道玄坂上から一般道路に出て、中目黒へ向かう。右に慶應3年創業の和菓子屋「仁科屋」❶。80年代初めに11階のビルとなるのだが、その頃、作家の早坂暁が公園通り近くの崖下で生まれた子猫のことを書いている。

弱々しくなったノラの子猫を病院に連れていったところ、引き取ってくれた人がいた。仁科屋の若奥さんである。早坂さんは「まるで〝鴻池《こうのいけ》の猫〟だ」と嬉しく思う。「鴻池の犬」は上方落語で、捨て犬が金持ちの商家に拾われる噺である。鴻池は江戸時代、日本最大の財閥だった。

まあ、鴻池とはいかないが、渋谷界隈では仁科屋さんはよく知られた和菓子屋さんの老舗である。（「〝鴻池〟の猫」『公園通りの猫たち』所収　講談社文庫）

仁科屋は、現在「ハチ公サブレ」などで知られている。

写真左手に「道玄坂商店街」のアーケードの看板。時代は遡るがこの辺り、明治期に与謝野晶子と与謝野鉄幹が住んでいたところ。いま、晶子の歌碑❷が立つ。地図に目を転じてみると、坂上に洋服店「松本テーラー」（下図）❸とある。

「戦前、父（松本茂作）が南青山で開業した店ですが、空襲で焼失、渋谷へ移ってきました。当初、敗戦の混乱期には、道玄坂で露店の商いをしていたそうです」。故人に替わって語るのは姉弟の陽子さんと俊介さん。現在は調布で会社を営んでいるが、子供時代は渋谷がなじみの街だった。近所の店の人も二人を可愛がってくれた。俊介さんが思い出を語る。

「隣の亀ずしには家族でよく行きました。そのうち中学生頃かな、親には内緒で。ばれないようにツケで。悪ガキですね（笑）。右隣の内藤文具店では万年筆を。これも勝手にツケ（笑）。そのうち親に知れてしまい、ひどく叱られました」

洋服店はかなり繁盛した。円山町ⓐが近いことが大きかった。料亭に遊びに来る政治家や財界人のオーダーメイドが多く、電話があるとお客の寸法を測りに、メジャー片手に料亭まで出向いた。料亭の人との付き合いも多かった。街ぐるみの付き合いが、まだまだ残っていた。

1968年頃の玉電。廃止となるまで沿線の人々に親しまれた。現在は地下を走る東急田園都市線に引き継がれている。白根記念渋谷区郷土博物館・文学館蔵

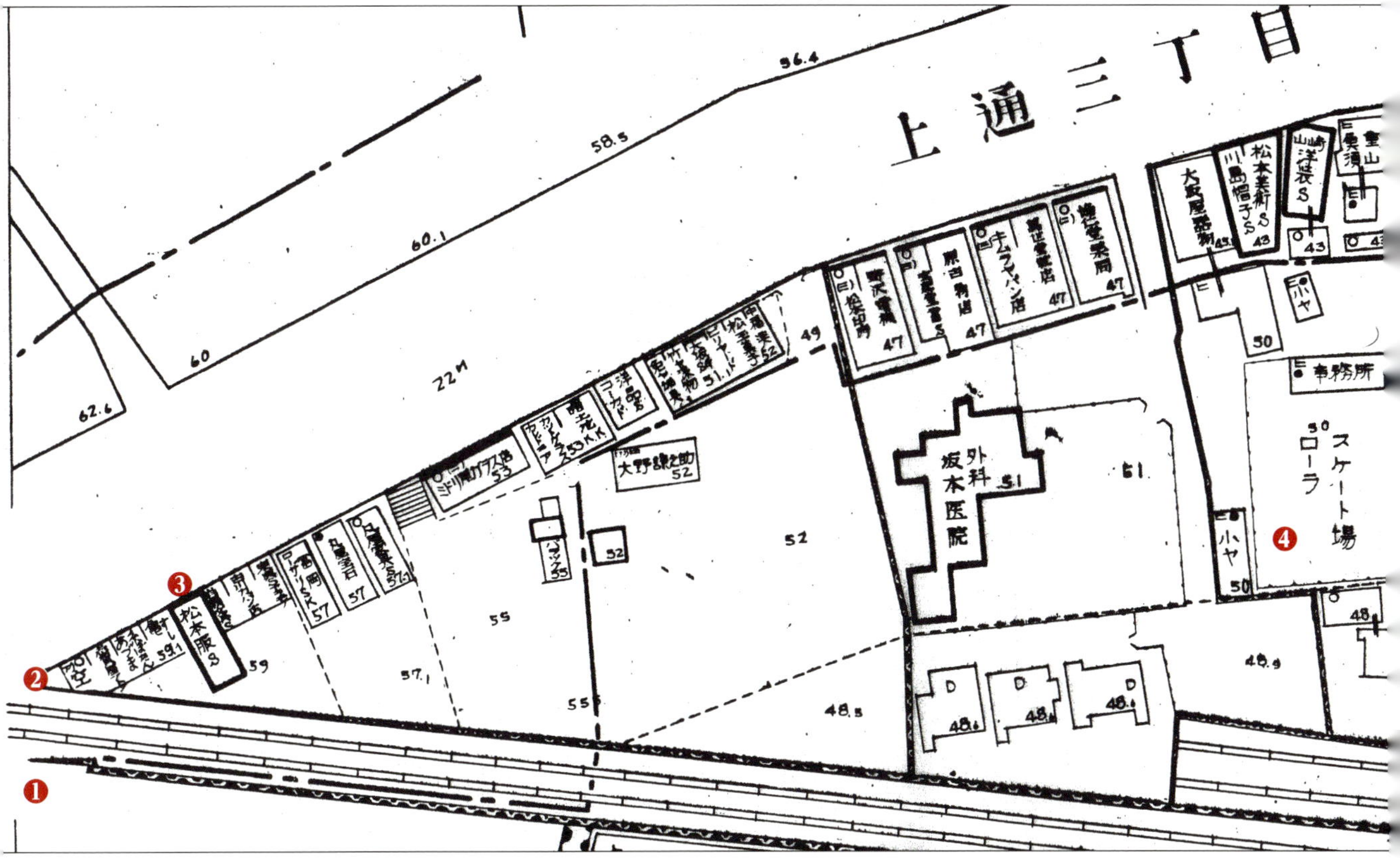

ローラスケート場❹がある。松本さんに尋ねたが、記憶にはないとのこと。早めに閉場したようだ（下図は空白）。
火災保険図「渋谷駅付近2」1949年（昭和24）10月作図　都市整図社

いまのココ!

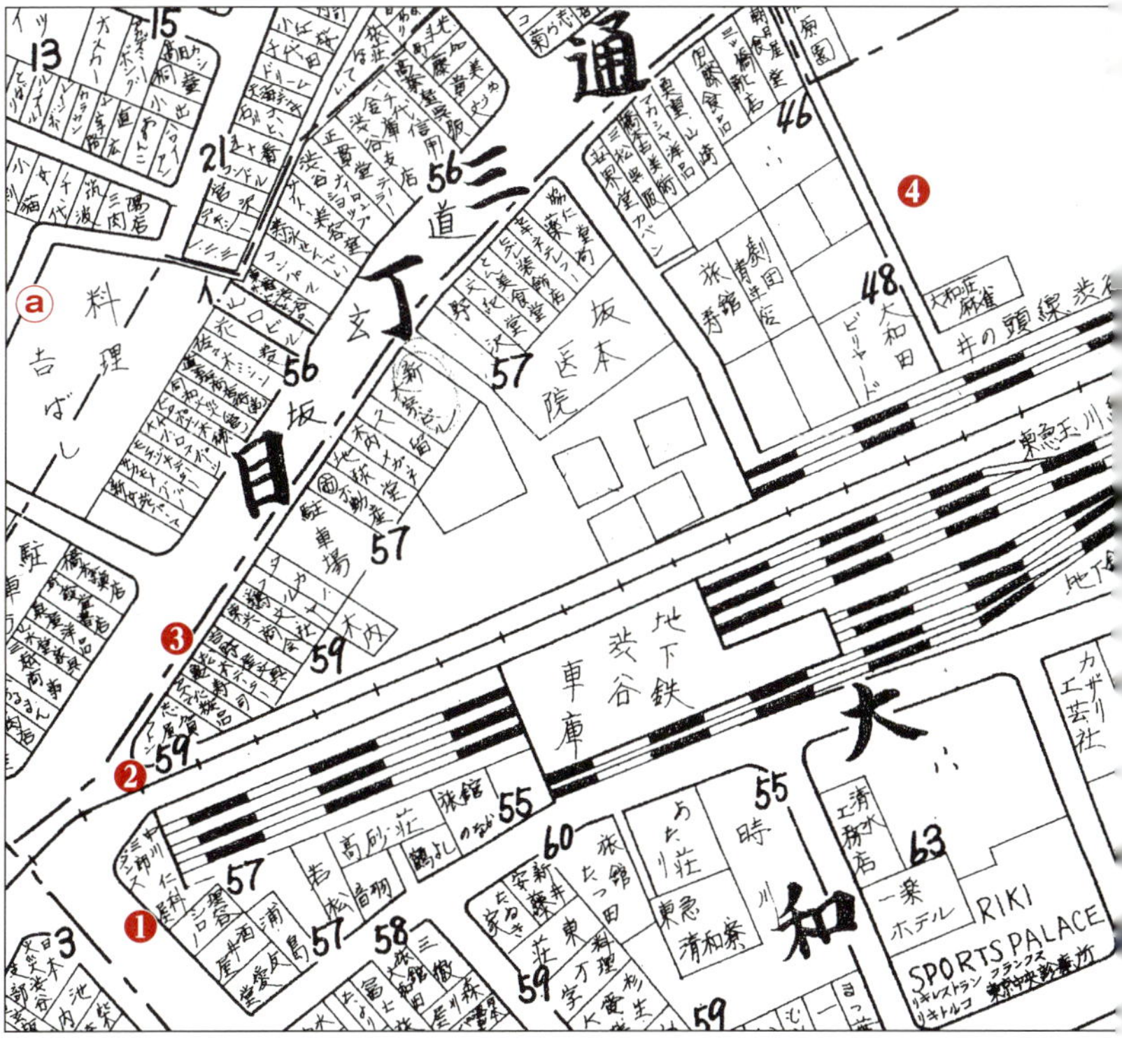

商工住宅名鑑「栄通り一、上通り三・四、円山町、南平台町、大和田町」1965年（昭和40）　住宅協会

1960年代〜80年代

引っ越してきた将棋連盟と村上春樹

千駄ヶ谷

日本将棋連盟の本部が、東中野から千駄ヶ谷に移転したのは1961年（昭和36）のこと。木造2階建てで、冬は寒さが厳しく、ガスストーブで暖をとっていた。

1974年（昭和49）、大山康晴・中原誠の両副会長、また相談役となった升田幸三が中心となって、「将棋会館」❶建設が計画された。完成は1976年（昭和51）4月である。地上5階・地下1階。当初は地下にレストラン「歩《あゆむ》」があったが、1997年（平成9）に閉店している。

対局中、棋士は外食も多い。しかし、2016年（平成28）末から対局中は外出禁止となり、弁当を持参するか、近くの店から出前をとるようになった。寿司の「千寿司」、うなぎの「ふじもと」（下の地図❷❸）もそれらの店である。

下図、左図とも1980年（昭和55）の地図だが、両店ともいまも営業しており、ファンも多い。引退した加藤一二三さんは大のうなぎ好きだが、「ふじもと」へよく通い（あるいは出前を頼み）、昼は〝竹〟、夜は〝松〟を食べたという。ちなみに、加藤が大躍進し、一二三ブームが起きたのは、将棋会館建設の翌77年、27歳のときだった。

この年（1977）、村上春樹が経営するジャズ喫茶「ピーター・キャット」❹が将棋会館のすぐそばに移転して来る。

その昔、僕は国分寺でジャズ喫茶を経営していた。ジャズ喫茶といってもそんなにシリアスなのではなくて、気楽にお酒も飲める店だ。自分で言うのも何だけれど、当時としてはなかなか悪くない店だった。でも事情があって、千駄ヶ谷に移ることになった。（『村上朝日堂はいかにして鍛えられたか』村上春樹 新潮文庫）

住まいは「プリンス・ヴィラ」❺、木造2階建てアパートで、狭いが雰囲気ある可愛いアパートだったと同書にある。よく訪れたのは千駄ヶ谷商店街。「明治屋書店」❻（現在は閉店）で本を買い、床屋は「ナカ理容室」❼を贔屓にした。

二ヵ月に三回くらいのペースでここに行って椅子に座る。それだけである。一切何も考える必要がない。（『やがて哀しき外国語』村上春樹 講談社）

とはいえ、主人と会話を交わすこともある。例えばマッサージをしてもらいながらの、肩こりの話。

「いろいろ肩を揉んでますけれど、いちばん肩がこる人っていうと、これは何と言っても将棋の棋士の方ですね」と床屋さんが言う。僕の行く床屋は将棋会館の近くなので、将棋をさす人がよく来るのである。（『村上朝日堂 はいほー！』村上春樹 新潮文庫）

なるほど。会館の近くで髪を切る棋士はいるということ。対局前に、気持ちを引き締める。たしかに、床屋にはそんな効果がある（と思う）。いまもナカ理容室は営業中である。

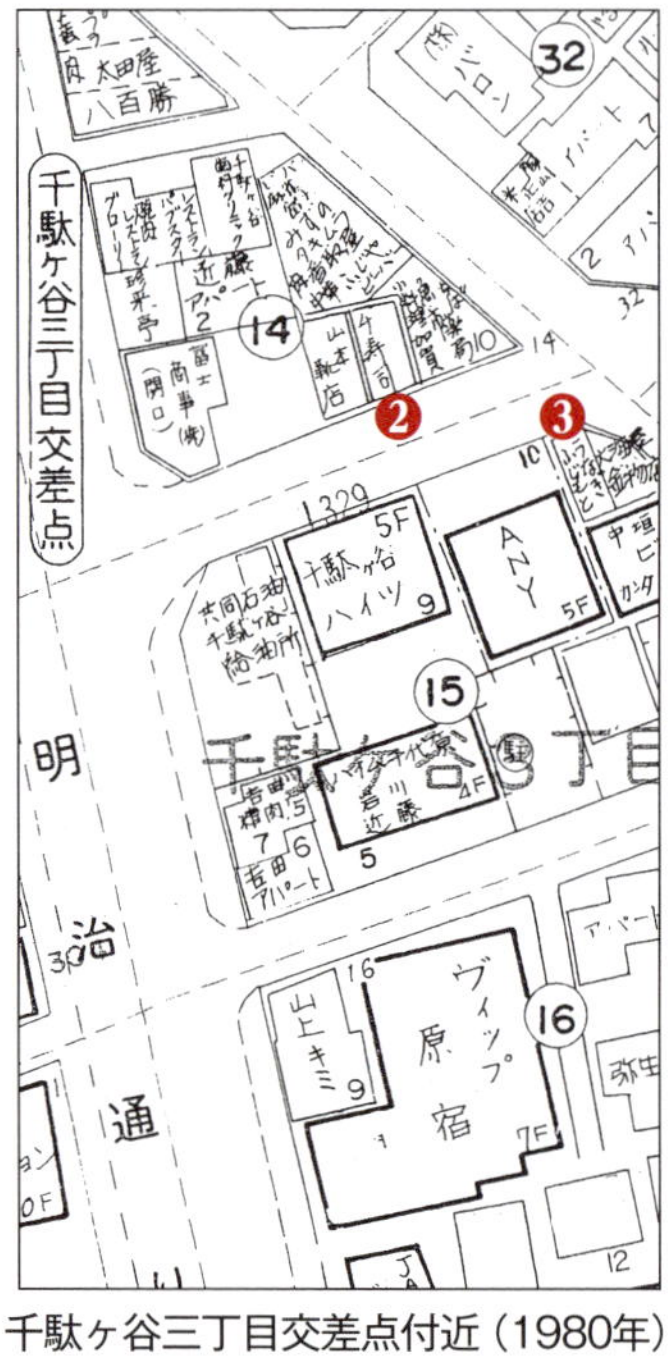

千駄ヶ谷三丁目交差点付近（1980年）
位置が逆になるが、実際は左地図端のさらに左（西）、明治通り近く。

千駄ヶ谷駅南側、鳩森八幡神社付近(1980年)

「航空住宅地図帳」を2枚接合。1980年(昭和55)日本住宅地図出版株式会社 (右図も同)

❹ピーター・キャット

「白馬」の2階にあった村上春樹経営のジャズ喫茶。1986年(昭和61)秋、渡欧するまで営業。

❺プリンス・ヴィラ

現在はなくなり、跡地は通販会社「アールユー」。村上春樹はこのあと、隣の「外苑パーク・ホームズ」❽へ引っ越した。

❾鳩森八幡神社

境内の将棋堂には、大山康晴十五世名人が奉納した大駒が祀られている。また富士塚や能楽殿がある。

戦前〜1980年代

竹下通りのそばを川が流れていた

竹下通り（竹下町・穏田三丁目）

当時は人通りはごくまばらで、それはそれは静かな住宅地だった。ほとんど交通のない明治通りは、子供心にもやたらだだっ広く、こわいぐらいに大きな道に見えた。（『ぼくの日本自動車史』徳大寺有恒 草思社文庫）

自動車評論家の徳大寺有恒は戦前、原宿の竹下町で生まれた。左下の地図B、（竹下町）の文字の並びラインが、ほぼ現・竹下通りに当てはまる。つまり、通りの両側が竹下町ⓐだった。南は穏田《おんでん》三丁目ⓑ（現在はどちらも神宮前一丁目）。なんと、その境界が川ⓒで分けられている。明治神宮の「清正井《きよまさのいど》」から湧き出た泉が源流という。

いま竹下通りの入口ⓓに立つと、下り坂の様子がよくわかる。川は竹下通りの少し南がわを流れていた。地図AB両方にある「富貴荘」❶という旅館を目印にすると、地図Aからも川の流れが浮き出てくる。川の流れは、いまも路地として残っている。ゆるやかな下り坂の「ブラームスの小径」（地図A—ⓔ）などと名付けられた道である。明治通りⓕに出ると、川筋は不明となるが、やがて渋谷川に合流する。

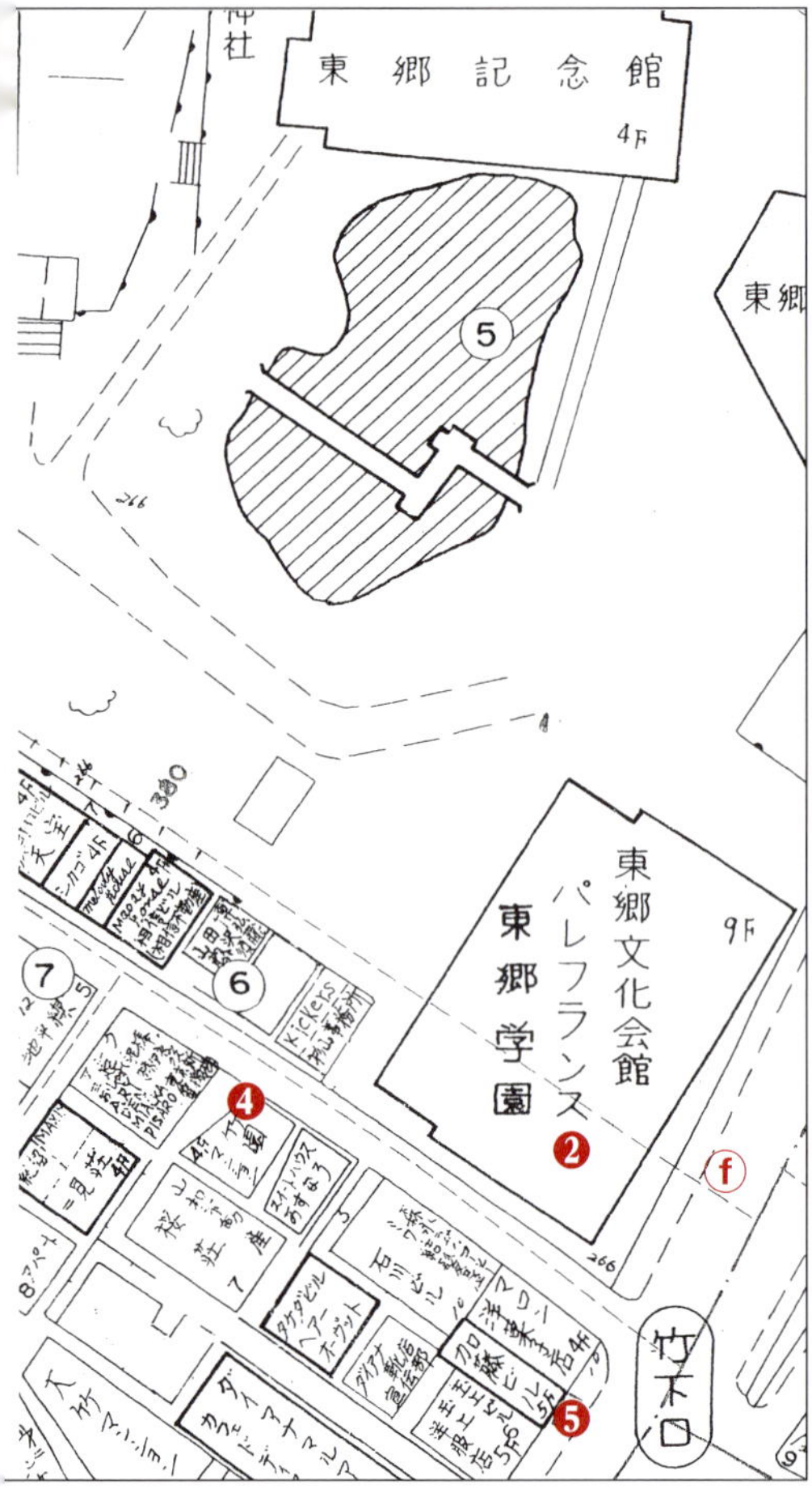

地図A 1980年
〈「ゼンリンの住宅地図 渋谷区」1980年（昭和55）〉を筆者が加工したものです。

「静かな住宅地」というイメージは、しばらく変わらなかった。当時を知る人から、「50年前かな、住宅地に魚屋や八百屋さんがあって静かな雰囲気。ええ、川も流れていましたよ」と聞いた。暗渠《あんきょ》化されたのは1960年代半ばという。

暗渠となって10数年後、地図Aは1980年（昭和55）のもの。竹下通りが変貌するのは、この少し前からである。

竹下通り出口に「パレフランセ」❷ができたのは1974年（昭和49）、77年に「原宿竹下通り商店会」が発足する。パレフランセの1階にオープンカフェ「カフェテラスロイヤル」（のち「オー・バカナル」）があったが、道行く人を前にコーヒーを飲むことになかなか慣れなかった。オープンカフェといえば、キディランド隣「カフェ・ド・ロペ」もそうだった。冬は寒さよけに、ビニールシートが覆われていた。

77年にはクレープ専門店「カフェクレープ」❸が開店。竹下通りのシンボルとして、クレープがメディアに取り上げられた。79年には「ブティック竹の子」（地図p122★）が開店し、ここで売られる独特のカワイイ衣装を着て、代々木公園などでパフォーマンスする「竹の子族」が生まれた。

竹下通りは竹の子族やクレープ片手の中高生、地方からの観光客などで芋の子洗うごとしだったが、まあ思えば、縁日のようだったとも言える。通り周辺の店は、ファッションや雑貨、クレープ店など若者向けの店が増えていったが、もちろん昔からの寿司屋、蕎麦屋もふつうにあった。

地図にはないが❹の辺りの「ロジーナ茶房」はスタンダー

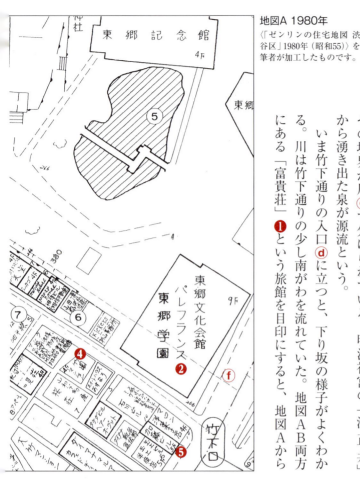

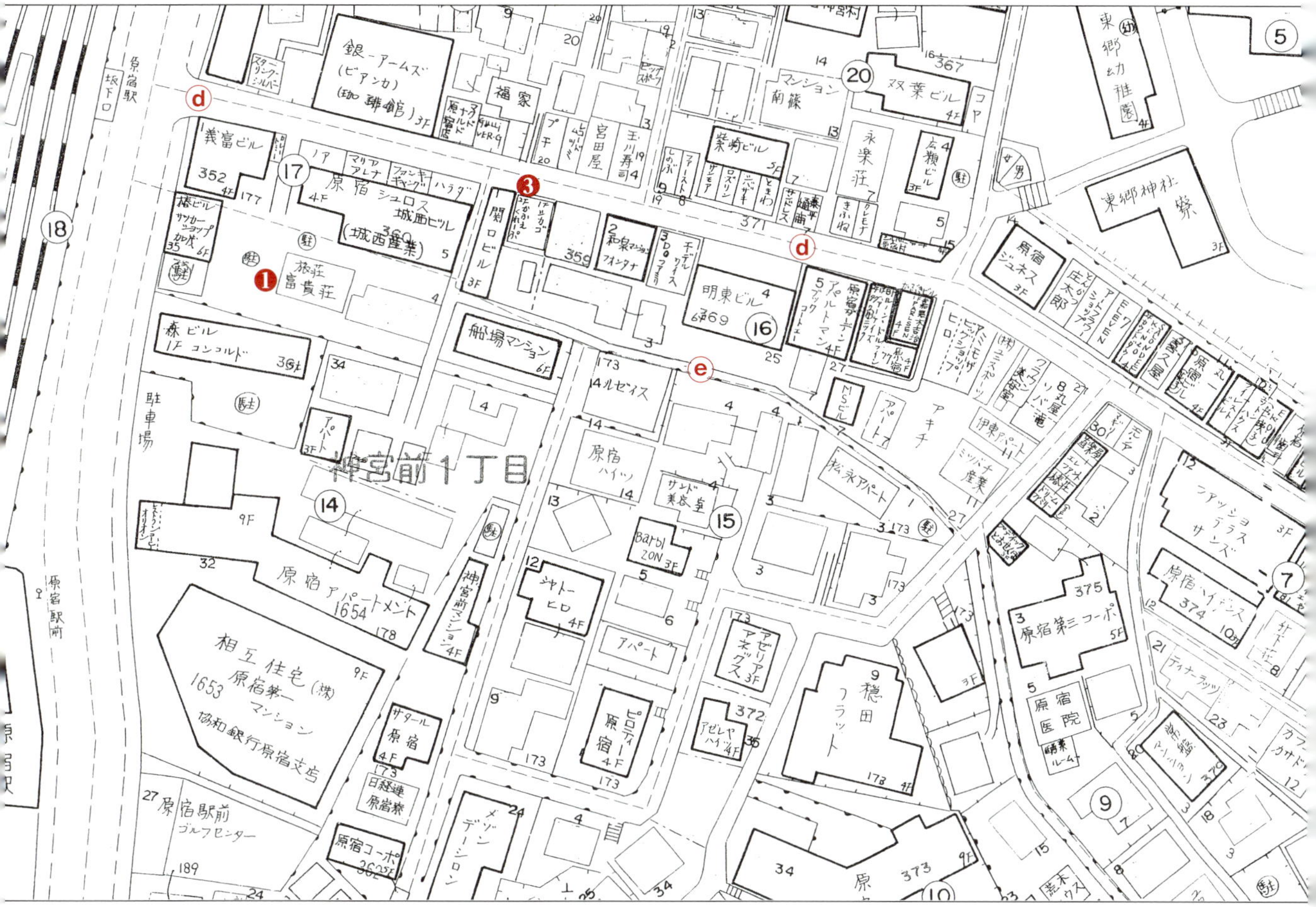

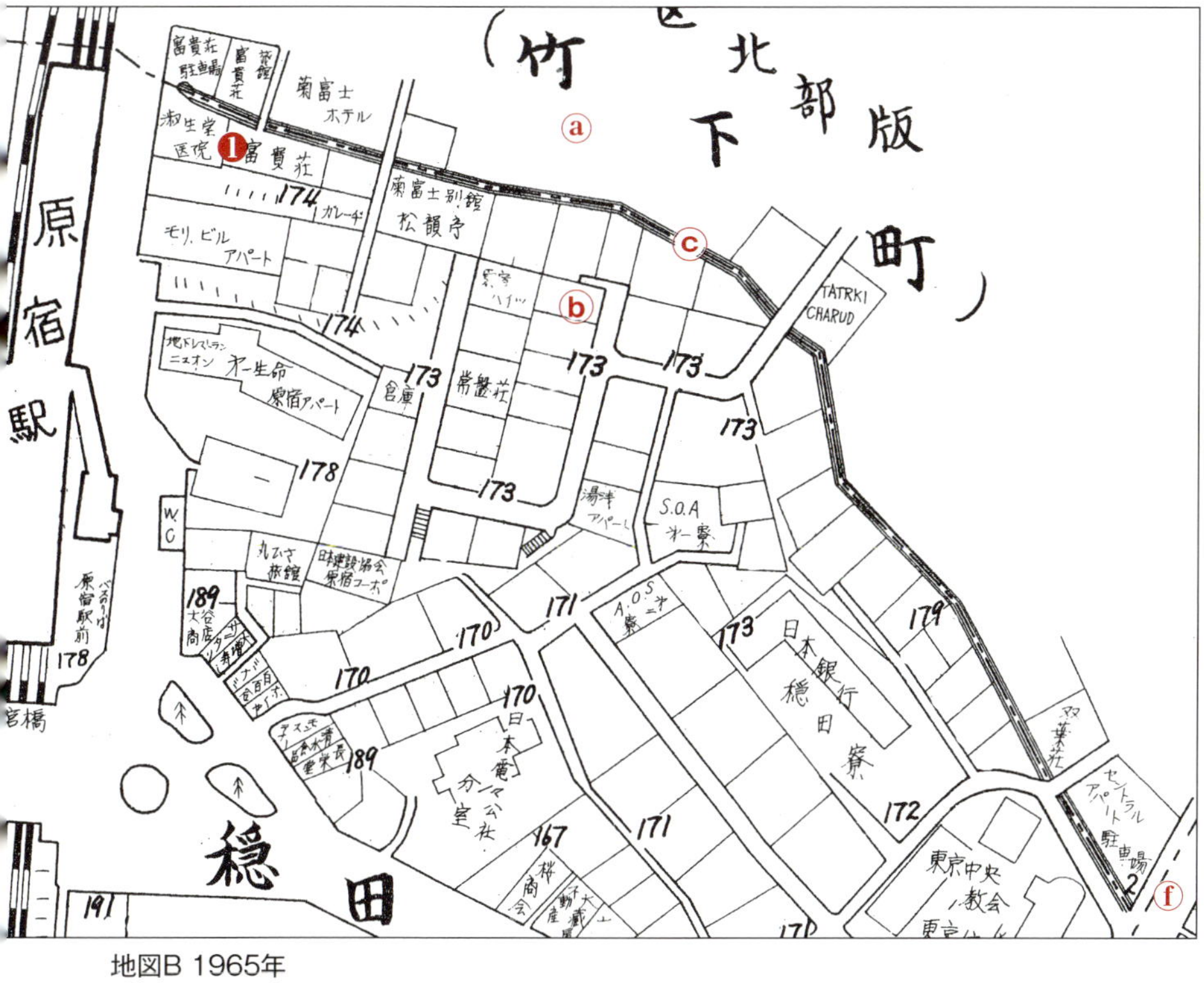

地図B 1965年
〈「全住宅地図案内図町 穏田一、二、三、神宮通二、神園町」1965年(昭和40) 住宅協会〉を筆者が加工したものです。

ドジャズが流れる落ち着いた店だった。手作りのジャムやアイスクリームもあり、ひと息つくのに格好の店だった。

竹下通り出口をパレフランスと反対（右）に折れると、ビルの地下に四川料理「龍の子」❺。麻婆豆腐、おこげあんかけ、カニチャーハン……。龍の子は原宿へ訪れたときはときどき入るが、ロジーナはいつの間にかなくなった。竹下通りは、いまも縁日の賑わいである。

1970年代後期～80年代

切手のフクオから旧渋谷川遊歩道まで

原宿駅・神宮前交差点

1977年（昭和52）、表参道のホコ天（歩行者天国）が始まった。私ごとだが、勤めていた会社を辞め、原宿の事務所に世話になったのはこの年だった。当時の記憶をたどりながら地図（1980年発行）を手に、表参道ⓐを、原宿駅❶から旧渋谷川遊歩道（キャットストリート）ⓑ方向へ歩いてみよう。

あの頃、原宿駅を出ると向かいがわは空き地だった。多くの日にはテント村が立ち、露店が並び、古着や缶バッチ、ドナルドやミッキーの腕時計が売られていた。地図は「ゴルフセンター」❷だが、テント村のあとにできたのだと思う。その後、オッシュマンズが建ったがそれもいまはない。

そば屋「丸屋」の隣に「ドトール1号店」❸がオープンしたのは1980年（昭和55）4月。日本初のフランチャイズ珈琲店だった。現在は数メートル南に移っている。

表参道の左がわを降りていくと、創業1934年（昭和9）の「フクオ」❹があった。切手と古銭の専門店で買い取りもあり、愛好家の中高校生たちは〝聖地〟と呼んでいた。隣の「さくらホビー」❺はプラモデルとラジコンの店。こちらも古株で、少年たちがショーウィンドウを覗いていた。反対がわの「コープオリンピア」❻は、1965年（昭和40）分譲の高級マンション。前年の東京オリンピック開催にちなむ名称という。地下にスーパーマーケットがあり、そのそばで売っていたホットドックが旨かった。ユーミンも来ていたというダイナー「ダイネット・オリンピア」も近年、閉店となった。味ともに健在なのは1階の中国料理「南国酒家」だろう。

神宮前交差点手前に、「グリーンファンタジア」❼というビル。1階は「千疋屋」で、いまの店よりゆったりしていた。

東京伝道センターがあった敷地に「ラフォーレ原宿」❽ができたのは1978年（昭和53）のこと。館内には「資生堂パー

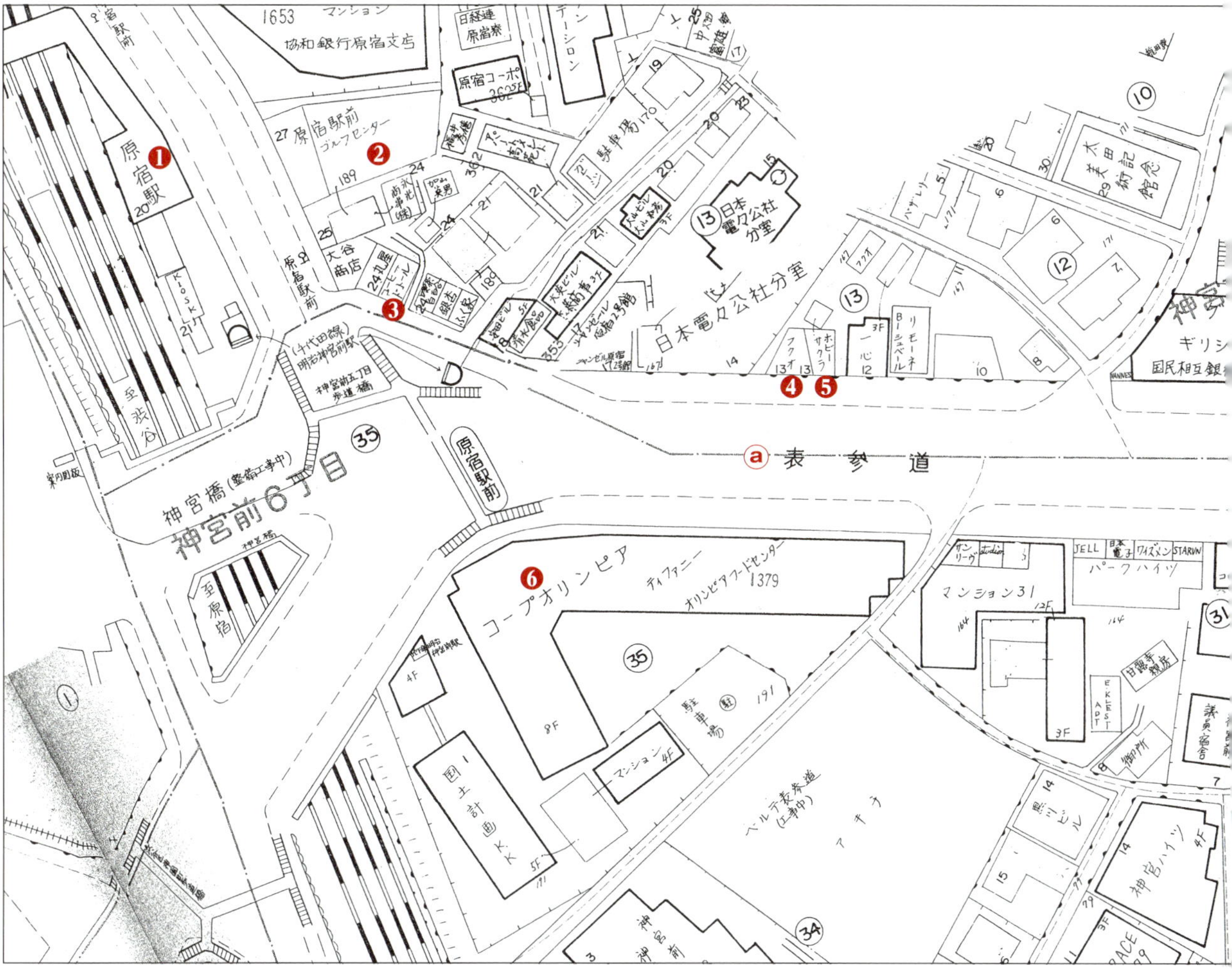

〈「ゼンリンの住宅地図　渋谷区」1980年〉を筆者が加工したものです。★印「ブティック竹の子」はP118参照。

ラー」が開店した。82年に「ラフォーレ原宿ミュージアム」ができ、アート展やイベントが行われるようになる。

神宮前交差点を渡ると「セントラルアパート」❾。地上7階・地下1階で「話の特集」「草思社」のほか、写真家、デザイナー、コピーライターなどの事務所があった。1階に黒を基調の喫茶店「レオン」、隣にはロリータファッションの「MILK」があった。また地下の「原宿プラザ」は雑居ショッピングフロアで、ブティックや雑貨店で混沌としていた。

セントラルアパートは1998年（平成10）に解体、現在は東急プラザ表参道原宿となっている。

道路を渡ってしばらく進むと右折する道があり、「穏田《おんでん》商店街」ⓒの看板がかかっている。かつては穏田一丁目、神宮前五・六丁目になったのは1965年（昭和40）の住居表示変更からである。そこを進むと「桜湯」❿。破風造りの銭湯で、何度か入ったが02年に廃業したと聞いた。その先は八百屋や魚屋、米穀商など個人商店が軒を並べていた。

「キディランド」⓫の創業は1950年（昭和25）で、最初は本と玩具の「橋立書店」だった。〝キディランド〟はワシントンハイツなどの外国人客が呼んでいた愛称という。

キディランドの裏に「ペニーレイン」⓬がある。吉田拓郎（当時はよしだたくろう）の「ペニーレインでバーボン」（1974）の歌で知られていたバーである。

大通りに戻って反対がわへ渡り、歩を進めると交番⓭、その手前が旧渋谷川遊歩道である。当時、雑貨屋やブティックはちらほらあったが、いまのような賑わいのキャットストリートになるのはもっと先のことだ。日曜日のホコ天は、竹の子族がみんなで踊り、ロックバンドが路上ライブをしていたが、1997年（平成9）に中止となった。

１９７０年代〜９０年代

文化屋雑貨店から始まった

ファイアー通り

１９７４年（昭和49）、20代の長谷川義太郎は会社をやめ、雑貨店を始めようとしていた。モノを捜し、並べる。雑貨を売ることで暮らし方を提案したい。いまではそんな店は珍しくないが、当時は考える者さえ稀だった。そう考えた翌日から物件探しが始まった。もちろん安くなければならない。

そしてやっとたどり着いたのが、渋谷の町はずれ、山手線のガードそばのモルタル・アパートの一階だった。今は、ファイアー通りなどと気の利いた（?）名前をつけられているが、当時は、渋谷消防署と保健所と職安しかない場所だった。明治神宮から渋谷へ向かうアベックや、保健所へ行く赤ん坊づれの若いママさんがチラホラと歩いている程度だった。夜になれば真っ暗けで、まん前の消防署のおにいさんがベーゴマをやっていた。（『がらくた雑貨店は夢宇宙』長谷川義太郎　晶文社）

多くのファンが通うことになる「文化屋雑貨店」（地図Ａ❶）の誕生である。当然、ファイアー通りⓐの名は開業時にはなかったものだ。ファイアー通りは通称で、渋谷消防署❷があるからということらしい（公式には神宮通り）。

１９８０年前後、原宿で勤めていた頃、この通りをよく歩いた。終点渋谷で東横線を降り原宿まで歩くのだが、文化屋雑貨店が開いていると、おのずと足は店内に向かった。ガラスのしょうゆ瓶や湯たんぽ、それにパイプベッドも置かれ、天井から靴下がぶら下がっていた。文化屋雑貨店は15年間ここで営業し、１９８９年（平成１）に原宿へ移転する。そして２０１５年、多くのファンに惜しまれて閉店した。

文化屋雑貨店の少し北に「ＢＥＡＭＳ（ビームス）」❸がある。いまでは全国に展開するオリジナル及び輸入衣料品のセレクトショップだが、当時は2店に過ぎなかった。ここへ出店したのは１９７７年（昭和52）、前年７６年に原宿で開業し成功した「ＡＭＥＲＩＣＡＮ ＬＩＦＥ ＳＨＯＰ ＢＥＡＭＳ」の2号店だった。

ファイアー通りは現在、どのように変わったか。

１９９０年の地図Ｂを見ると、「職業安定所」❹はハローワークとなったものの、消防署とともに場所はほぼそのままだ。「東京電力ＴＥＰＣＯプラザ」❺は「シダックスカルチャーホール」に、「丸井渋谷店本館」❻は「渋谷モディ」になった。ガード手前❼には「タワーレコード」が建つ。

１９９５年（平成７）の渋谷を舞台にした、青春バイオレンス小説がある。何かに抗うように、渋谷の街を疾走する５人の高校生たち。クライマックスの大乱闘、大団円はファイアー通りで繰り広げられる。

１９９５年は阪神・淡路大震災が起き、オウムがサリン事件を起こした年である。高校2年生の主人公Ｑは、この年の大晦日、仲間とともに、六発の花火を打ち上げることを計画する。打ち上げ場所は松濤《しょうとう》の公園、宇田川町の中学校の中庭、代々木公園そばの空き地、キャットストリート裏の広場、センター街の空きビル屋上、そして……。ファイアー通りの大乱闘が静まったそのとき、最後の一発が上がる。

早見和真の『キュウゴー95』（ＫＡＤＯＫＡＷＡ）は、１９９５年の渋谷という特異な空間で暴走迷走する高校生の姿を、生き生きと描いている。街に流れるオザケンなど、当時の音楽とポケベルのメッセージが時代と街をほのかに彩っている。

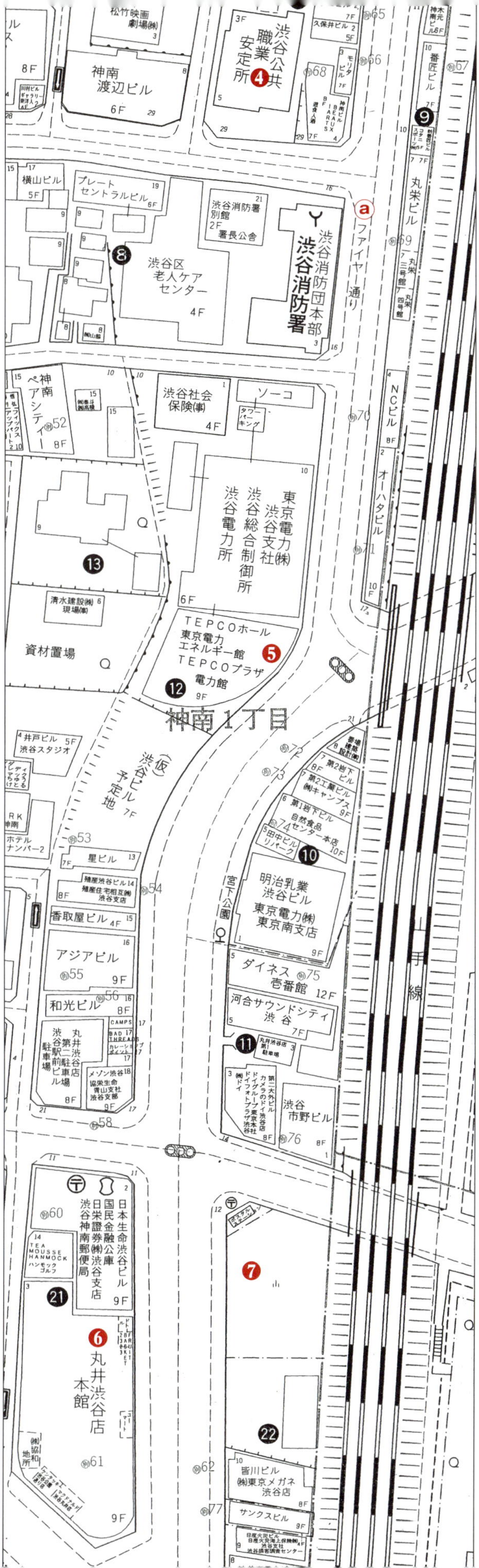

地図B 1990年
〈「ゼンリンの住宅地図 渋谷区」1990年〉を筆者が加工したものです。右図にはない渋谷駅寄りエリアを少し補いました。

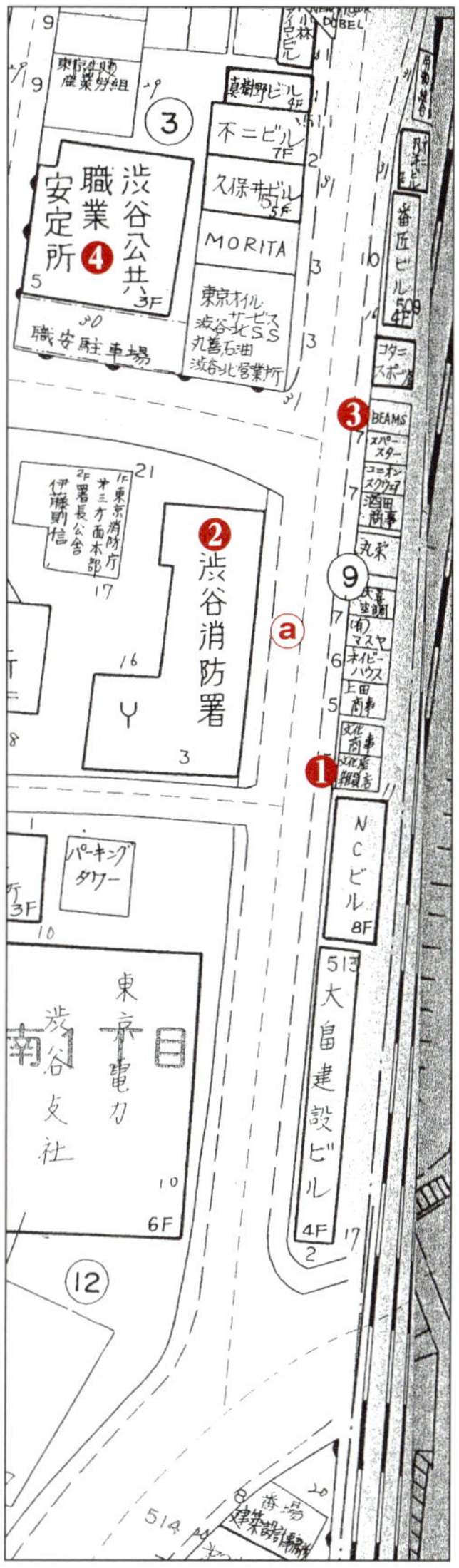

地図A 1980年
これより以前は、線路にへばりつくように木造の家や倉庫がたくさんあったが、その面影は残っているようだ。
〈「ゼンリンの住宅地図　渋谷区」1980年〉を筆者が加工したものです。左図より拡大のため、渋谷駅がわはカットしました。

1990年代

東電OL殺人事件の渋谷

円山町・井の頭線神泉駅

1997年（平成9）3月20日の朝刊に、小さな記事が出た。見出しは「空室に女性絞殺死体」とある。

十九日午後六時前、東京都渋谷区円山町のアパート「喜寿荘」の一〇一号室で女性が死んでいるのを、管理人から見回りを頼まれた男性が見つけ、110番通報した。（朝日新聞 1997・3・20）

被害者は東京電力に勤務する39歳の女性で、自宅は京王井の頭線沿線にある。彼女は毎朝、井の頭線の渋谷駅で降り、地下鉄銀座線に乗り換える。勤務先の新橋まで10数分。帰路はそのまま逆コースのはずだが、渋谷で降りると井の頭線ではなく、スクランブル交差点へ向かう。そして何本も枝分かれする道のうち、必ず、雑踏の道玄坂ⓐを上って行った。

その後の捜査や報道で、女性は約5年間、円山町のラブホテル街近くで男たちに声をかけていたことが判明する。

円山町での「仕事」を終えて、井の頭線神泉駅から帰宅する。それが定まった行動だった。しかし、その日を境に、女性は帰らぬ人となってしまう。

2ヵ月後、殺害現場の隣のビルに住むネパール人が逮捕される。本人は一貫して無罪を主張。裁判では無罪から有罪となったが、8年後にDNA鑑定が行われ、その結果、2012年（平成24）、冤罪と認定され無罪判決を得る。いまなお真犯人は見つかっておらず、事件は未解決のままである。

女性は優秀なエコノミストで、高学歴のエリート社員だった。一方、職場では大きなストレスを抱えていたという。そんな彼女にとって、円山町はどんな街だったのか。

ノンフィクション作家・佐野眞一氏によれば、彼女はまず109の女子トイレに入り、〝夜の顔〟に変身した。

109を出た彼女は道玄坂のなだらかな坂を上り、道玄坂上交番を過ぎたところで右に曲がる。彼女は円山町のラブホテル街を抜け、狭い路地の奥にある道玄坂地蔵という小さなお堂の前に立つ。（『東電OL殺人事件』新潮文庫）

彼女はこの道玄坂地蔵❶の前に佇《たたず》み、男たちに声をかけていた。そして、その日、神泉駅近くのアパートの空室となっていた部屋で、39年の生涯を閉じてしまう。

円山町は、花街の名残である料亭とラブホテルと八百屋が同居する空間である。多くは道玄坂上から北に続く台地にある。円山の名の通り、高台を表す町名である。

道玄坂上の交番❷から円山町に入り、神泉駅❸を目標に歩いていると、やや急な下りの石段❹が現れた。地図を確認すると、その石段以外にもいくつも階段●が並んでいる。いずれも台地から神泉谷ⓑへ降りる道である。神泉谷は道玄坂から大山詣でに向かう道で、湧水も多かった。湧き出る水は霊水とされ、神泉の名の由来となっている。

16段の石段を降りて行くと、異空間へ入る昂《たか》ぶりと、それでいておだやかな感情がともに湧いて来る。彼女は、この石段をどんな気持ちで降りていたのだろうか。

石段下まで降りると踏切❺。右手のトンネル❻から渋谷発・井の頭線の電車が現れ、ゆっくり神泉駅に停車する。そして再び動き出し、次のトンネルに入って消えた。

アパートは踏切を渡った先にあった。台地上ではないが、住所は円山町。アパート前の道路が神泉町との町界になる。円山町のざわめきに比べ、神泉町は静かな住宅街である。

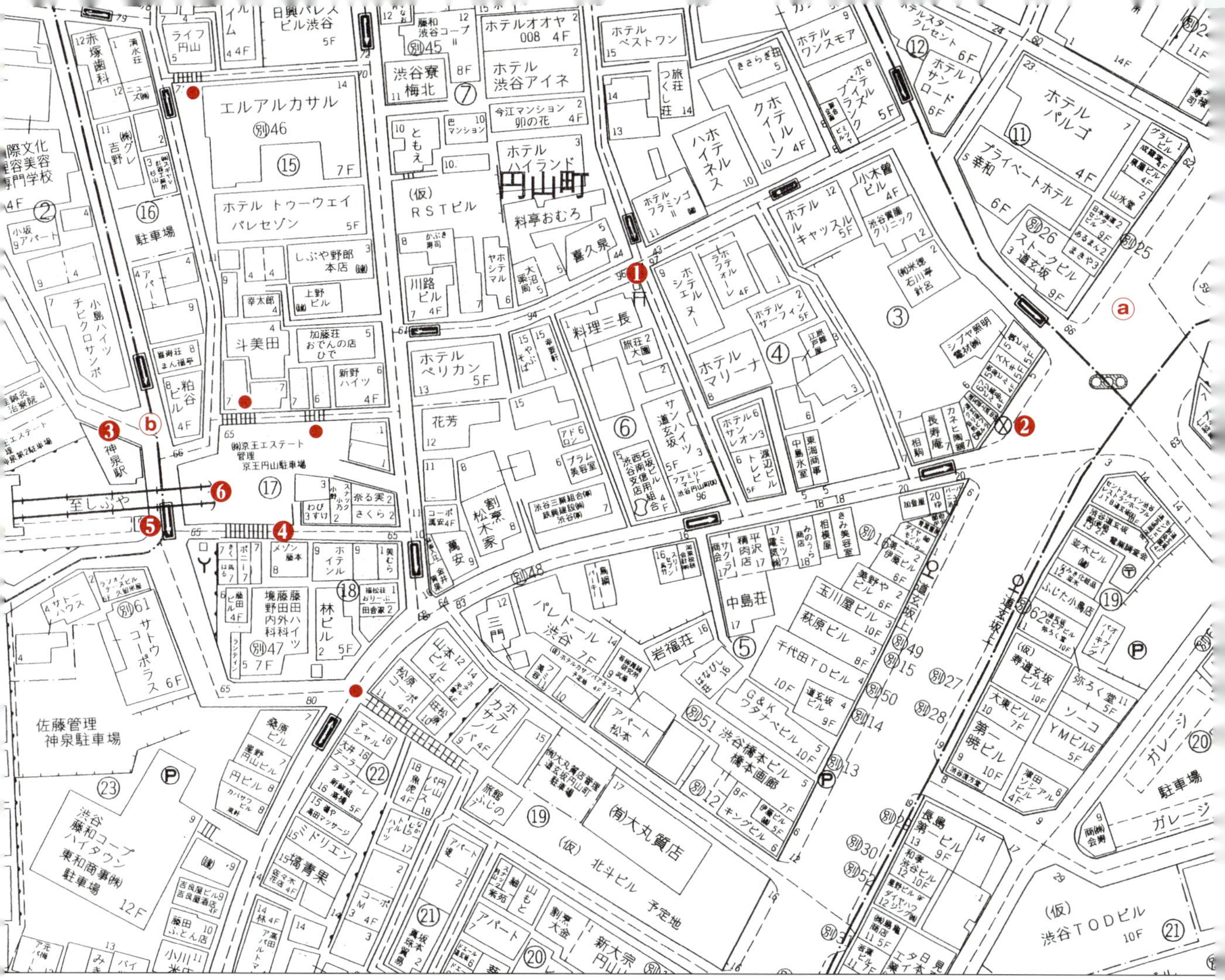

〈「ゼンリンの住宅地図　渋谷区」1993年（平成5）〉掲載にあたり、筆者が加工しました。

❶道玄坂地蔵。300年ほど前に建てられた。案内板には「昔の御本体は二度の火災で焼け崩れましたが、この地蔵の中に御本体を固めて、上をきれいにお化粧してあります」とある。

もしかすると、彼女は石段を一歩ずつ降り、谷間へ降りて行くことにやすらぎを覚えていたのかもしれない。自堕落に思える彼女の行動だが、どこか毅然としているようでもある。

勝手な想像ではあるが、トンネルへ消えて行く電車を見送りながらそう思った。冥福を祈りたい。

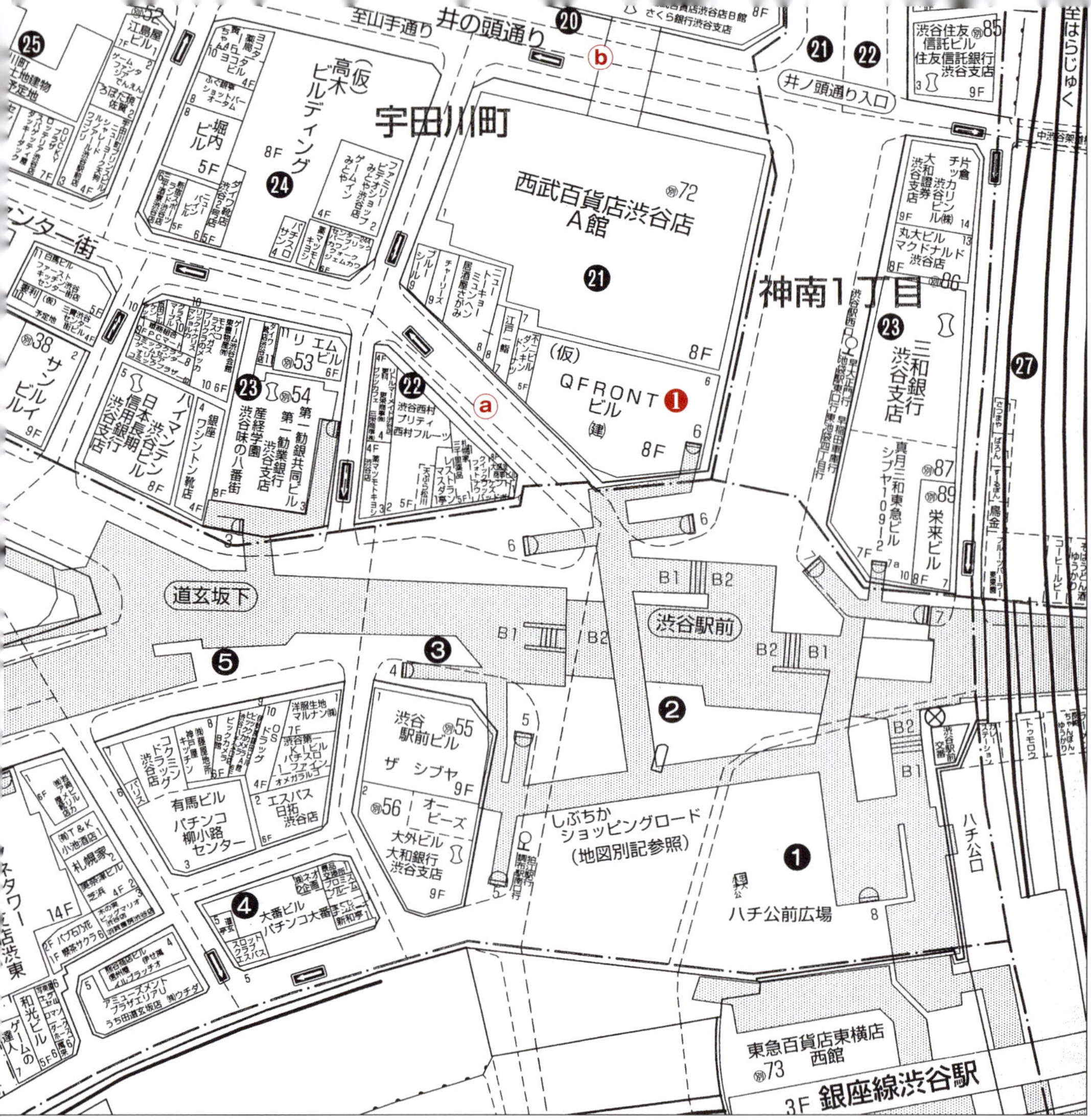

20世紀末〜現在

スクランブル交差点のQFRONT

道玄坂下・文化村通り

地図Aは1998年（平成10）の渋谷駅ハチ公口。スクランブル交差点の先に、建築中の「QFRONTビル」❶がある。そういえば40年前のこの場所、峯岸ビル（p100）が建築中だった。住宅と商店が密集していたところにセンター街ⓐができ、井の頭通りⓑと栄通り（現・文化村通り）ⓒをつなぐ何本かの路地が両側に分かれた。その結果、一帯に迷路のような道筋が生じ、若者たちが惹きつけられる下地となった。渋谷特有の坂や階段がそのワンダーランド的魅力を引き立てたことは言うまでもない。

1978年（昭和53）には、オルガン坂（地図Bⓓ）に面した狭い遊休地に「東急ハンズ」（地図B❷）がオープンする。坂の傾斜地というマイナス面を逆に利用し、周囲の道路の高さに応じた出入口を設けた。フロアはABC三つの高さを設定し、回廊状の階段がそれぞれを結ぶ構造となった。渋谷の地形が、そのまま店舗内につながったと言えるだろう。

パルコの進出、ジァンジァンの隆盛、東急ハンズの登場などがあり、1970年代、若者は新宿から渋谷へ移動していく。西新宿が高層ビル化し、新宿はビジネスマンの街に変貌しつつあった。同時に、新宿に象徴される先鋭的な若者文化が、70年代半ばから衰退していったこともある。

1980年代には渋カジ、1990年代にはコギャルといった渋谷発信の流行・ファッションが注目を浴びていく。1986年、「109」（1979年開業）❸が20代女性向けのファッションビル「ONE-OH-NINE（ワンオーナイン）」❹を開業する。1990年（平成2）、このキーテナントになったのが「渋谷HMV」❺である。HMVは世界展開する英国のCD販売店グループで、当店が日本第一号店となった。場所は文化村通り、すぐ先はBunkamura（1989年開業）になる。

▶地図A 1998年

〈「ゼンリンの住宅地図 渋谷区」1998年〉を筆者が加工したものです。

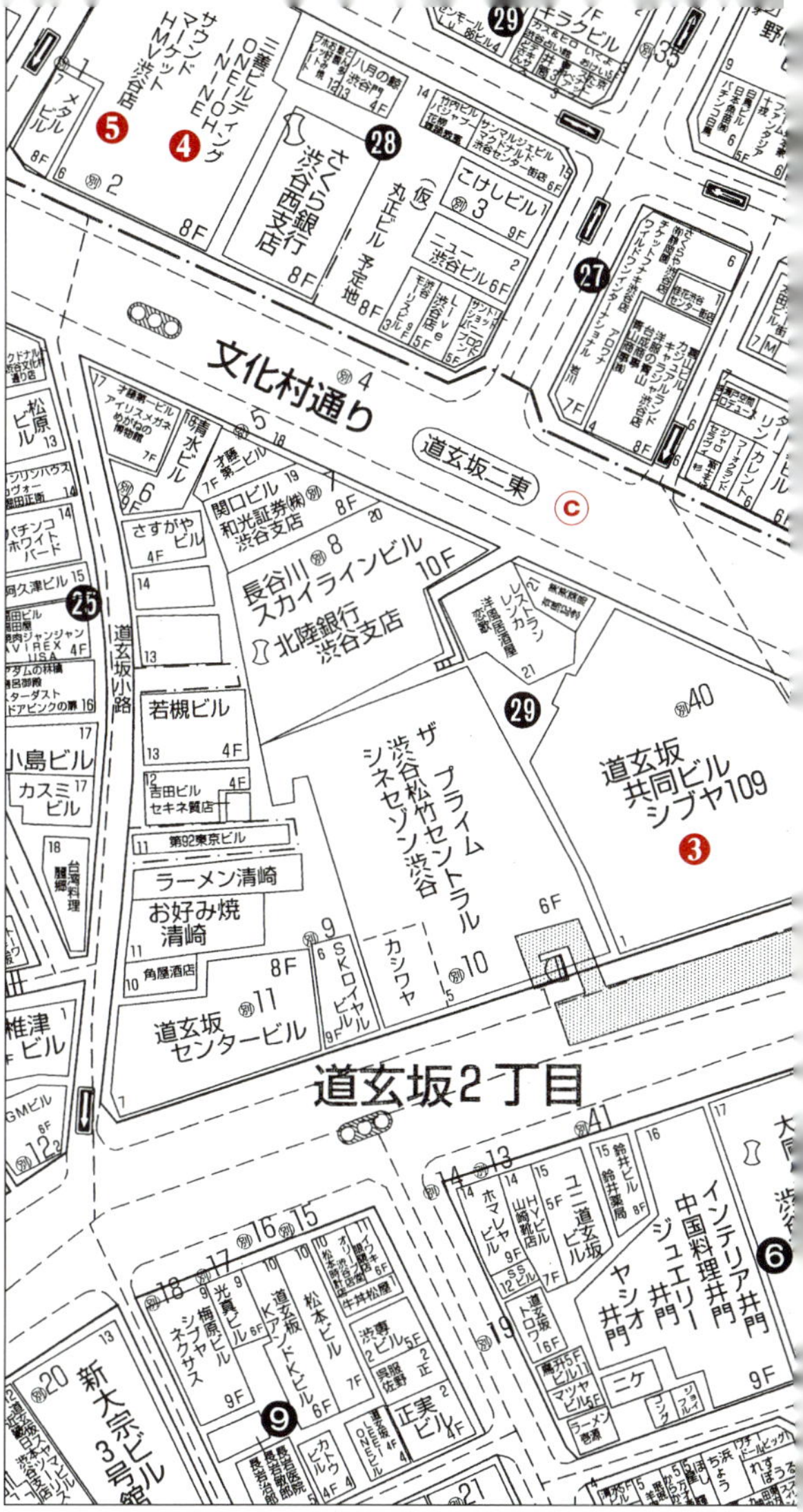

▼地図B 1990年

「ゼンリンの住宅地図 渋谷区」1990年〉を筆者が加工したものです。

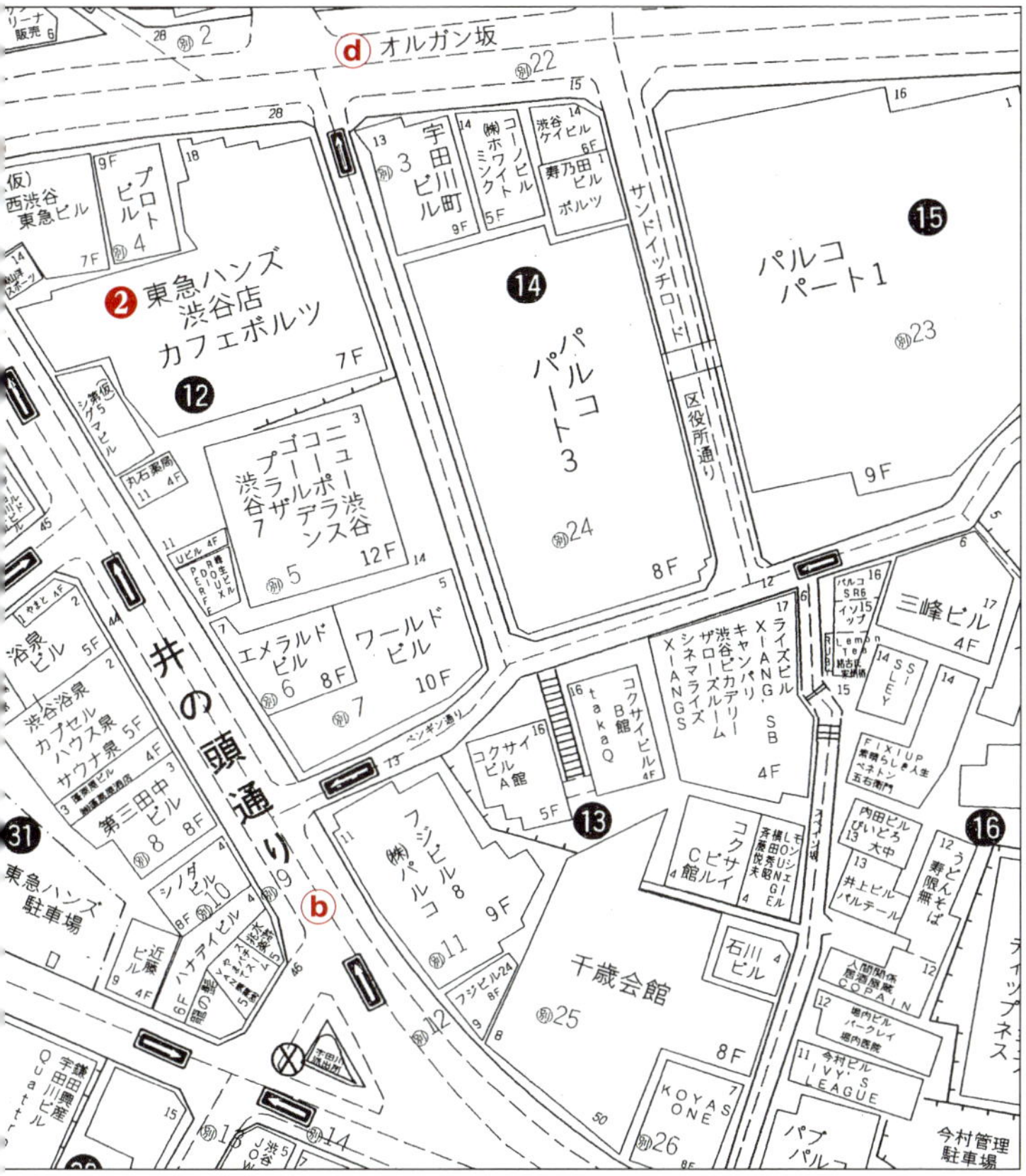

ちなみにHMVとは、蓄音機に耳を傾ける犬・ニッパーを表す、英国グラモフォン社の商標。亡くなった主人の声を聞いているニッパー。HMVは「His Master's Voice（ご主人の声）」の意味という。ハチ公を彷彿させるニッパーのエピソードだが、日本におけるHMVのスタートは、ハチの主人・上野英三郎博士邸（Bunkamura裏p46）のすぐそばから始まった。それはともかく、HMVが日本進出一号店を渋谷にしたのは、若い世代の渋谷への動きを見極めた決断だった。

その結果、タワーレコード渋谷店（宇田川町）、渋谷WAVE（西武LOFT1階）などの大型CDショップが渋谷に点在するようになる。これら大通りに面した店舗だけではなく、小さな通りのマンション一室に開店するCDショップも増えていった。大通りと小路が交差し、人々が行き来することで、街は有機的に活性化していく。そして、これらのレコードショップに通う人々が愛好するインディー・レーベルの音楽が「渋谷系」と呼ばれるようになる。

さて1998年の地図Aに戻る。QFRONT（キューフロント）のオープンは1999年（平成11）12月。施設には光ファイバーが敷設され、ビル前面に大型街頭ビジョン「Q's EYE（キューズ・アイ）」が立ちはだかり、スクランブル交差点を渡る人々にいつもメッセージを送っている。

QFRONT以降、2000年（平成12）には「渋谷マークシティ」、2012年（平成24）は「渋谷ヒカリエ」と、大通りを中心に複合商業施設が次々に竣工し、光を浴びてきた。

歳月は、道玄坂下周辺を様変わりさせた。もっとも渋谷のような街では当然の変化だろう。ただ、影となっている、裏通りや路地、坂道の奥にこそ渋谷の深い味わいがあり、これからも生まれていくのだと、やはり思う。

■あとがき

原宿駅。1906年（明治39）開業。現在の駅舎は1924年（大正13）竣工の二代目。都内で現存する木造駅舎では一番古い。

本書の執筆を終えた翌週の日曜、渋谷から原宿まで歩いた。

ハチ公口を出て、そのまま山手線に沿ったファイアー通りを進む。40年前、事務所のあった原宿までほぼ毎日歩いた道である。かつて文化屋雑貨店があった辺りを過ぎ、水無橋《みずなしばし》に至る。下にＪＲ山手線が走っている。

江戸時代、この橋は代々木村から青山・表参道へ達する主要道路の途中にあった。それが明治前期に日本鉄道の品川線が通るようになり、ここに切り通しがつくられる。大切な道路が分断されたため、橋が線路の上に架けられた。その後、架け替えはあったものの、明治以来、様々な人々が、この陸橋から線路を見下ろして来たことになる。40年前であれば、水無橋を渡って表参道方向へ行くのだが、この日は橋を渡らずまっすぐ代々木公園へ向かった。

日曜とあって、原宿駅から人々が公園へやって来る。公園の広場から聞こえるロックンロール。10数人のデニム、リーゼントのおじさんがロカビリーに合わせてツイストを踊っている。女性もいる、若者もいる。なんだかすごくいい感じだ。外国人の観光客が拍手をしている。向こうでは、ブーメランで遊ぶ男女、和太鼓を打つ青年と賑やかだ。

別の広場へ足をのばすと、懐かしいファッションのグループがいた。１９８０年代前半、代々木公園横の歩行者天国で、ディスコサウンドに合わせて踊っていた少年少女たち。竹の子族と呼ばれ、一世《いっせい》を風靡《ふうび》した。その生き残りと錯覚するようなカラフルな衣装。もちろん平成の少年少女たちだ。その名も「ケケノコ族」。ケケは「竹」の字を分解したものらしい。眉を切れ切れにしてシマシマ模様にするのがトレードマークだ。

彼らは広場でステップを踏んだり化粧したり。そして公園から原宿

ザックかついだ外国人（オーストラリア人だった）とストリートミュージシャン。
なごやかな会話は続く……。（代々木公園）

駅を通り過ぎ、横断歩道を渡り、竹下通りの方へ去って行った。そういえばシマシマ眉、「あなたと私をつなぐ横断歩道」の意味という。

盛り場は、「飲み屋街」の意味合いが濃くなっているが、元々は「人が多く集まった賑やかな場所」のこと。遊郭、ヤミ市、商店街、興行街、デパート、駅前広場、そして公園……。

本書では様々な盛り場の変貌を探りたいと、昔の地図を手に新宿・渋谷・原宿を歩いてみた。地図は商店や酒場などが記された「職業別明細図」や「火災保険図」（火災保険の料率算定のために作られた地図）、「住宅地図」。見ているだけで好奇心が湧いて来る。

それにしてもこれらの地図、文化資料として本当に貴重なものと痛感した。大型ビルが建つ前はどんな商店が並んでいたのか、いまは無きあの名店はどこにあったのか。名店でなくてもよい、小さな店の足跡が、地図を見れば手に取るようにわかる。制作した都市製図社、住宅協会、株式会社ゼンリンをはじめ、多くの地図制作会社・企業に感謝の意を表したい。ＧＰＳもドローンもない時代、足を駆使して実施した調査には頭がさがる。もし、街歩きが充実していたとすれば、これらの地図のおかげである。

さて、帰路は原宿駅からとした。ホームに立つと、明治神宮寄りのホーム（臨時ホーム）は工事中だった。この後も、２０２０年東京オリンピック・パラリンピックに向けて駅舎建て替えを含む工事は進められて行く。その年、木造駅舎はどうなっているのだろうか。

最後になったが、草思社の木谷東男さんに謝意を表したい。適切な助言と貴重な資料の提供は、間違いなく力となった。

２０１８年初夏　赤岩州五

参考資料一覧

〈歴史・文化・日記・エッセイ〉

『あゝ新宿―スペクタクルとしての都市』早稲田大学演劇博物館　２０１６年
『安藤昇の戦後ヤクザ史　昭和風雲録』安藤昇　ＫＫベストブック　２０１２年
『映画渡世ー天の巻　マキノ雅弘自伝』マキノ雅弘　平凡社　１９７７年
『映画渡世ー地の巻　マキノ雅弘自伝』マキノ雅弘　平凡社　１９７７年
『演劇スポットライト』秦豊吉　朋文堂　旅窓新書　１９５５年
『表参道が燃えた日―山の手大空襲の体験記』「表参道が燃えた日―山の手大空襲の体験記」編集委員会　２００８年
『女興行師　吉本せい　浪花演芸史譚』矢野誠一　中央公論社　１９８７年
『改訂版　日本地理風俗体系　大東京』誠文堂新光社　１９３７年
『荷風全集　第二十四巻』永井荷風　岩波書店　１９６４年
『歌舞伎町』鈴木喜兵衛　新宿第一復興土地区画整理組合
『画文集　出帆』竹久夢二　龍星閣　１９７２年
『がらくた雑貨店は夢宇宙』長谷川義太郎　晶文社　１９８３年
『疵　花形敬とその時代』本田靖春　ちくま文庫　２００９年
『銀座の学校・新宿の授業』髙平哲郎スラップスティック選集①　ヨシモトブックス　２０１４年
『公園通りの猫たち』早坂暁　講談社　１９９２年
『巷談・渋谷道玄坂』藤田佳代　青蛙房　１９８４
『琥珀色の記憶―時代を彩った喫茶店』奥原哲志　河出書房新社　２００２年
『サヨナラだけが人生だ　映画監督川島雄三の生涯』今村昌平編　ノーベル書房　１９６９年
『時刻表昭和史　増補版』宮脇俊三　角川文庫　２００１年
『渋谷音楽図鑑』牧村憲一・藤井丈司・柴 那典　太田出版　２０１７年
『渋谷公園通り』中川五郎　ＫＳＳ出版　１９９９年
『渋谷道玄坂』藤田佳代　彌生書房　１９７７年
『渋谷の記憶　写真でみる今と昔』Ⅰ～Ⅳ　渋谷教育委員会　２００７年～２０１１年
『渋谷を守って六十年　涙と笑いの記録』渋谷警察署誕生六十周年記念出版　１９７６年
『将棋・戦国争覇録　升田・大山時代から羽生七冠王誕生まで』天狗太郎　日本将棋連盟　１９９８年
『女流棋士の本』日本将棋連盟女流棋士会編　日本将棋連盟　２００３年
『新宿裏町三代記』野村敏雄　青蛙房　１９８２年
『新宿の散歩道　その歴史をたずねて』芳賀善次郎　三交社　１９７３年
『性欲の研究　東京のエロ地理編』井上章一・三橋順子編　平凡社　２０１５年
『席主北村銀太郎述　聞書き・寄席末広亭』富田 均　１９８０年
『戦後の貧民』塩見鮮一郎　文春新書　２０１５年
『戦中派焼け跡日記　昭和21年』山田風太郎　小学館　２００２年
『戦中派闇市日記　昭和22年―昭和23年』山田風太郎　小学館　２００３年
『大正・渋谷道玄坂』藤田佳代　青蛙房　１９９８年
『台湾人の歌舞伎町―新宿、もうひとつの戦後史』稲葉佳子　青池憲司　紀伊國屋書店　２０１７年
『愉しい落語』山本進　草思社　２０１３年
『地図で見る新宿区の移り変わり〈淀橋・大久保編〉』東京都新宿区教育委員会　１９８４年
『地図物語　あの日の新宿』佐藤洋一／ぶよう堂編集部　ぶよう堂　２００８年

『父の時代 私の時代 わがエディトリアルデザイン史』堀内誠一 日本エディタースクール出版部 １９７９年
『古地図でたどる 鉄道の知恵 線路の不思議』井口悦男 草思社 ２０１０年
『東京十二契』 野坂昭如 文藝春秋 １９８２年
『東京新誌 山手線 いまとむかし』 涌井昭治 朝日新聞社 １９６９年
『東京戦後地図 ヤミ市跡を歩く』藤木ＴＤＣ 実業之日本社
『東京風物名物誌』岩動景爾編著 東京シリーズ刊行会 １９５１年
『東電ＯＬ殺人事件』佐野眞一 新潮文庫 ２００９年
『内藤新宿昭和史』武 英雄 紀伊國屋書店 １９９８年
『中村屋１００年史』中村屋社史編纂室編 中村屋 ２００３年
『光は新宿より』尾津豊子 Ｋ＆Ｋプレス １９９８年
『古川ロッパ昭和日記 戦中篇』監修・滝大作 晶文社 ２００７年
『文化の仕掛人―現代文化の磁場と透視図』青土社 １９８５年
『ぼくの日本自動車史』徳大寺有恒 草思社 ２０１１年
『まわり舞台の上で』荒木一郎 ＯＮ Ａ ＲＥＶＯＬＶＩＮＧ ＳＴＡＧＥ文遊社 ２０１６年
『村上朝日堂はいかにして鍛えられたか』村上春樹 安西水丸 新潮文庫 １９９９年
『村上朝日堂はいほー！』村上春樹 新潮文庫 １９９２年
『明治大正昭和世相史』加藤秀俊、加太こうじ、岩崎爾郎、後藤総一郎著 社会思想社 １９６７年
『メイド・イン・オキュパイド・ジャパン』小坂一也 河出書房新社 １９９０年
『やがて哀しき外国語』村上春樹 講談社 １９９４年
『わが町新宿』 田辺茂一 紀伊國屋書店 ２０１４年
『ワシントンハイツ ＧＨＱが東京に刻んだ戦後』秋尾沙戸子 新潮文庫 ２０１１年

〈小説・マンガ〉
『あゝ荒野』寺山修司 角川文庫 ２００９年
『ありんこアフター・ダーク』 荒木一郎 小学館文庫 ２０１４年
『大家さんと僕』 矢部太郎 新潮社 ２０１７年
『キュウゴー95』早見和真 ＫＡＤＯＫＡＷＡ ２０１５年
『狂熱のデュエット：ジャズ小説集』河野典生 角川文庫 １９７３年
『少年―ある自伝の試み』 大岡昇平 筑摩書房 １９７６年
『放浪記』林芙美子 新潮文庫 １９７９年
『道草』夏目漱石 新潮文庫 １９５１年
『香具師の旅』 田中小実昌 河出文庫 ２００４年

〈雑誌・インターネット・論文〉
「二率会が消えた日」取材・文 神舜 「別冊宝島 新宿歌舞伎町 黒歴史大全」（宝島社）所収 ２０１３年
「新宿大通商店街振興組合」 http://www.shinjuku-ohdoori.jp
山陽堂ホームページ http://sanyodo-shoten.co.jp
「闇市の形成と土地所有からみる新宿東口駅前街区の戦後復興過程―新宿駅近傍における都市組織の動態をめぐって その１―」
日本建築学会計画系論文集 第78巻 第６９４号 石榑督和、青井哲人 ２０１３年

カバー使用図版

●表紙カバー地図 「大日本職業別明細図　渋谷区」1937年（昭和12）10月　東京交通社（原田弘氏提供）本文掲載p 48、p51

●表紙カバー写真　戦後の道玄坂下交差点。1954年（昭和29）撮影。　白根記念渋谷区郷土博物館・文学館蔵 本文掲載p99

●裏表紙カバー地図 「実測東京全図　渋谷区」1879年（明治12）内務省地理局（『地図で見る新宿区の移り変わり』新宿区教育委員会　所収）本文掲載p9

●裏表紙カバー写真　戦後の新宿通り、東口。1959年（昭和34）撮影。新宿歴史博物館蔵 本文掲載p72

●本扉地図 「大日本職業別明細図之内　大久保淀橋町代々幡町千駄ヶ谷町戸塚町」1925年（大正14）（『地図で見る新宿区の移り変わり』新宿区教育委員会　所収）本文掲載p15

制作スタッフ

●企画　木谷東男

●編集・文・写真　赤岩州五

●本文レイアウト　南山桃子

●地図制作（2-3頁、小地図「いまのココ！」）オゾン・グラフィックス

●地図制作（p79、p84-85）宗近仁美

●校正　井上幸子

＊掲載の図版中、一部著作権者不明のものがあります。お心当たりの方はご一報いただければ幸いです。